Anna Tuschling, Erik Porath (Hg.)
Arbeit in der Psychoanalyse

Editorial

»*Aus praktischen Gründen haben wir, auch für unsere Publikationen, die Gewohnheit angenommen, eine ärztliche Analyse von den Anwendungen der Analyse zu scheiden. Das ist nicht korrekt. In Wirklichkeit verläuft die Scheidungsgrenze zwischen der wissenschaftlichen Psychoanalyse und ihren Anwendungen auf medizinischem und nichtmedizinischem Gebiet.*« (Sigmund Freud, Nachwort zur Laienanalyse, 1926, StA Erg.Bd., 348)

Die Reihe **Psychoanalyse** stellt Anwendungen der Psychoanalyse dar, d.h. Arbeiten, die sich mit den Bildungen des Unbewußten beschäftigen, denen wir in der analytischen Kur, in kulturellen und gesellschaftlichen Erscheinungen, aber auch in den Theorien und Forschungsmethoden der Wissenschaften sowie in den Erfahrungsweisen und Darstellungsformen der Künste begegnen.

Psychoanalytische Praxis und Theoriebildung stützen sich nicht allein auf die Erfahrungen der analytischen Kur. Sobald ein Psychoanalytiker aber versucht, sein eigenes Tun zu begreifen, begibt er sich in andere Gegenstandsbereiche und befragt andere Disziplinen und Wissensgebiete und ist damit auf die Arbeiten von Wissenschaftlern und Künstlern angewiesen.

Insofern exportieren die Anwendungen der Psychoanalyse nicht lediglich nach Art einer Einbahnstraße die Erkenntnisse einer ›fertigen‹ Psychoanalyse in andere Gebiete, Disziplinen und Bereiche, sondern sie wendet sich auch an diese und wendet diese auf sich zurück. Ohne den eingehenden Blick auf die Naturwissenschaften, Kulturwissenschaften, Sozialwissenschaften, Mythologien, Literatur und bildenden Künste konnte die Psychoanalyse weder erfunden noch von Freud und seinen Schülern ausgebaut werden. Ein Forum dafür war die 1912 gegründete Zeitschrift und Buchreihe »Imago«, die sich der Anwendung der Psychoanalyse auf die Natur und die Geisteswissenschaften gewidmet hat; später nannte sie sich allgemeiner »Zeitschrift für psychoanalytische Psychologie, ihre Grenzgebiete und Anwendungen«. Die dort erschienenen Arbeiten sollten andere Disziplinen befruchten, der psychoanalytischen Forschung neue Gebiete erschließen, aber auch in jenen anderen Bereichen Modelle und Darstellungsmöglichkeiten für die psychoanalytische Forschung ausfindig machen. In der Hoffung auf ein ähnlich gelagertes Interesse von der anderen Seite her, also in der Hoffnung, daß »Kulturhistoriker, Religionspsychologen, Sprachforscher usw. sich dazu verstehen werden, das ihnen zur Verfügung gestellte neue Forschungsmittel selbst zu handhaben« (Freud, Frage der Laienanalyse, StA Erg. Bd., 339), wurde um 1920 sogar eine spezielle Art von Lehranalyse« eingerichtet, denn:

»Wenn die Vertreter der verschiedenen Geisteswissenschaften die Psychoanalyse erlernen sollen, um deren Methoden und Gesichtspunkte auf ihr Material anzuwenden, so reicht es nicht aus, daß sie sich an die Ergebnisse halten, die in der analytischen Literatur niedergelegt sind. Sie werden die Analyse verstehen lernen müssen auf dem einzigen Weg, der dazu offensteht, indem sie sich selbst einer Analyse unterziehen.« (Freud, ebd.)

Für Freud war klar, daß die Erforschung des Einzelmenschen eine Frage der Sozialpsychologie ist, denn »im Seelenleben des Einzelnen kommt ganz regelmäßig der Andere als Vorbild, als Objekt, als Helfer und als Gegner in Betracht« (Freud, Massenpsychologie und Ich-Analyse, 1921, GW Bd. XIII, 73). Ihn interessierte auch, auf welche Fragen überlieferte und zeitgenössische Kulturphänomene wohl eine Antwort darstellen und wie derartige Kultursymptome sich bilden, oder welcher Illusionen Menschenwesen fähig sind, und auch, welche organisierten (neuen und alten) Bedrohungs- und Heilsphantasmen ihnen von Religion und Massenmedien aufgedrängt werden. Er befaßte sich also einerseits mit den Mechanismen und Funktionen, vermittels derer Kulturelles im Psychismus wirkt, und andererseits mit dem inneren Funktionieren kultureller Gebilde und Prozesse. (Zu letzterem gehören die Motive, die Ökonomien und die Überlieferungswege kultureller Vorgänge, die ja auch Bildungen des Unbewußten sind: kulturelle Zensur, Reaktionsbildungen, Symptombildungen, Regressionen, Sublimierungen usw.)

Zugleich erkannte er, daß »manche Äußerungen und Eigenschaften des Über-Ichs [...] leichter bei seinem Verhalten in der Kulturgemeinschaft als beim Einzelnen« zu erkennen sind. Aufgrund der zumeist unbewußten Natur der »Aggressionen des Über-Ichs« seien die zur Gewissensangst »gehörigen seelischen Vorgänge uns von der Seite der Masse vertrauter, dem Bewußtsein zugänglicher [...] als sie es beim Einzelmenschen werden können« (Freud, Das Unbehagen in der Kultur, 1930, GW Bd. XIV, 502). Einige wesentliche Elemente seiner Theorie sind für Freud vorzugsweise als »Spiegelung« in kulturellen Erscheinungen beobachtbar. So zeigten manche »der dynamischen Konflikte zwischen Ich, Es und Über-Ich« sich viel deutlicher im Bereich der Religionen. Diese Strategie, etwas allein theoretisch Erschlossenes dort erkennbar zu machen, wo es sich wie »auf einer weiteren Bühne wiederholt« (Freud, Nachschrift 1935, GW Bd. XVI, 32), verfolgt Freud auch mit seinem Versuch, »einige Übereinstimmungen im Seelenleben der Wilden und der Neurotiker« (so der Untertitel von »Totem und Tabu«) herauszuarbeiten.

Freuds wissenschaftliches Projekt einer Erschließung des ›unerkennbaren‹ Unbewußten – Vorgänge, Inhalte, psychische Gebiete und Strukturen – ist die Darstellung dessen, was er das »Reale« nennt. Diesem Realen, das »immer ›unerkennbar‹ bleibt« (Freud, Abriß der Psychoanalyse, 1940, GW Bd. XVII,

126) wird, begegnet der Psychoanalytiker in erster Linie in Gestalt des Symptoms. Er kann in seiner Forschung nicht auf Versuche anderer Wissenschaften und Künste verzichten, das unerkennbare Reale zu erfassen und darzustellen.

Freud wird dabei notwendigerweise selbst zu einem psychoanalytischen Kulturforscher und zu einem wissenschaftlichen Dichter, der seine Theorie der Urhorde »unseren Mythus« und die Triebe »unsere Mythologie« nannte. Jacques Lacan hat sich u.a. von der surrealistischen Bewegung inspirieren lassen, und seine Lehre entsteht aus der Verbindung der klinischen Beobachtung, des Studiums des Freudschen Textes, der kritischen Würdigung der zeitgenössischen psychoanalytischen Literatur im Durchgang durch die Philosophie, linguistische Theorien, Ethnologie, Literatur und Mathematik (Topologie).

Der Begegnung der Psychoanalyse mit anderen Wissenschaften und Künsten eignet ein Moment der Nicht-Verfügbarkeit, des Nicht-Verfügens, ein Moment, das Verschiebungen und Veränderungen mit sich bringt. Dadurch entstehen auch in der Psychoanalyse Spielräume für neue Konfigurierungen. In diesem Sinne geht es in der Schriftenreihe um den Stoffwechsel zwischen Psychoanalyse, den Wissenschaften und den Künsten. Nicht nur die psychoanalytische Forschung, sondern auch die psychoanalytische Kur ist von Sigmund Freud als »Kulturarbeit« verstanden worden: sie wirke der »Asozialität des Neurotikers«, der »Kulturfeindschaft« der Menschen und insofern der Barbarei entgegen.

Die Reihe wird herausgegeben von Karl-Josef Pazzini, Claus Dieter Rath und Marianne Schuller.

Anna Tuschling, Erik Porath (Hg.)
Arbeit in der Psychoanalyse
Klinische und kulturtheoretische Beiträge

[transcript]

Gefördert durch die Assoziation für die Freudsche Psychoanalyse und die Mercator-Forschergruppen an der Ruhr-Universität Bochum

Bibliografische Information der Deutschen Nationalbibliothek
Die Deutsche Nationalbibliothek verzeichnet diese Publikation in der Deutschen Nationalbibliografie; detaillierte bibliografische Daten sind im Internet über http://dnb.d-nb.de abrufbar.

© 2012 transcript Verlag, Bielefeld

Die Verwertung der Texte und Bilder ist ohne Zustimmung des Verlages urheberrechtswidrig und strafbar. Das gilt auch für Vervielfältigungen, Übersetzungen, Mikroverfilmungen und für die Verarbeitung mit elektronischen Systemen.

Umschlagkonzept: Kordula Röckenhaus, Bielefeld
Lektorat: Anna Tuschling
Korrektorat: Kirsten Hellmich, Bielefeld
Satz: Katharina Lang, Bielefeld
Druck: Majuskel Medienproduktion GmbH, Wetzlar
ISBN 978-3-8376-1577-7

Gedruckt auf alterungsbeständigem Papier mit chlorfrei gebleichtem Zellstoff.
Besuchen Sie uns im Internet: *http://www.transcript-verlag.de*
Bitte fordern Sie unser Gesamtverzeichnis und andere Broschüren an unter: *info@transcript-verlag.de*

Inhalt

Arbeit in der Psychoanalyse
Facetten einer vergessenen Frage
Anna Tuschling und Erik Porath | 7

Arbeit in der Klinik

Die Arbeit in der Kur
Françoise Samson | 19

Psychoanalytische Arbeit als Herstellung des Verlusts?
Peter Widmer | 29

Das Ziel der Arbeit in der Psychoanalyse und das Ziel der Arbeit in der Psychotherapie
Karin Adler | 45

Das unbewusste Wissen arbeitet
Zu Jacques Lacans *Proposition du 9 octobre 1967 sur le psychanalyste de l'école*
Gabrielle Devallet-Gimpel | 53

Travail de mutation – Arbeit des Wandels und der Veränderung in der Kur
Michael Meyer zum Wischen | 61

Arbeit und Widerstand
Arbeit macht frei. Macht Arbeit wirklich frei?
Catherine Moser | 75

ARBEITSBEGRIFFE IN DER PSYCHOANALYSE

Psychoanalysieren als Arbeitsstörung
Karl-Josef Pazzini | 91

Arbeit des Unbewussten und Arbeit der Psychoanalyse
Claus-Dieter Rath | 111

Kulturarbeit heute
Johanna Cadiot | 133

Trauerarbeit oder Krieg
Annemarie Hamad | 151

Die Witzarbeit
Aus dem unbekannten Vokabular der Psychoanalyse
Anna Tuschling | 159

Bewusstloses Produzieren
Zur Pathologie des Arbeitslebens bei Marx und Freud
Falko Schmieder | 169

»Triebschicksal« und »Arbeitsanforderung«
Zur Bestimmung des Arbeitsbegriffs in der Psychoanalyse
André Michels | 195

Autorinnen und Autoren | 211

Arbeit in der Psychoanalyse

Facetten einer vergessenen Frage

ANNA TUSCHLING UND ERIK PORATH

Jeder Laie kann Fragen zur Arbeit an die psychoanalytische Praxis richten, die nur für sich genommen einfach wirken, über die man jedoch schnell auf den größeren Zusammenhang der gesellschaftlichen Stellung der Psychoanalyse und die kulturelle Rolle gestoßen wird, welche sie seit Freuds Zeiten bis heute einnimmt: Was macht eigentlich eine Psychoanalyse? Was trägt der Analytiker, was der Analysant zur Kur bei? Handelt es sich um Arbeit, mit der Psychoanalytiker ihr Geld verdienen? Was leistet eine Analyse und wer kann sie sich leisten? Und lässt sich überhaupt berechnen, was eine Psychoanalyse kostet? Ruft die Frage nach der Arbeit also ganz wesentliche Fragen an die psychoanalytische Praxis hervor, so verhält es sich ähnlich komplex im Falle der Theorie des Unbewussten. Auch hier kann man sich verwundert fragen: Ist das Unbewusste immer schon Teil einer Theorie der Arbeit oder steht es einer solchen diametral entgegen? Es ist deshalb alles andere als ein Allgemeinplatz festzuhalten, dass die Arbeit in der Psychoanalyse viele Facetten hat. Überhaupt weckt der Titel *Arbeit in der Psychoanalyse* unterschiedliche Vorstellungen, was das Buch thematisch behandelt: Findet hier also eine Auseinandersetzung mit Form und Funktion der klinischen Tätigkeit statt oder werden die psychoanalytischen Schriften auf verschiedene Arbeitsbegriffe und -metaphern hin durchsucht? Will man sogar in eine neuerliche Kontroverse um die Verbindung von Freud mit Marx, von Psychoanalyse und Gesellschaftstheorie eintreten?

Mag der Titel auf den ersten Blick somit auch ein wenig unscharf erscheinen, so geeignet ist er für die versammelten Texte, denn Arbeit in der Psychoanalyse weist hier bewusst in mehrere Richtungen: erstens die Arbeit in der Klinik zu erörtern und dabei die Psychoanalyse nicht nur aus Sicht der Analysanten als eine *Arbeit an sich selbst mit Hilfe des Analytikers* darzustellen, sondern als *gesellschaftlichen Akt* und in diesem Sinne als Dienstleistung von Analytikerinnen und Analytikern; zweitens verschiedene psychoanalytische Termini wie Trauerarbeit, Kulturarbeit und Witzarbeit auf ihre theoretisch-begriffliche sowie bildlich-metaphorische Dimension hin zu untersuchen, aber auch die Vereinbarkeit oder Unvereinbarkeit des psychoanalytischen Ansatzes von Sigmund Freud und dessen Re-Lektüre durch Jacques Lacan mit der von Karl Marx begründeten Tradition kritischer Gesellschaftstheorie zu prüfen – kurzum die Arbeitsbegriffe in der Psychoanalyse zu sichten. So betrachtet übersteigt es die Möglichkeiten eines einzelnen Bandes bei weitem, sich der Bedeutung, Vielfalt und Form der Arbeit in der Psychoanalyse anzunehmen. Es ist auch nicht Anspruch und Ziel dieses Buches, ein in diesem Sinne abgeschlossenes Projekt zu präsentieren. Vielmehr versuchen die Beiträge je eigene Vorstöße in den beiden Themenbereichen – Arbeit in der Klinik und Arbeitsbegriffe in der Psychoanalyse –, ohne sich dabei einem einheitlichen Vorgehen zu verschreiben oder ihren Geltungsbereich strategisch breit zu halten, um allen Facetten des Themas gleichermaßen gerecht zu werden. Gerade dadurch aber, so die gemeinsame Überzeugung und Absicht, soll das seit den 1990er Jahren weitgehend zurückgestellte Problem der Arbeit, der Arbeitsbegriffe und der Psychoanalyse punktuell neu in den Blick genommen werden, besonders nachdem die groß angelegten theoretischen Vermittlungsversuche zwischen Psychoanalyse und Gesellschaftstheorie in Gestalt etwa der dominanten Ausprägungen des Freudomarxismus oder Alfred Lorenzers kritischer Psychologie weitgehend und nicht zu unrecht als gescheitert angesehen werden müssen.[1]

---

1 | Wilhelm Reich: Dialektischer Materialismus und Psychoanalyse, Kopenhagen 1934; Alfred Lorenzer: Zur Begründung einer materialistischen Sozialisationstheorie, Frankfurt a.M. 1972. Zu nennen sind hier außerdem die Schriften Erich Fromms, Otto Fenichels und vor allem Siegfried Bernfelds.

Arbeit in der Klinik

Als theoretisches Problem fungiert die Arbeit als dasjenige Moment, welches eine dauernde Spannung zwischen der Psychoanalyse und der Kultur im Sinne einer Arbeitskultur erzeugt, weshalb es auch eine besondere Herausforderung für die Klinik darstellt. Die Psychoanalyse muss schon deshalb ein grundlegendes Interesse an Begriff und Theorie der Arbeit entwickeln, weil der Analytiker mit den vielfältigen, nicht nur ihm auffallenden Symptomen der Arbeitsstörungen konfrontiert ist, die sich allerorten, außerhalb wie in seiner Praxis, zeigen und die so auch zum Gegenstand der Analyse werden können. Psychoanalytische Arbeit geht zwar neben vielfältigen anderen Symptomen von den Arbeitsstörungen aus, zielt aber nicht direkt auf eine therapeutische Wiederherstellung der Arbeitskraft. Eher wäre von einem sekundären Analysegewinn zu sprechen, wenn sich Liebes- und Arbeitsfähigkeit (so Freud) einstellt. Auch darin unterscheidet sich das Vorgehen der Psychoanalyse von dem der Psychotherapie; hierbei handelt es sich um eine grundlegende und keineswegs rein rhetorische Differenz, auf deren Bedeutung und Art alle Beiträge des ersten Themenbereiches zur Arbeit in der Klinik und insbesondere diejenigen von Karin Adler und Gabrielle Devallet-Gimpel eingehen.

Bestimmungen einer (Psycho-)Pathologie des Arbeitens setzen jedenfalls ein mindestens intuitives Vorverständnis von Arbeit, von anstehender, alltäglicher, notwendiger, anstrengender, getaner, gelungener, befriedigender Arbeit voraus. Nicht zuletzt das Selbstverständnis des Psychoanalytikers, aber auch die Theorie und Praxis der Analyse lassen sich schwerlich ausformulieren ohne tragfähige Konzeptionen von psychischer und psychoanalytischer Arbeit. Freud nimmt Metaphern der Arbeit aus der Ökonomie und der Physik in alle Bereiche seines Werkes auf: Einerseits stellt sich ihm die berufsständische Frage der Entlohnung des Psychoanalytikers, und er ist hier auch genötigt zu bestimmen, was eigentlich die Tätigkeit eines Psychoanalytikers ist und wie sie zu berechnen sei; andererseits geht es ihm vor allem darum, ein tragfähiges Modell dafür zu entwickeln, wie das Funktionieren des psychischen Apparates unter dem ökonomischen Gesichtspunkt vorstellbar ist. Erinnerungsarbeit, Trauerarbeit und Witzarbeit sind lediglich die bekanntesten Formulierungen, von denen sich einige im alltäglichen Sprachgebrauch eingebürgert und gehalten haben. Dem Denksystem Freuds dienen aber nicht nur die Arbeitsvorstellungen der klassischen Ökonomie als Folie, sondern gerade auch die Physik mit ihren Konzepten und Einsichten: Alle Formen psychischen Geschehens stehen seit den Anfängen der Psychoanalyse im Zeichen der Thermodynamik, genauer im Bann ihres zweiten Hauptsatzes, demzufolge alles, was in geschlossenen Systemen geschieht, mit einem Verbrauch von nutzbarer Energie einhergeht.[2] Deshalb postuliert Freud eine psychische Energie – wenn auch allein als theoretischen Begriff, weil er sich darüber im Klaren ist, dass der Libido nach den Maßstäben der Naturwissenschaften seiner Zeit keine nachweisbare, also irgendwie mess- und quantifizierbare Größe entspricht. Das von Freud konzipierte Modell des psychischen Apparates wird bekanntlich in den drei Registern der Metapsychologie unter dem topischen, dem dynamischen und schließlich dem ökonomischen Gesichtspunkt wiederholt durchgespielt, ohne dass Freud zu einem eindeutigen, widerspruchsfreien Ergebnis kommt. Offenbar entzieht sich die Ökonomie der Psyche den theoretischen Anknüpfungspunkten an andere Wissenschaften. Gleichwohl behält Freud seine metapsychologischen Spekulationen über die Beschaffenheit der Seele, ihre Strukturen und Funktionen, Kräfte, Dynamiken und Grundtendenzen stets bei. Er hält solche Entlehnungen und Annahmen offenbar für unerlässlich, sicherlich auch weil man ohne sie weder allgemeine Modelle des psychischen Apparates entwerfen, noch tragfähige Deutungen in den analytischen Prozess einbringen könnte; deren grundsätzliche Revidierbarkeit, so belegen besonders Françoise Samson und Peter Widmer, ist dabei immer zu unterstellen. Der ständige Bezug von psychoanalytischer Praxis und Theoriebildung aufeinander zeigt sich nicht zuletzt daran, dass auftauchende Schwierigkeiten im Fortgang einer Psychoanalyse nach einer befriedigenden Theorie verlangen, einer Sichtweise (die altgriechische *theoria* lässt sich mit Schau übersetzen), die geeignet ist, dem Geschehen in der Kur einen neuen Impuls, eine Wendung zu geben. Umgekehrt lässt eine Theorie des psychischen Apparates sich nur in Rekurs auf die psychoanalytische Erfahrung überhaupt entwickeln. Die Beiträge von Françoise Samson, Peter Widmer, Karin Adler, Gabrielle Devallet-Gimpel und Michael Meyer zum Wischen befassen sich deshalb vor dem Hintergrund ihrer eigenen Praxis und analytischen Arbeit neben Freuds Grundlagen mit Jacques Lacans, Françoise Doltos und Serge Leclaires Hinweisen zur klinischen Arbeit und deren Theorie.

---

2 | Schmidgen, Henning: Das Unbewußte der Maschinen. Konzeptionen des Psychischen bei Guattari, Deleuze und Lacan, München 1997.

Insbesondere das Werk Jacques Lacans hat entscheidend dazu beigetragen, die Psychoanalyse als eine avancierte Kulturtechnik zu begreifen, die im Wesentlichen in der symbolischen Dimension ihre Wirkung entfaltet, indem sie nach den Möglichkeiten der Konstitution von Bedeutungen und insbesondere individuellen Sinnzuschreibungen fragt, die sowohl Leiden wie auch Genießen verschaffen, was den Einzelnen in seiner Liebes- und Arbeitsfähigkeit hemmt oder befördert. Als Ziel der Psychoanalyse erscheint in dieser Perspektive, die Gegebenheit dieser symbolischen Verstrickungen, in denen das ihnen unterworfene Subjekt sein Leben führt, wieder zur Disposition zu stellen und in Bewegung zu bringen. Wie jedoch erreicht sie das, mit Arbeit?

Auf die Psychoanalyse trifft die neuzeitliche Auffassung der Arbeit als Herstellung von marktfähigen Produkten, die zumeist in etwas Gegenständlichem bestehen, nicht zu. Eher entspricht sie einer Dienstleistung, bei der eine Tätigkeit ausgeübt wird, ohne dass dabei ein Gegenstand entsteht wie beim Musizieren eines Barpianisten, der Massage einer Physiotherapeutin oder der Betreuung durch einen Altenpfleger. In der Regel kann man Dienstleister einfach nach ihrer Arbeitszeit zu vereinbarten Tarifen vergüten, weil man weiß, was sie leisten müssen (Klavierspielen, Massieren etc.), um diese Vergütung auch zu verdienen; dagegen stellt sich im Falle der Psychoanalyse die besondere Schwierigkeit, überhaupt zu bestimmen, was dort passiert, denn: »In der analytischen Behandlung geht nichts anderes vor als ein Austausch von Worten zwischen dem Analysierten und dem Arzt.«[3] Aber natürlich handelt es sich dabei nicht um Beratung, Belehrung, Agitation, Beschimpfung, Besänftigung, Beichte und dergleichen mehr. Vielmehr handelt es sich um eine Praxis (welche seit Aristoteles von der *poiesis*, dem Herstellen, unterschieden wird), aber um eine symbolische Praxis wie keine andere: Denn das Handeln als solches, als ein Agieren mit sozialen Wirkungen, welches Aristoteles idealiter im Feld der Politik zu finden meint, ist gerade suspendiert zugunsten des »bloßen Redens«, wie es der Laie geringschätzig ausdrückt. Freud weist zu recht darauf hin, dass diese Einschätzung »ebenso kurzsinnig wie inkonsequent gedacht« (ebd.) ist. In einer unverschämten Lesart gegen den Strich macht Freud darauf aufmerksam: »Es sind ja dieselben Leute, die

---

3 | Sigmund Freud: Vorlesungen zur Einführung in die Psychoanalyse (1916-17 [1915-1917]), Gesammelte Werke (London 1940-1952), Frankfurt a.M. 1960, Bd. XI, S. 10; oder: Studienausgabe Bd. I, Frankfurt a.M. 1972, S. 43.

so sicher wissen, dass sich die Kranken ihre Symptome ›bloß einbilden‹.« (Ebd.) Freud nimmt nicht nur seine Kritiker, wenn auch anders, als sie es erwarten, beim Wort, sondern er nimmt auch theoretisch seine eigene klinische Erfahrung wortwörtlich auf, um sie zu analysieren: seine Praxis besteht eben im »Austausch von Worten«. Das ist leichter gesagt als getan – in der Psychoanalyse heißen diese »Arbeitsschwierigkeiten« Widerstand und werden zum Dreh- und Angelpunkt, wie die Beiträge immer wieder kenntlich machen. Denn wenn etwas in der Kur ausgesprochen ist, dann kann dies weitreichende, gar schwerwiegende oder auch gefährliche Konsequenzen haben: »Durch Worte kann ein Mensch den anderen selig machen oder zur Verzweiflung treiben [...] Worte rufen Affekte hervor und sind das allgemeine Mittel zur Beeinflussung der Menschen untereinander.« (Ebd.) Nicht umsonst nennt Freud die Worte einen ursprünglichen »Zauber«, der »noch heute viel von seiner Zauberkraft bewahrt« (ebd.) habe. Mit Serge Leclaire und Michael Meyer zum Wischen erzeugt der Wortzauber in der Psychoanalyse aber keine neuen Gewissheiten, sondern erschüttert diese oder bricht gar jenen anderen Zauber nicht des Symbolischen, sondern des Imaginären. Das Sprechen in der Psychoanalyse ist ein »Wortwechsel«, ein »Gespräch«, das »keinen Zuhörer«, keinen Dritten, »indifferenten Zeugen« verträgt. Die »Mitteilungen« des Analysanten drehen sich um »das Intimste seines Seelenlebens«, aber »nur unter der Bedingung einer besonderen Gefühlsbindung« (ebd.) an den Psychoanalytiker.

Es sollte offenkundig sein, dass diese Bedingung nur realisiert werden kann durch eine starke Rahmung und die Einhaltung der Grundregel, insbesondere die Verschwiegenheitsverpflichtung des Analytikers gegenüber Dritten. Hierdurch erweist sich das psychoanalytische Setting als eine »exklusive« soziale Form, welche die Öffentlichkeit auch der eigenen Familie notwendigerweise ausschließt. Mit der notwendigen sozialen Exklusion muss eine gesellschaftliche Anerkennung und das Zugeständnis einhergehen, dass vom Analysanten in diesem Freiraum der analytischen Assoziation »alles was er als sozial selbständige Person vor anderen verbergen muss« ausgesprochen werden kann – »und im weiteren alles, was er als einheitliche Persönlichkeit sich selbst nicht eingestehen will.« (Ebd.) Hier soll gerade ein Reden jenseits gesellschaftlicher Sanktionierung und staatlicher Kontrolle Raum haben, weswegen die Einbindung in die Systeme des Gesundheitswesens mit ihren Ansprüchen auf Effizienz, Berechenbarkeit, Evaluation grundsätzlich problematisch bleibt. Stattdessen muss die psychoanalytische Praxis darauf beharren, nicht eine therapeutische Maßnahme unter anderen zu sein – und trotz der vielen Berührungspunkte und Überschneidungen ist sie weder eine medizinische noch eine psychologische Tätigkeit. Andererseits handelt es sich bei der Tätigkeit von Analytikerinnen und Analytikern auch um Arbeit im gesellschaftlichen Sinne, das heißt äußerlich gesehen um Erwerbs- bzw. Lohnarbeit. Gerade dies schafft bei aller Problematik jenen Freiraum des möglichst »zweckfreien« Redens.

ARBEITSBEGRIFFE IN DER PSYCHOANALYSE

Freuds Schriften sind bevölkert von Metaphern des Tätigseins und der Arbeit: Betrachtet man die Kulturarbeit, Traumarbeit, Trauerarbeit oder Witzarbeit, so scheint kaum etwas zu abwegig, um Ausdruck der überraschenden, umwegigen und manchmal auch unscheinbaren Arbeit des Unbewussten zu sein und beim entsprechenden Namen benannt zu werden. Gleichwohl können und sollen die genannten »Arbeitsbegriffe« einander nicht gleichgesetzt und bei aller Namensgleichheit auch nicht notwendig verbunden werden – im Gegenteil. Die Wandelbarkeit und Eigenheiten dieser Arbeitsmetaphern zeigen die Beiträge von Johanna Cadiot, Anne-Marie Hamad und Anna Tuschling. Ist es auch ein Anliegen des vorliegenden Buches, die überbordende Fülle an Formulierungen und Wendungen zur Arbeit im analytischen Bereich aufzuzeigen, so muss im Falle der Arbeitsmetaphern – Kulturarbeit und Co. – gerade bezweifelt werden, ob es sich dabei schon um Arbeitsbegriffe als Teil einer Theorie der Arbeit oder auch Ahnungen derselben handelt. Für den Trieb verhält es sich dagegen anders und wesentlich diffiziler, wie André Michels demonstriert. Auf den Zynismus der Arbeitsrhetorik innerhalb der nationalsozialistischen Vernichtungslogik macht Catherine Moser in ihrem Essay aufmerksam, der die beiden Themenbereiche des Buches trennt wie verbindet.

Während bislang in diesem kurzen Aufriss die Verzweigungen der Arbeit in der Psychoanalyse im Vordergrund standen, soll nun die Sprache auf Freud und den Marxismus kommen. Das Verhältnis der Psychoanalyse zur Arbeit (eben im gesellschaftspolitischen Sinne einer Arbeitswerttheorie) ist nämlich keinesfalls ein leichtes, sondern ein äußerst schwieriges und belastetes. Unter der Hegemonie einer marxistisch-leninistischen Marx-Lektüre galt es vor allem im deutschsprachigen Raum lange Zeit als gesetzt, dass – wenn überhaupt mit Freud zu arbeiten sei – dies nur nach entscheidenden Modifikationen seines angeblich ahistorischen und gesellschaftsfernen Denkens geschehen könne: Die psychoanalytische Metapsychologie und Begrifflichkeit müssten kurzum gesellschaftstheoretisch geöffnet und mithin die Psychoanalyse sozialwissenschaftlich und soziologisch »vermittelt« werden, was zum einen eine Historisierung der Neurose und des Ödipuskomplexes sowie des Unbewussten als solchem, aber auch das Herantragen eines soziologischen Handlungsbegriffs an Freuds Konzepte bedeutete. Ein Blick auf die Beitragstitel des moderaten *Kursbuches* über »Das Elend mit der Psyche« aus dem Jahr 1972 verdeutlicht die skizzierte Lage: »Psychoanalyse als Herrschaftswissenschaft?« (Wulff), »Ödipus – ein bürgerlicher Komplex?« (Reiche), »Psychoanalyse, Kapitalmystifikation und Ideologie« (Wieser/Beyer).[4]

Die aktuelle Erschöpfung, Marx und Freud zu durchweben, d.h. die vermeintlich idealistische und/oder bürgerliche Psychoanalyse auf ihre gesellschaftstheoretischen Füße zu stellen oder, umgekehrt, den kruden reduktionistischen Materialismus um eine angemessene Einbeziehung des »subjektiven Faktors« zu erweitern, hat jedenfalls den immens positiven Effekt, der Arbeit als einem wirklichen Problem wieder Spielraum zu verschaffen. Ist man auch der »dialektischen« Vermittlungen müde, die nur allzu häufig in den einen oder anderen Dogmatismus führten, so ist doch eine revidierte Sicht gerade auf die behutsameren Unternehmungen zur systematischen Verbindung der Psychoanalyse mit Gesellschaftskritik wichtiger denn je. Ganz in diesem Sinne plädiert Falko Schmieder dafür, Helmut Dahmers Ansatz wieder aufzunehmen und zu würdigen. Arbeit in der Psychoanalyse kann also neu angegangen werden und wenigstens das Eine sollte den alten Disputen zu entnehmen sein: Alles wäre vergebens, wenn die Psychoanalyse und die Kritik der politischen Ökonomie dabei abermals wie David und Goliath gegeneinander aufgestellt würden (der gesellschaftstheoretische Goliath erscheint heute als gefallene Figur, mit der sich ein solidarisches Interesse gerade im Moment ihres Sturzes entfaltet – aber es darf dennoch bezweifelt werden, ob der psychoanalytische David als Sieger derselbe geblieben ist). Weitblickend forderte Dahmer schon 1971 in richtiger Absicht:

---

4 | Hans Magnus Enzensberger/Karl Markus Michel (Hg.): Kursbuch. Das Elend mit der Psyche II, Berlin 1972.

»Psychoanalyse und historischer Materialismus müssen koexistieren. Die soziale Welt lässt weder aus dem Bewusstsein noch aus dem Unbewussten der Subjekte sich erklären, die sie durch ihre Arbeit zwar erzeugen und erhalten, aber das nicht wissen. Soziale ›Tatbestände‹ wie das Wertgesetz, der imperialistische Krieg, der tendenzielle Fall der Profitrate oder die Überproduktionskrise lassen sich nicht auf die [...] Bedürfnisse von Individuen zurückführen. Kein Triebschicksal und keine Verdrängung macht den Kapitalismus und andere Produktionsweisen irgend verständlich. Umgekehrt lehrt die Kritik der politischen Ökonomie nichts darüber, wie die ›Charaktermasken‹ [...] mit deren Trieben verlötet sind, nichts über Traum und Neurose. Dass Psychoanalyse und Kritik der politischen Ökonomie im ihnen gemeinsamen ›Objekt‹, dessen Eigentümlichkeit ist, dass es Subjekt werden kann, zusammentreffen, ist ebenso gewiß wie ihre (einstweilen) unaufhebbare Differenz.«[5]

Wichtig ist heute also aus Perspektive der Gesellschaftsforschung nicht nur, die Psychoanalyse aus wissenschaftspolitischen Gründen gleichrangig zu behandeln, sondern aus inhaltlichen; denn wenn ihr das Objekt gleichsam von außen und allein aus Perspektive der Gesellschaftstheorie aufgenötigt wird, erfährt man nichts von ihr. Anders oder wenigstens wesentlich stärker als bei Marx bleibt der Text Freuds nämlich immer ein zu lesender, so dass er in der Lektüre das Objekt der Auseinandersetzung und der begrifflichen Bemühungen – wie Unbewusstes, Phantasie, Trieb – allererst nachträglich offenbart. Die psychoanalytische Erfahrung bleibt insofern prinzipiell unsystematisch und undogmatisch, als sich in ihr jene Momente Geltung verschaffen, von denen der Einzelne jenseits der kulturell, gesellschaftlich und wissenschaftlich anerkannten Diskurse Zeugnis ablegt und die somit den Gegenstand der Analyse jeweils neu und anders erst bestimmen. Dieser grundsätzlich verschobene Status der Psychoanalyse, ihre konstitutionelle Revidierbarkeit, ist im Vergleich zu anderen kritischen Projekten – zu Theorien des Psychischen, aber auch zu klinischen Verfahren – bislang von Seiten der Gesellschaftstheorie zu wenig beachtet worden; dies ist ein Umstand, der umgekehrt auch erklären mag, warum viele Leser und Leserinnen Freuds gezögert haben, sich systematisch mit Marx zu befassen. Doch auch das Gegenteil war der Fall und man sprach

---

5 | Helmut Dahmer: Psychoanalyse und historischer Materialismus, in: Alfred Lorenzer et al.: Psychoanalyse als Sozialwissenschaft, Frankfurt a.M. 1971, S. 60-92, hier S. 64.

der Psychoanalyse per se einen progressiven Status zu. Laut dieser Position, die Karl-Josef Pazzini erneut aufnimmt und mit zeitlichem Abstand zu den 1968er Debatten kritisch bewegt, solle der Psychoanalyse als klinischem Verfahren für sich genommen subversive Wirkung zukommen. Unzweifelhaft prägen aber die gesellschaftlichen und kulturellen Verhältnisse ebenso wie die wirtschaftlichen und technischen Möglichkeiten das, was sich im Rahmen des Settings einer Psychoanalyse zuträgt und wie sich dementsprechend das Subjekt der Analyse zur Geltung bringt. Die Arbeit als ein existentiell wichtiger, überlebenssichernder, aber auch erzwungener Bereich, der in den letzten Jahrhunderten eine ungeheure kulturelle Aufwertung erfahren hat, kann, was wenig erstaunlich ist, im psychoanalytischen Prozeß eine große Bedeutung gewinnen. Überraschend ist es allerdings, wenn die Frage der Arbeit der Psychoanalyse eher selten Anlass zum Nachdenken gegeben hat. Und auch den Psychoanalytikern scheint erstaunlicherweise ihr eigenes berufliches Dasein kaum als Arbeit zu imponieren, wie Claus-Dieter Rath feststellt.

Es steht zu hoffen, dass jene neue Marx-Lektüre, die nicht mit Personifizierungen arbeitet wie der Marxismus-Leninismus, zukünftig eine anders gelagerte und vollständig neue Annäherung der Marxforschung an die Metapsychologie der Psychoanalyse bedeutet. In ersten Schritten würde sich anbieten, die frappierende und sich – bei allen Unterschieden – deutlich abzeichnende Analogie bestimmter Merkmale des Unbewusstem mit den Vorgängen bei der Setzung von Gleichwertigkeit im kapitalistischen Tausch näher in den Blick zu nehmen, aber dabei auf gar keinen Fall auf eine Verschmelzung der Gegenstände oder Angleichung der Erkenntnisverfahren hinzuarbeiten. Wissensgeschichtlich geht es also zunächst darum, eine Ebene zu finden, auf der sich solche Analogien, aber auch Diskrepanzen allererst abzeichnen und die Eigenart der jeweiligen Diskurse in Bezug und Abgrenzung zueinander hervortreten lassen, ohne dass der eine den anderen negiert, verleugnet, auslöscht – oder sich mit einer großen Umarmung aneignet und einverleibt. Die wechselseitige Wertschätzung setzt die Differenz voraus. Es geht nicht darum, mit gleicher Münze zurückzuzahlen, sondern das auf andere Weise fortzusetzen, was einmal kritische Reflexion genannt wurde. Arbeit in, mit und an der Psychoanalyse steht also auf allen Ebenen an.

Arbeit in der Klinik

Die Arbeit in der Kur

FRANÇOISE SAMSON

Wer, wie, wo, was, warum – jeder Mensch stellt sich immer wieder diese W-Fragen, diese existentiellen Fragen. Der Analytiker hat dauernd mit ihnen zu tun, obwohl er nicht immer die Antwort hat und obwohl der Analysant lange glaubt, er wisse sie doch, er müsse sie doch wissen! Psychoanalyse beginnt also als eine Suche nach Antworten auf Fragen, die der Analysant stellt. Aber ist das, was in einer analytischen Kur vorgeht, Arbeit? Und: Wer arbeitet? Was widersetzt sich dieser Arbeit?

WER ARBEITET IN DER ANALYTISCHEN KUR?

Wenn man einen Analytiker anruft, während ein Analysant auf der Couch liegt, antwortet er oft »Ich arbeite« oder »Ich habe jetzt eine Sitzung«. Natürlich hatte man am abwesenden Klang seiner Stimme schon verstanden, dass er nicht wirklich zu sprechen war und dass man ihn mitten in einer Sitzung störte. Auf Französisch heißt es: »Je suis en séance«, »Ich bin in Sitzung«. Natürlich sitzt er da in seinem Sessel in seinem Arbeitszimmer, aber ist dieser Ausdruck nicht zweideutig? Ist es denn nicht der Analysant, der eine Sitzung hat? Wie immer enthält auch hier die Sprache Wissen: In einer analytischen Kur gibt es zwar zwei Personen, aber ein einziges »Ich«, ein einziges Subjekt und ein Objekt a. Der Analytiker »ist«, was der Analysant sagt. »Je suis, ce que vous dîtes« kann gelegentlich der Analytiker sagen, wenn der Analysant plötzlich Angst bekommt, der Analytiker könnte ihn mit Suggestion behandeln oder ihm unerwünschte Gedanken verleihen. Auf Französisch »je suis«, »ich bin«, kann auch »je suis«, »ich (ver)folge«, bedeuten. Anders gesagt: wenn der Analytiker das Sprechen des Analysanten verfolgt, dann ist sein eigenes »Ich« nicht da. Wie der Ton seiner Stimme, so ist auch sein eigenes »Ich« abwesend, sein »Ich« ist dann nur das »Ich« des Analysanten. Seine Stimme ist nämlich dann auch nicht mehr seine eigene Stimme, die Stimme, die er im täglichen Leben hat und benutzt. Sie dient als »semblant d'objet«, das das Begehren des Analysanten verursacht. Wenn er dem Analysanten etwas sagt, spricht der Andere durch diese Stimme und mit ihr. Darum auch, nebenbei bemerkt, rufen manche Analysanten ihren Analytiker unter irgendeinem Vorwand an, um dieses Objekt vom Anderen zu haben. Die Arbeit des Analytikers besteht darin, dem Analysanten sein Unbewusstes auf Zeit zu »vermieten«[1] – Freud nennt das »Stundenmiete« – oder genauer gesagt, das Funktionieren seines Unbewussten zur Verfügung zu stellen. Ein leeres Funktionieren muss es aber sein, das heißt von den eigenen Signifikanten des Analytikers geleert. Freud vergleicht den so arbeitenden Analytiker sogar mit einem Telefon.[2] Lacan sagt nichts anderes: »Die Psychoanalyse wird mit einem Psychoanalytiker praktiziert. Hier soll man ›mit‹ gerade im instrumentellen Sinn verstehen.«[3] In seinen technischen Schriften wiederholt Freud diesen Rat, man könnte sagen diese Grundregel für den Analytiker: dieser müsse sich hüten, seine Gefühle, seine Geschichte, seine Vorurteile in die Kur seiner Patienten hineinzubringen. Dann »hätte sich der Analytiker vorzuwerfen, daß er den Patienten nicht zu Wort kommen ließ«[4] und dessen Eigenart nicht respektiert habe, also aus seiner Aufgabe als Analytiker herausgefallen sei: »Sicher ist, dass die Gefühle des Analytikers einen einzig möglichen Platz in diesem Spiel [Metapher des Bridgespiels] haben, den des Toten; und wenn er wieder zum Leben gerufen wird, geht das Spiel weiter, ohne daß man weiß, wer es führt.«[5] Der Analytiker vermietet die Aufmerksamkeit seines psychischen Apparates, damit er die Denkfehler korrigieren kann, die einmal beim Analysanten »durch man-

---

1 | Sigmund Freud, Zur Einleitung der Behandlung, Studienausgabe, Ergänzungsband, Fischer, S. 186-187
2 | Sigmund Freud, »Ratschläge für den Arzt bei der psychoanalytischen Behandlung«, Studienausgabe, Ergänzungsband, Fischer, S. 175.
3 | Jacques Lacan, »L'Envers de la psychanalyse«, Seuil, Paris, 1991, S. 150.
4 | Sigmund Freud, »Konstruktionen in der Analyse«, Studienausgabe, Ergänzungsband, Fischer, S. 399.
5 | Jacques Lacan, »La direction de la cure«, Ecrits, Seuil, 1966, S. 589.

gelnde Aufmerksamkeit«[6] gemacht wurden. Im »Entwurf« (1895) spricht Freud auch davon, dass der Affekt die Denkarbeit zu stören vermag:

»Es ist nämlich sehr schwer für das Ich, sich in die Situation des bloßen ›Forschens‹ zu versetzen. Das Ich hat immer Ziel- oder Wunschbesetzungen, deren Bestand während des Forschens den Assoziationsablauf [...] beeinflusst, also eine falsche Kenntnis von W[ahrnehmung] ergibt.«[7]

Erstens folgt daraus, dass eine Selbstanalyse unmöglich ist. Der Analytiker vermag zweitens die falschen assoziativen Verknüpfungen beim Analysanten aufzulösen, weil er in diesem Moment nicht dieselben Wunschbesetzungen hat und auch nicht haben kann. Durch Deutung vermag er eine neue Verknüpfung herzustellen, eine »Ich-gerechte« Verknüpfung. Die Deutung ist nichts anderes als eine andere Verbindung der Signifikanten, die durch den Effekt der Zweideutigkeit möglich wird. Zweideutigkeit gibt es, weil das Schreiben, das Schriftliche, mitspielt. Eine Deutung ist ein Versuch, einen Affekt mit der betreffenden Vorstellung zu verbinden. Diese Verbindung zwischen Vorstellung und Affekt wurde von der Verdrängung einst unterbrochen und der Affekt hatte sich an irgendeine andere, viel weniger gefährliche Vorstellung angehängt. Wenn Analytiker und Analysant es schaffen, die richtige Verbindung herauszufinden, wird die Verdrängung aufgehoben. In dieser Hinsicht spricht Lacan von »collaboration reconstructive«[8] (rekonstruierende Mitarbeit). Dabei darf man nicht vergessen, dass beide als »Angestellte der Sprache«[9] – man könnte auch sagen als »Sklaven des Signifikanten« – auf derselben »Ausgrabungsstelle« arbeiten. Darin sieht Lacan die Erklärung dafür, dass der Analysant fast nur von seinen Eltern oder nahen Verwandten spricht: Diese haben ihn die »lalangue« gelehrt, aber er hat nicht gelernt, sich (und seine eigenen signifikanten Beziehungen) von seinen nahen Verwandten zu unterscheiden. Diese nahen Verwandten haben ihrerseits die »lalangue« von der vorigen Generation geerbt, und so geht es von Generation zu Generation. Der Analysant schwimmt in einer »Sprachbrühe«, wie Lacan die

---

6 | Sigmund Freud, »Entwurf einer Psychologie«, GW Ergänzungsband, S. 474.
7 | Ebd., S. 464.
8 | Jacques Lacan, »L'Envers de la psychanalyse«, Seuil, Paris, 1991, S. 100.
9 | Ebd., S. 74.

Kultur nennt.[10] Seit Freud ist das Wort »Kultur« unmittelbar mit dem Wort »Unbehagen« verbunden. Beide, Analysant wie Analytiker, müssen von dieser Sprachbrühe trinken. Darum auch hängt der Analytiker vom Realen ab, er, der eben dieses Reale, das Reale des Symptoms, zu kontern hat. Deswegen ist der Analytiker gar nicht so frei, wie man meint, auch wenn er Freiberufler ist!

Was arbeitet?

Die französische Sprache kann uns einen Wink geben, was in der Kur arbeitet. Wenn man die Antwort auf eine Frage, die Lösung eines Rätsels sucht, sagt man: »Cela me travaille«, wortwörtlich: »Es arbeitet mich« im Sinne von: »Es beschäftigt mich« oder: »Es lässt mir keine Ruhe«, »Es plagt mich, es quält mich«. Wenn ein junger Mensch mit den Schwierigkeiten der Pubertät zu tun bekommt, sagt die Umgangssprache: »C'est les glandes qui le travaillent«, »Die Drüsen bearbeiten ihn«, im Sinne von: »Er hat mit sexuellen Regungen zu schaffen«. Ein anderer gewohnter Ausdruck lautet: »J'ai les glandes« oder »Cela me fout les glandes«, »Ich habe die Drüsen«. Dies bedeutet jedoch: »Ich habe Schiss« und/oder »es macht mich ›stinkwütend‹«. Diese Ausdrücke haben mit dem Triebleben zu tun. Der intensive Schub der Sexualentwicklung während der Pubertät erhöht sozusagen die »Arbeitsanforderung, die dem Seelischen infolge seines Zusammenhanges mit dem Körperlichen auferlegt ist«, wie Freud in *Triebe und Triebschicksale* schreibt. Dies geschieht meistens nicht ohne Angst und/oder Wut.

Hier ein kleines Beispiel: Eine junge Frau, dreißig Jahre alt, kommt nach einigen Tagen Ferien zu ihrer Sitzung. Sie hat am Ferienort eine schreckliche Erkältung mit Ohrenschmerzen gehabt. Trotz Behandlung wollen diese Schmerzen aber nicht nachlassen und sie hat den Eindruck, nicht mehr gut zu hören. Dabei zeigt sie eine übermäßige Angst, die sich allmählich als Angst entpuppt, taub zu werden. Ich lasse mir erzählen, was die beiden von ihr aufgesuchten Ärzte gesagt hätten: Mit dem Ohr sei eigentlich alles in Ordnung. Das bringt ihr aber keine Beruhigung der Angst – im Gegenteil. Im Ausdruck dieser überstarken Angst spüre ich

---

10 | Jacques Lacan, »L'insu que sait de l'Une-bévue s'aile à mourre«, non publié, séance du 19 avril 1977.

eine Art Verlegenheit. Ich frage, ob sie früher mal Ohrenbeschwerden gehabt habe. Ja, das schon. Wann denn? Als sie ein junges Mädchen gewesen sei. Der Ton ist leicht geringschätzig, als wäre es überflüssig, darüber zu sprechen. Nun, das könnte wohl ein Prinz sein, als Bettler verkleidet, also ein Zeichen der gelungenen Abwehr,[11] dachte ich mir. Haben sie damals, riskiere ich, vielleicht etwas nicht hören wollen? Nein, nein, sagt sie, überhaupt nicht, dabei kichert sie ein wenig beunruhigt. Ich ziehe mich also sofort so weit wie möglich in das Schweigen zurück. Nach einer längeren Stockung kommen langsam die folgenden Worte: »Als ich klein war, hat man mir gesagt, dass ... nein, ich schäme mich zu sehr, das zu sagen.« Was denn? Mit der größten Schwierigkeit fährt sie fort: »Wenn man masturbiert ...« Ich ergänze also den Satz: »Dann wird man taub.« Bei mir war nämlich endlich der Groschen gefallen – und nicht ohne meine heimliche Überraschung! »Ja«, meint sie mit Erleichterung und Dankbarkeit, »das ist es.« Natürlich sind die Ohrenschmerzen kurz danach wie von selbst verschwunden.

Was aber hat es mit meiner Überraschung auf sich? Erstens hatte ich wegen dieser überstarken Angst etwas anderes erwartet, mir eine andere Konstruktion gemacht, eine falsche Konstruktion. Ich kann jetzt, das heißt wie immer: nachträglich, sagen, dass es eigentlich keine falsche Konstruktion war, nur eine frühzeitige, übereilte Konstruktion – was das zu diesem Zeitpunkt der Kur gegenwärtige Material und die Vorbereitung der Analysantin, anders gesagt: das Durcharbeiten anbetrifft. Denn es war eigentlich richtig, diese überstarke Angst mit einer überstarken Vorstellung in Verbindung zu bringen, das heißt mit einer unverträglichen sexuellen Vorstellung. In Lacan'scher Sprache könnte man von Signifikanten sprechen, die stark vom Genießen getränkt sind. Nebenbei bemerkt: Die technischen Ratschläge von Freud sind äußerst wertvoll, eine Deutung »nicht eher mitzuteilen, als bis der Patient knapp davorsteht, so dass er nur noch einen kurzen Schritt zu machen hat, um sich dieser Lösung selbst zu bemächtigen«[12]. Zweitens wird in unserer Zeit von Masturbation in allen Modezeitschriften gesprochen, in berühmten Up-to-Date-Modegeschäften werden sogar geschmückte Spielzeuge dafür verkauft, und solcher Aberglauben hat seine Wirkung!

---

11 | Sigmund Freud, Zur Psychotherapie der Hysterie, S. 73.
12 | Sigmund Freud, Zur Einleitung der Behandlung, Studienausgabe, Ergänzungsband, Fischer, S. 200.

Das ist es aber eigentlich kein Wunder: Das Wissen, jedes Wissen, kommt vom Anderen. Der Satz »Masturbieren macht taub« wurde von der Analysantin zu einer Zeit gehört, in der das kleine Mädchen fest an die Wahrheit der Worte glaubte, die die Eltern aussprachen. Diese Worte hatten sich eingeprägt, ihr Körper hat ihnen gehorcht, sie in eine somatische Imperativform übersetzt und auf diese Weise ausgesprochen. Deren Spuren wurden wieder belebt, als sie sich aktuell eines Genießens schuldig fühlte. Es fiel ihr schwer, sich zu ihrem Genießen zu bekennen, doch die »Wahrheit« bestand darauf, erkannt zu werden, und sei es durch die somatische Form der Ohrenschmerzen.

Was arbeitet also? Nun, das Wissen über diese Wahrheit arbeitet, ein Wissen, das sich nicht wissen lässt, ein kopfloses Wissen, also ein triebhaftes Wissen. Unsere Arbeit, ich meine damit Analytiker und Analysant, besteht darin, dieses arbeitende Wissen zu Tage zu fördern, dieses latente Wissen zu entziffern. Dabei ist unser einziges Werkzeug die Übertragung. Damit dieses Wissen subjektiviert werden kann, muss da ein Anderer sein, der dieses Wissen als echtes anerkennt,[13] anders gesagt ein »sujet-supposé-savoir«.

WAS WIDERSETZT SICH DIESEM ENTZIFFERN?

Die Antwort, die Freud gibt, ist ein wohl bekanntes Wort: der Widerstand. Wie hat er diesen Widerstand entdeckt? Freud hatte bemerkt, dass einige Patienten sich nicht hypnotisieren ließen, und erkannte bald, dass es eigentlich eine Ablehnung, ein Nichtwollen, »ein psychisches Bedenken gegen die Hypnose war«. Nun galt es, »die Hypnose zu umgehen und doch die pathogenen Erinnerungen zu gewinnen«. So ließ er die Patienten erzählen, er drängte sie dazu. Aber dieses Drängen kostete ihn Anstrengung: Wenn er sich anstrengen muss, sagte er sich, dann gibt es einen Widerstand zu überwinden, und »so setzte sich mir der Sachverhalt ohne weiteres in die Theorie um, dass ich durch meine psychische Arbeit eine psychische Kraft bei dem Patienten zu überwinden habe, die sich dem Bewusstwerden (Erinnern) der pathogenen Vorstellung widersetzte.«[14] Durch

---

13 | Jacques Lacan, L'envers de la psychanalyse, Seuil, S. 198.
14 | Sigmund Freud, »Zur Psychotherapie der Hysterie«, Studienausgabe, Ergänzungsband, Fischer, S. 62.

dieses Umsetzen in die Theorie wurde ihm deutlich, »dass diese Kraft dieselbe Kraft sein dürfte, die bei der Entstehung des Hysterischen Symptoms mitgewirkt hatte und damals das Bewusstwerden der pathogenen Vorstellung verhindert hatte«[15]. »Das Nichtwissen der Hysterischen war also eigentlich ein – mehr oder minder bewusstes – Nichtwissenwollen, und die Aufgabe des Therapeuten bestand darin, diesen *Assoziationswiderstand* zu überwinden.«[16] So ist Freud von einem Nichtwollen zu einem Nichtwissen und dann zu einem »Nichtwissenwollen« übergegangen, also von der Hypnose zur Psychoanalyse. Dieses Wort »Nichtwissenwollen« aus der Frühzeit der Psychoanalyse hat Lacan bis zum Ende seines Werkes beibehalten. Doch hat er dieses »Nichtwissenwollen« auf die Seite des Analytikers verlegt, denn er meinte, der Widerstand sei ihm geschuldet.

Kehren wir aber zum Wort »Assoziationswiderstand« zurück: Handelt es sich nicht beim Widerstand um den Widerstand der Signifikantenketten? Nachdem Freud das psychische Material, das durch Assoziation in der Analyse auftaucht, als ein höchst kompliziertes, mehrdimensionales Gebilde von mindestens dreifacher Schichtung dargestellt hat (zum einen die konzentrischen Kreise um den pathogenen Kern herum, zum anderen die chronologische Aufreihung mit ihrem »Deckblatt« und drittens die Anordnung nach einem logischen Faden, der von der Peripherie bis zum Kern wie bei einer »Rösselsprungaufgabe« nachzuverfolgen ist), schreibt er Folgendes:

»Die pathogene Organisation verhält sich nicht eigentlich wie ein Fremdkörper, sondern weit eher wie ein Infiltrat. Als das Infiltrierende muss in diesem Gleichnisse der Widerstand genommen werden. Die Therapie besteht ja auch nicht darin, etwas zu exstirpieren [...], sondern den Widerstand zum schmelzen zu bringen und so der Zirkulation den Weg in ein bisher abgesperrtes Gebiet zu bahnen.«[17]

Hat dieses Infiltrat nicht mit dem zu tun, was Lacan »le mur du langage«[18], die Wand der Sprache nennt, nämlich mit der strukturellen Tatsache, dass das Imaginäre das Symbolische infiltriert? Weil der Mensch

---
15 | Ebd.
16 | Ebd., S. 63.
17 | Ebd., S. 83.
18 | Jacques Lacan, *Le moi dans la théorie de Freud et la technique psychanalytique*, Seuil, S. 285.

ein Sprachwesen ist, das in dieser Sprachbrühe, im geläufigen Diskurs schwimmt, werden die Bilder, die Spiegelbilder, in denen er sich zu erkennen glaubt (imaginäre Identifizierungen), mit Signifikanten bezeichnet, sozusagen gefüttert. Dieses Benennen objektiviert diese Spiegelbilder und gibt ihnen eine falsche Realität. Die Wand, die eine Verknüpfung des spekulären Imaginären und des Symbolischen ist, versperrt den Zugang zum Diskurs des Anderen und verhindert die Subjektivierung der Worte, die im Unbewussten beharrlich summen wie ein Basso continuo.

Dies wirft ein anderes Licht auf Freuds Auffassung der »Übertragung«. Als das wichtigste Werkzeug des Psychoanalytikers in der psychoanalytischen Behandlung erweist es sich zugleich als die stärkste Waffe des Widerstandes.[19] Freud hatte nämlich die Erfahrung gemacht, dass nach einer Stockung in den Assoziationen des Patienten eine Idee, die die Person des Analytikers betrifft, eine »Übertragungsidee darum vor allen anderen Einfallsmöglichkeiten zum Bewusstsein durchgedrungen ist, *weil* sie auch dem Widerstande Genüge tut«[20]. Der Analysant stockt eben vor dieser Wand der Sprache, weil das Imaginäre eine gewisse Trägheit, eine gewisse ›Fixheit‹ hat, und nicht, jedenfalls nicht immer, weil er es mit dem Analytiker nicht gut meint oder besonders schlechten Willens ist! Da soll der Analytiker irgendetwas erfinden, um den Widerstand zu umgehen, zu überraschen, zu verwirren. Aber wenn der Analysant hier am Platz des Analytikers einen imaginären *kleinen anderen* findet, dann wird der Widerstand noch stärker werden. Da, wo der Analysant beim Analytiker einen *kleinen anderen* aufsucht – und das kommt an jedem Arbeitstag des Analytikers sehr oft vor –, soll er einen leeren Platz finden, denn nur so kann das »abgesperrte Gebiet« des Unbewussten erreicht werden.

Nun, um den Sessel der Dualität leerzulassen und sich danebensetzen zu können, muss der Analytiker selber diesen langen Weg von der Peripherie seiner eigenen Signifikantenketten bis zum Kern seines Wesens durchlaufen haben, seine eigene Spiegelwand so weit abgetragen, entblättert haben, bis das Objekt a in das Licht der Leere tritt. *Nun weiß ich, dass er weiß, dass ich weiß, dass er weiß ...* Wer ist ich? Was ist er? Oder umgekehrt: Könnten diese Fragen nicht am Anfang einer neuen Kur stehen? Es sei hier daran erinnert, wie Lacan die bekannte Formel von Freud: »Wo Es war, soll Ich werden«, kommentiert hat: »C'est là où c'était le plus-de-jouir de

---

19 | Ebd., S. 164.
20 | Ebd., S. 163.

l'autre, que, moi, en tant que je profère l'acte analytique, je dois advenir.«[21] Da wo es, das Mehr-Genießen des anderen, war, soll ich, indem ich den analytischen Akt laut werden lasse, werden.

Kein Wunder, dass der Analytiker nach einem langen Arbeitstag und ein wenig betäubt von diesem Aufenthalt in der »a-pesanteur« (in der Un-Schwere, einer besonders schwierigen Form der Schwerelosigkeit), nur langsam wieder in den Zapfen seiner eigenen Signifikanten landet.

---

21 | Jacques Lacan, L'envers de la psychanalyse, Seuil, Paris, 1991, S. 59.

Psychoanalytische Arbeit als Herstellung des Verlusts?

Peter Widmer

Einleitung

Der Titel meines Beitrags mag zunächst befremdlich klingen: Geht man denn in der psychoanalytischen Arbeit, zumal in der lacanianisch inspirierten, nicht vom Mangel aus, vom Subjekt des Mangels? Aber weiß das Subjekt vielleicht gar nichts von seinem Mangel und es ginge also darum, es diesen Mangel entdecken zu lassen? Dann wäre das jedoch immer noch keine Herstellung des Verlusts, die erreicht werden soll, sondern ein Erfahrbarmachen desselben.

In der Tat hat der Titel dann einen Sinn, wenn man ihn auf Psychotiker anwendet. Von ihnen weiß man, dass sie vom Mangel nicht nur nichts wissen wollen, sondern dass sie ihn nicht erfahren haben. Der Mangel ist gleichbedeutend mit dem Situiertsein des Subjekts im Netz der symbolischen Ordnung, in der jedes Element in einem Verweisungszusammenhang mit den anderen Elementen steht. In ihm repräsentieren die Elemente das Subjekt auf eine Weise, so dass es zugleich *ist* – als entfremdetes – und *nicht ist* – als eines, das einen Verlust erlitten hat, der eine Wirkung der symbolischen Ordnung ist.

Auch wenn neurotische Subjekte nichts von diesem Mangel wissen wollen, so ist er anders als bei Psychotikern doch eine strukturelle Gegebenheit, die ihr Begehren konstituiert. Es gibt verschiedene Zugänge zu einer Beschreibung dieses Umstandes: Man findet in der Literatur ebenso die Aussage, die Psychotiker seien nicht in der symbolischen Ordnung, diese sei verworfen worden, wie auch, dass sie im Realen situiert sind, dass sie in einem Zustand unbegrenzten Genießens verharren, auch wenn dieser Zustand leidvoll ist. Andere Autoren meinen, dass Psychotiker Sachvorstellungen und Wortvorstellungen nicht zusammenbringen, dass sie nicht übertragungsfähig, im Narzissmus verblieben sind, dass sie das Spiegelstadium nicht durchquert haben. Auch das Auftreten von Halluzinationen oder Wahn wird bisweilen als Kriterium zur Kennzeichnung der Psychose verwendet. Jedenfalls scheint es klar zu sein, dass Lacans Aussage, ein Signifikant repräsentiere ein Subjekt für einen anderen Signifikanten, für Psychotiker nicht zutrifft. Anzumerken bleibt jedoch, dies sei vorweggesagt, dass das Kriterium der Repräsentation durchaus befragt werden sollte, denn es gibt sehr verschiedene Grade und Dimensionen der Repräsentation, zeitlicher, räumlicher, semiotischer Art, die durchaus nicht in den selben Topf zu werfen sind.

Nun ist gerade die freudo-lacanianische Psychoanalyse alles andere als optimistisch, wenn es darum geht, Psychotiker zu behandeln. Freud war zwar zu Beginn seines Weges zuversichtlich, dass sich Psychotiker behandeln lassen; die Zuversicht stützte sich darauf, dass er Psychosen als Arten von Neurosen einstufte und er dementsprechend von einer Deutbarkeit der Wahnbildungen überzeugt war. Diese Überzeugung war für ihn durchaus kompatibel mit der Entdeckung der *Verwerfung* als eines Abwehrmechanismus, den er schon 1894 von der Verdrängung unterschied. Erst die Erfahrungen mit der Übertragung und seine Einsichten in ihre Problematik ließen ihn zu einer anderen Einschätzung kommen: Freud erkannte, dass Psychotiker im primären Narzissmus verbleiben, die Libido keine Objektbeziehungen eingehen würde. Statt Beziehungen auf der Ebene des Habens zu errichten, würden sie im Sein verbleiben, so dass eine Übertragung auf den Analytiker nicht zustande kommen könne.

Lacan, der – anders als Freud – von der Psychiatrie her zur Psychoanalyse kam, schaffte zwar viele neue Einsichten in die Voraussetzungen und Strukturen der Psychosen, jedoch hat er ebenfalls keine große Zuversicht, was die Möglichkeit von erfolgreichen Behandlungen mit Psychotikern betrifft. Ein Psychotiker bleibt ein Psychotiker – diese Meinung stößt in lacanianischen Kreisen auf wenig Protest, obwohl natürlich bekannt ist, dass eine Psychose auch Ausdruck einer einschneidenden Lebenskrise sein kann, dass auch der Traum eine kurze Psychose ist und deshalb die Unterscheidung von Psychose und Nicht-Psychose nicht derart rigoros gezogen werden kann, wie dies viele meinen, die sich auf die *forclusion* als ein unwiderrufbares Schicksal berufen.

Bleiben wir vorerst beim Konzept des Mangels. Vieles, sehr vieles spricht dafür, dass Psychotiker den Mangel nicht erfahren haben, weil sie als Subjekt nicht in der symbolischen Ordnung positioniert, repräsentiert sind. Wenn man also etwas erreichen will, geht es darum, den Mangel einzuführen, erfahrbar zu machen, was wiederum gleichbedeutend ist mit der Herstellung oder Wiederherstellung von Objektbeziehungen, die eine Dialektik mit dem Subjekt eröffnen und es mit der Frage nach seinem Sein konfrontieren. Ich gebe Ihnen im Folgenden ein Beispiel dazu, das ich einem Vortrag von Françoise Dolto entnehme.

Ein Fallbeispiel

Ein schizophrener Junge von etwa 13 Jahren war bei Dolto in Analyse. Ohne dass er wusste, was er sagte, gab er in einem bestimmten Moment zwei verschiedene Arten von stimmlichen Äußerungen von sich. Es hörte sich wie eine Imitation von zwei Personen an, deren Stimmen er wiedergab – eine hohe, schrille und eine tiefere, weinerlich-bittende. Das ergab zunächst überhaupt keinen Sinn. Offensichtlich war das der Ausdruck eines vorreflexiven Sprechens. Der Junge selbst verstand diese Signifikanten nicht, obwohl sie ihm eingeschrieben waren. Über viele Umwege gelang es der Analytikerin, die Bedeutung der Stimmen zu erfassen. Es war so, dass dieses Kind aus einer heimlichen Beziehung eines jungen Mädchens mit einem verheirateten Lehrer hervorging. Die junge Mutter traute sich zu, das Kind selber großzuziehen – zumal der Vater des Kindes zu seiner Vaterschaft stand und sie unterstützt hätte. Die Mutter der jungen Mutter war jedoch dagegen, und sie tat alles, um das Baby zur Adoption freizugeben, nachdem es ihr nicht gelungen war, eine Abtreibung durchzusetzen. An der Wiege des Kindes stritten sich die Mutter des Neugeborenen und deren Mutter, die ihre Tochter eine Schlampe nannte, während im Nebenzimmer bereits die spätere Adoptivmutter saß.

Es zeigte sich dann, dass genau diese beiden Stimmen vom Jungen wiedergegeben wurden. Als die Analytikerin dem Jungen dies mitteilte, verschwand die unverständliche theatralische Äußerung. Sie hatte ihm seine eigene Botschaft zurückgegeben, fortan wurde eine Distanz zu dieser Unmittelbarkeit möglich. Als die Analytikerin ihn später danach fragte, wusste er überhaupt nichts mehr von diesen Zusammenhängen, d.h. er hatte sie verdrängt.

Diese Fallgeschichte ist auch insofern aufschlussreich, als die analytische Arbeit, die der Manifestation der Stimmen voranging, darin bestand, das Körperbild der Analytikerin von demjenigen des Jungen zu unterscheiden; der »schizophrene Junge«, wie ihn Dolto nannte, hatte nämlich ausgeprägte phobische Züge, die aggressiven Impulsen galten. Er hatte z.B. eine fürchterliche Angst vor Scheren. Ein zweites Symptom war seine Schlaflosigkeit. Er fand in der ganzen Zeit seines bisherigen Lebens nie richtigen Schlaf über mehrere Stunden, sondern konnte nur in kleinen Abschnitten schlafen. Françoise Dolto ging so vor, dass sie ihm Plastilin zum Modellieren gab. Sie brachte es dann zustande, dass er es wagte, ihre Hand mit einem Plastikmesser, das zum Modellieren gebraucht wird, zu berühren – dies, nachdem sie ihn selber gepiekst hatte. Weil sie sah, dass er so große Angst hatte, aggressiv zu sein, streckte sie ihm die Hand hin und sagte: »Kannst du auf meiner Hand auch so etwas mit dem Messer machen?« Sie mit dem Messer zu berühren und Druck auf die Handfläche auszuüben, ängstigte ihn sehr, auch wenn er selber erfahren hatte, dass die Druckeinwirkungen sofort wieder verschwanden. Die Angst, ihre Hand zu berühren, war groß, wie wenn er damit eine mörderische Handlung begehen würde. Man erkennt hier die Nicht-Unterscheidung des einen vom anderen, die zum Spiegelstadium gehört, also zu einer Phase, in der man sich zuerst im anderen sieht. Der Körper der Analytikerin war nicht abgegrenzt von seinem eigenen. Mittels einfacher Dialoge, die an Schlichtheit nicht zu überbieten waren, gelang die Unterscheidung seines Körpers von dem der Analytikerin. Er sagte z.B., wenn er sie berührt hatte und sah, dass nichts passierte: »*C'est ça?*«/»Ist es das?«, und sie sagte: »*Oui, c'est ça!*«/»Ja, das ist es!« Ein kleines Hin und Her fand statt, ähnlich einem Echo; die Stimme, die eine Differenzierung unterstützte, war beteiligt. Es war kurz danach, dass die zwei Stimmen aus dem Jungen herausbrachen, die er wiedergab, ohne überhaupt etwas davon zu verstehen.

Halten wir fest, dass das elementare Modellieren mit Plastilin und das dieses begleitende Sprechen zu einer Abgrenzung des Körperbildes des Jungen gegenüber demjenigen der Analytikerin beitrug. Das war wohl die Voraussetzung dafür, dass die Stimmen, mit denen der Junge identifiziert war, ausbrechen und damit – vor allem durch die Interpretation ihres Sinns – in eine Distanz zu ihm als Subjekt kommen konnten.

Die Bedeutung der Hand

Das Beispiel weist darauf hin, welche Bedeutung der Hand zukommt und damit einer Methodik, die nicht allein mittels des Sprechens realisierbar ist, obwohl dieses unverzichtbar ist. Dolto geht so weit, dass sie die Hände mit dem Symbolischen in einen wesensmäßigen Bezug bringt. Ihre Aussage versuche ich argumentativ zu stützen.

Zunächst fällt auf, dass in vielen Wörtern und Ausdrücken, die in der Psychoanalyse gängig sind, die Hand vorkommt: Man spricht von Behandlung, handhabt die Technik, deren frühe Form bei Freud sich durch den Druck seiner Hand auf die Stirne des Patienten kennzeichnen ließ, und natürlich steckt in jeder Handlung die Hand. Es wäre ein Leichtes, Dutzende von Ausdrücken, in denen die Hand vorkommt, zu erwähnen und zu kommentieren, doch hätte ein solches Vorgehen kaum Hand und Fuß. Beschränken wir uns auf solche Ausdrücke, in denen das Auftauchen der Hand eher überrascht. Das französische *maintenant*, buchstäblich als *Hand haltend* zu übersetzen, weist auf einen Bezug zur Zeitlichkeit hin, die von Heidegger verwendeten Ausdrücke »Zuhandenheit« und »Vorhandenheit« auf die körperbezogene Konstitution der Realität.

Denken wir auch daran, dass die Hand das Organ des Gebens und Nehmens ist, was bereits einen Bezug zum Symbolischen anklingen lässt. In diesem Sinne wird sie in einem übertragenen Sinne gebraucht, wenn man etwa von der öffentlichen Hand spricht oder der dargebotenen Hand. Auch das Begreifen, der Begriff, verweist auf die Hand, wie auch das Werfen, das ja ohne Hand kaum möglich ist, es sei denn, man fasse es in einem übertragenen Sinne auf als Entwurf oder Vorwurf. Aber im ursprünglichen Sinne ist das Werfen eine Tätigkeit der Hand. Griechisch heißt werfen *symballein*, damit zeigt sich ein Bezug zur symbolischen Ordnung über die Hand und das Werfen von selbst.

Noch gar nicht erwähnt habe ich bei alledem den Bezug der Hand zur Schrift, zur Handschrift. Der Bezug zwischen Hand und Schrift bleibt auch da gewahrt, wo kaum mehr von Hand geschrieben wird, aber sowohl die Tastatur wie auch die Digitalisierung verweisen auf die Hand bzw. auf die Finger.

Es wäre leicht, von hier aus einen Ausflug in das Gebiet der Anthropomorphisierung zu machen und zu entdecken, wo die Hand nicht nur Werkzeug des Menschen ist, sondern auch in der gegenständlichen Welt vorkommt, von der Treuhand bis zum Fingerdock auf dem Flughafen als

Orte, wo die Gegenstände nicht nur vorhanden sind, sondern dem Menschen zur Hand sind. Aber wir beschränken uns hier auf das, was zum Psychoanalytischen gehört. Die Schrift, die einen so engen Bezug zur Hand hat, ist ja auch ein Merkmal des Unbewussten. Wie oft hat Freud von »Niederschrift«, »Niederschriften« gesprochen, so dass man sich fragen kann, wer denn federführend ist beim Schreiben des Unbewussten – wer, was ist das, das Subjekt der Niederschriften? Eine unsichtbare Hand vielleicht? Eine Hand also, die Vorstellungen zusammenwirft? Oder gar verwirft?

Unversehens sind wir auf einen Bezug zur Psychose gestoßen, auf ihr Merkmal der Verwerfung, in dem die Hand irgendwie ebenfalls anwesend ist. Schieben wir diesen Bezug noch etwas zurück und schauen wir zuerst, was sich in anthropologischer Hinsicht über die Hand sagen lässt bzw. schon gesagt worden ist. Einen wertvollen Beitrag zum Thema habe ich bei Hegel gefunden. In der *Phänomenologie des Geistes* beschreibt er, dass die Hand nicht bloß etwas Äußeres ist, sondern zugleich etwas Inneres, das sich im Äußeren ausdrückt. Zusammen mit der Sprache ist es die Hand, »wodurch der Mensch sich am ehesten zur Erscheinung und Verwirklichung bringt«. Er spricht von ihr sogar als vom »beseelten Werkmeister seines Glücks«.

Psychoanalytisch gesprochen muss man hier eine Differenzierung anbringen, denn die Hand ist nicht von vornherein Werkzeug des Seelischen, Vermittler zwischen Innen und Außen, sondern sie wird es erst. In diesem Sinne ist sie ein *transitionnal object*, was ganz besonders für den Daumen gilt, wenn er in den Mund gesteckt wird. Die Hand ist zunächst für das Kleinkind eine rohe Gegebenheit, ihm fremd; erst durch die Symbolisierung, die von der Hand mitinduziert wird, wird sie ein Repräsentant des Subjekts für sich selbst. Dies um den Preis eines Verlusts, der ja das Kennzeichen des Symbolischen ist. Die Unmittelbarkeit der Hand geht verloren, ist vielleicht noch im Phänomen des Einschlafens eines Arms nachvollziehbar, aber schon deutlich mit einer Empfindung gefärbt. Die Hand als Werkzeug des Symbolischen erfährt durch die zunehmende Geschicklichkeit nicht nur eine Fähigkeit zur Gestaltung, sondern sie wird auch Ausdruck des Begehrens. Die Handfläche hat auch einen eminenten Bezug zur Sexualität, zur Zärtlichkeit, obwohl die Hand als Werkzeug eher ein Repräsentant des Selbsterhaltungstriebs und des Realitätsprinzips ist.

Man hätte unrecht, wenn man die Hand allein als Ausdruck des Inneren, Seelischen auffassen würde. Im Sinne Heideggers kann man von der

Hand auch sagen, dass sie denkt. Dies erfährt man bei handwerklicher Arbeit, beim Spielen eines Instruments, bei dem die Hand Gedanken erzeugt, die sich in einem motorischen Gedächtnis sedimentieren, wovon der Intellekt nur wenig weiß.

Offensichtlich ist die Funktion der Hand sehr verschieden von derjenigen der Tiere, die gerade keine Hände, sondern Pfoten, Tatzen, Flügel, Flossen haben. Eben das Unspezifische ist ein Merkmal des Menschen, die Hand ist offen für sehr verschiedene Verrichtungen. Sie unterhält auch enge Beziehungen zu anderen Organen, etwa zum Mund. Dies kommt in einem anderen von Doltos Fallbeispielen zum Ausdruck, in dem ein kleines Mädchen seine Hände nicht zu gebrauchen wagt und die Analytikerin es auffordert, einen Teller mit dem Hand-Mund zu nehmen. Das Nehmen erfährt mit der Handhabung der Hand eine neue Qualität, die auch das Geben möglich macht. Zuvor ist der Mund das Organ des Nehmens, und – durch das Sprechen – auch des Gebens.

Fügen wir diesem Exkurs über die Hand noch bei, dass dieses Organ konstitutiv ist für die Raumempfindung. Dadurch, dass die Hand ausgestreckt werden kann, entfernt sie sich von den Augen und bleibt doch noch sichtbar. Die Raumerfahrung wird damit narzissiert; was berührbar ist, kommt in einen Bezug zum Subjekt. Es wird eines Tages erfahren, dass man nicht alles berühren darf, aber in diesem Moment ist der Übergang der Hände in die Sprache bereits vollzogen. Was ist damit gemeint? Wenn wir an Abhandlung, Behandlung, Verhandlung, an eine Schicksalshand etc. denken, so ist damit ja nicht das Organ selber gemeint, sondern die Hand wird in einem übertragenen Sinne gebraucht, metaphorisch, wobei die Metapher, *meta-phorein*/»an einen anderen Ort tragen«, selber wieder auf die Hand verweist. Es gibt also eine Dialektik zwischen Hand und dem Intellekt, die Hand wird intellektuell und der Intellekt manuell, was bis zur Praxis oder zur praktischen Vernunft gehen kann.

Gibt es auch einen Bezug der Hand zur Zeitlichkeit? Das französische Wort für jetzt: *maintenant*, scheint darauf hinzuweisen. Ich glaube, das ist kein Zufall. Der Bezug zur Zeit erschließt sich einerseits über die Erfahrung des Gegenwärtigen, andererseits über das Geben und Nehmen. Was ich in der Hand halte, ist Gegenwart, ist nicht nur hier – was räumlich gedacht ist –, sondern auch jetzt. Das Subjekt erfährt sich durch das, was es in der Hand hält, als jetzt, und zwar ist dieses Jetzt nicht ein punktuelles, sondern ein kontinuierliches. Es ist immer jetzt. Zugleich ist dieses Jetzt unfassbar. Hegel meint, wenn ich das Jetzt festhalten will, wenn ich sage, jetzt sehe ich dies und jenes, und es aufschreiben will, so ist es sofort weg, es ist flüchtig; zum nächsten Zeitpunkt sehe ich etwas anderes. Aber zugleich ist es immer jetzt, auch morgen wird jetzt sein, wie auch gestern stets jetzt war. Diese Erfahrung des Jetzt ist in einem hohen Ausmaß durch die Hände, durch das Halten konstituiert. Man könnte etwas heideggerianisierend sagen, dass die Hände der Halt der Zeit sind. Tatsächlich kann man das Verb »halten« auch so auffassen, dass eine zeitliche Dimension darin aufscheint, die im Substantiv »Halt« deutlicher wird als im Verb, wohl darum, weil das Verb an Bewegungen denken lässt. »Halten« als Verb ist jedoch das Festhalten, das Fixieren des Moments, in dem ich etwas in der Hand habe. Das passt wiederum zum französischen Ausdruck *maintenant*, worin die Partizipform des Präsens noch den Bezug zur Gegenwart akzentuiert.

Die andere Erfahrung der Zeit geht über das Geben und Nehmen, also über die Erfahrung des Verlustes. Was ich weggegeben habe, ist zwar noch irgendwo da, obwohl ich es aus der Hand gegeben habe, aber für mich ist es weg; es war da und vielleicht bekomme ich es wieder, es wird wieder da sein. In diesem Sinne erfahre ich auf der Basis des Verlusts Vergangenheit und Zukunft.

Genug mit diesem Exkurs über die Bedeutung der Hand. Kehren wir zurück zum Beispiel des Jungen mit den beiden Stimmen und der analytischen Arbeit von Françoise Dolto. Ich nenne ihre Arbeit eine analytische, weil sie etwas löst, eine Totalidentifizierung des Jungen mit den Stimmen, eine Nicht-Unterscheidung seines Körpers mit ihrem Körper und den Körpern der andern. Man begreift nun, welche tragende Rolle den Händen zukommt, wie konstitutiv sie für die Einführung, für die Empfänglichkeit des Symbolischen ist. Das Berühren und das Berührtwerden, verbunden mit einem geringen Schmerz, begleitet von schlichten Worten, die das körperliche Geschehen skandieren, ermöglichen eine Abgrenzung des Jungen vom Körper des andern, der Analytikerin. Diese Subjektwerdung ermöglicht die nächste Szene, in der die beiden Stimmen aus dem Jungen herausbrechen, ohne dass er und die Analytikerin wussten, was sich ereignete. Die Frage stellt sich, wer, welche Instanz, den Ausbruch der Stimmen veranlasst hat: Kann man von einem unbewussten Subjekt sprechen, das weiß? Vielleicht ist das zu viel gesagt, und man muss sich mit der Behauptung begnügen, dass die Subjektwerdung sich im Ausbruch der beiden Stimmen wiederholt hat, deren Ursprung ebenfalls mit dem werdenden Subjekt zu tun hatte, ging es dabei doch, wie sich später zeigte, um die

Frage, wer für das Baby die mütterliche Funktion übernehmen würde. Anders gesagt: Das Baby mag wohl gespürt haben, dass sein Platz auf dieser Welt nicht von vornherein gesichert war. Angst, Verschlossenheit, Schlaflosigkeit waren die Folgen davon über alle seine bisherigen Lebensjahre hinweg. Erst mit der Abgrenzung wurde dieser Rückzug vom Leben, der zugleich eine Kontrolle über es war, aufgebrochen, was dem Ausbruch der Stimmen den Weg bahnte. Auch wenn das Subjekt mit diesen Stimmen identifiziert war, ohne Distanz dazu, war ihre Artikulation doch Bedingung der Möglichkeit, dass es sich von ihnen löste, eine Distanz dazu bekam, die von den Worten der Analytikerin und natürlich von der späteren Deutung gestützt wurden. Damit wurde der zuvor totale Sinn der Stimmen, der das Subjekt zudeckte, partial, und ein Subjekt tauchte auf, das nun im Begriff war, seine Welt des Habens aufzubauen.

Wenn Sie etwas vertraut mit der lacanianischen Begrifflichkeit sind, so werden Sie bei diesen Ausführungen zweifellos an den Namen-des-Vaters gedacht haben, an den *nom-du-père*, der ja auch an das Nein des Vaters denken lässt. Dabei handelt es sich nicht um ein patriarchalisches Konzept, wie man meinen könnte, vielmehr wird der Name-des-Vaters vom Begehren der Mutter gestützt – oder, im Falle von Psychosen – eben nicht gestützt, sondern ausgegrenzt, der Zugang des Kindes dazu verhindert.

In der analytischen Arbeit zeigt sich klar, dass das Begehren der Analytikerin getragen war von der Absicht, den Namen-des-Vaters einzuführen. Dieser Junge konnte sich seit seiner Geburt oder sogar vorher schon seines Platzes in der Welt nicht sicher sein. Er war zwar aus einer Liaison hervorgegangen, deren Verantwortung die Eltern des Kindes übernehmen wollten, jedoch wurde die Existenz des Kindes von den Angehörigen der Eltern als derart belastend empfunden, dass das Kind verschlossen blieb und man nicht richtig wusste, ob es sich dabei um eine Schizophrenie, um eine Phobie oder um beide handelte.

Die Arbeit mit den Händen hatte einen innigen Bezug zum Namen-des-Vaters. Die Abgrenzung, buchstäblich am eigenen Leib mittels der Hände erfahren, führte den Jungen in die symbolische Welt ein, die strukturiert ist von Trennungen, gegenseitigen Abgrenzungen. Die Stimmen, die dann aus ihm herausbrachen und mit denen er auf eine unmittelbare Weise identifiziert war, waren dagegen noch nicht auf der Ebene des Habens situiert, in die der Name-des-Vaters einführt, sondern auf der Ebene des Seins. Dadurch, dass sie auf das Begehren der Analytikerin trafen, das wiederum gestützt wurde von der symbolischen Mutter des Jungen, konnten sie auf die Ebene des Habens, in die Partialität, überführt werden.

Noch einmal: Fort da

Ich möchte die tragende Funktion der Hand für die Strukturierung des Psychischen noch an einem anderen Beispiel erläutern, nämlich am berühmten *Fort-da-Spiel*, das Freud in *Jenseits des Lustprinzips* an seinem 1½-jährigen Enkel beobachtet hatte. Zwar gibt es Kommentare über dieses Spiel wohl bereits zur Genüge, ein neuer Aspekt scheint mir jedoch hierbei die Bedeutung der Hand. Ich möchte ihre Bedeutung sogar fokussieren auf das »werfen«, »Wurf«, womit eine Tätigkeit der Hand bezeichnet wird.

Freuds kleiner Enkel wirft die Fadenspule über den verhängten Rand seines Bettchens, sagt dazu »O«, was Freud als »fort« interpretiert, behält den Faden jedoch in der Hand, so dass er die Fadenspule wieder heranziehen und sie mit dem Laut »A«/»Da« begrüßen kann. Freuds Beobachtung dieses Spiels ist selber ein Wurf, mehr noch als sein Kommentar, mit dem er das Jenseits des Lustprinzips erörtern wollte.

»Werfen« ist ein Wort mit vielen Bedeutungen, wobei auffällt, dass die meisten von ihnen sich vom Werfen als körperliche Tätigkeit emanzipieren. Einwerfen, bewerfen, anwerfen, auswerfen, entwerfen, umwerfen gelten noch am ehesten im physischen Bereich, aber schon »aufwerfen« lässt eher an eine Frage denken, die aufgeworfen wird; »vorwerfen« an eine verbale Attacke, eben einen Vorwurf. Beiläufig sei hier auf Günter Eich verwiesen, der von Maulwürfen sprach – ist das nicht auch ein Bild des Analytikers, der gelegentlich aus seinem Rückzug hervorkommt, etwas aus seinem Maul wirft und sich dann wieder in das subversive Schweigen einlässt? Das Substantiv »Wurf« bezeichnet sodann auch Neugeborene, man spricht von einem Wurf junger Schweine, und selbst einen mageren Menschen nennt man einen »schmalen Wurf«. Auch die Werft und der Würfel verweisen auf den Wurf.

Es gibt noch eine viel grundsätzlichere Bewandtnis des Werfens für die Psychoanalyse. In den Wörtern »Subjekt« und »Objekt« steckt das Werfen ebenfalls drin, nämlich in lateinischer Form, die auf *jacere* zurückgeht. Das *Objectum* in seiner ursprünglichen Bedeutung ist das, was entgegengeworfen worden ist, *ob-jectum*. Dagegen bedeutet Subjekt, wenn man es lateinisch liest, *sub-jectum*/unterworfen sein. Unversehens sind wir über das Werfen auf ein sehr bekanntes Terrain geraten, auf dem Lacan schon lange seine Saat ausgeworfen hat. Dass es in der Psychoanalyse im Wesentlichen um das Subjekt geht, ist ja bekannt. Gewöhnlich weiß man auch, dass das Subjekt wörtlich das Unterworfene ist, genauer: das der Sprache, den Signifikanten Unterworfene, aber darob vergisst man leicht das Verbum »werfen«. Wer hat es geworfen? Hat es sich geworfen? Dann müsste es schon vorhanden sein vor der Sprache, was schwierig zu denken ist. Heidegger spricht übrigens auch von der Geworfenheit, wehrt sich aber gegen den Ausdruck Subjekt und zieht stattdessen »Dasein« vor. Wie kann man jedoch in die Welt geworfen sein, ohne Subjekt zu sein?

Es gibt noch einen Zusammenhang, den zu reflektieren für die Psychoanalyse fruchtbar sein kann. Das Werfen steckt nicht nur in den lateinischen Wörtern *subjectum* und *objectum*, sondern auch im griechischen Ursprung des Wortes Symbol. *Symballein* bedeutet »werfen«, »zusammenwerfen«. Was wird denn geworfen im Symbol, was zusammengeworfen in der symbolischen Ordnung? Im ursprünglichen Sprachgebrauch war der Sinn des griechischen Wortes *symbolon* der eines Erkennungszeichens. Wenn zwei Freunde für längere Zeit oder für immer voneinander schieden, so zerbrachen sie eine Münze, ein Tontäfelchen oder einen Ring; kam nach Jahren jemand von der befreundeten Familie zurück, so konnten die zusammengefügten Teile bestätigen, dass der Träger des einen Bruchstückes wirklich Anspruch auf die Gastfreundschaft besaß.

Nun geht es in der lacanianischen Psychoanalyse nicht bloß um ein Erkennungszeichen, nicht um ein Stück eines Ganzen, sondern in einem grundsätzlichen Sinne um die Sprache, deren Teile als Elemente der symbolischen Ordnung aufgefasst werden. Es sind nicht bloß Wörter, sondern das, was Lacan Signifikanten nennt, die nicht nur die Ordnung der Wörter umfassen, sondern diese auch sprengen, insofern auch Sätze oder auch Teile von Wörtern, aber auch materielle Elemente, ja sogar Menschen Signifikanten sein können. Die Mehrdeutigkeiten der Sprache bewirken, dass zu gleicher Zeit mehrere Botschaften vom Andern her kommen; während die einen eine Symphonie hören, ist sie für andere das Zeichen einer heimlichen Botschaft, wie eine Geheimschrift, die vor aller Augen daliegt und doch eines Codes bedarf, um sie lesen oder hören zu können.

In der symbolischen Ordnung sind wir zu Hause, sofern wir nicht psychotisch sind. Ein Signifikant repräsentiert ein Subjekt für einen andern Signifikanten. Das heißt, die Regeln der Sprache, die jedem Subjekt vorausgehen, immer schon da sind, wenn es geboren wird, schreiben ihm vor, in welchen Formen es zu denken hat, wie es die Wörter zu verwenden hat. Subjekt, Prädikat, Objekt, auf dieser Ebene repräsentiert sich das sprechende Subjekt, metaphorisiert es sich, ohne sich abschließend definieren zu können. Die Offenheit des Begehrens verdankt sich der Unabgeschlossenheit des Symbolischen.

Verwerfung

Was nun, wenn dieses Haus des Seins eingestürzt ist, wenn sich das Subjekt nicht darin aufhält, es nicht bewohnen will oder nicht bewohnen kann? Dann fehlt die Ebene der Repräsentation, auf der sich die andern mitteilen. In diesem Zusammenhang spricht Freud von Verwerfung. Wir haben es also wiederum mit einer Form des Werfens zu tun, bloß findet eben das Werfen, der Wurf nicht statt, und das Subjekt bleibt im Realen.

Im alltäglichen Sprachgebrauch hat Verwerfung mehrere Bedeutungen. Freud selber verwendet das Wort gelegentlich als Synonym eines Urteils. Dieser Sprachgebrauch deckt sich mit demjenigen in der Politik. Man spricht etwa davon, dass diese oder jene Vorlage von den Stimmbürgern verworfen worden sei. Verwerfungen gibt es zweifellos auch in der Geologie, wenn Gesteinsschichten absinken und sich dann übereinander lagern, so dass was zuvor unten war, nach der Verwerfung oben liegt. Interessant ist zudem das Adjektiv »verwerflich«, das die Moral ins Spiel bringt. Der folgende besondere Sprachgebrauch kommt vielleicht demjenigen, den Freud für die Psychose braucht, am nächsten: Wenn jemand, dem es beim Kartenspiel obliegt, die Karten zu verteilen, diese nicht richtig verteilt, d.h. wenn er sich verzählt, so sagt man, er habe das Kartenspiel verworfen. Das Spiel kann gar nicht beginnen, obwohl alle Regeln bekannt sind.

Wenn Freud den Abwehrvorgang, der der Psychose vorausgeht, beschreibt, so spricht er von Verwerfung; dies geschieht schon in einer frühen Arbeit, 1894:

»Es gibt nun eine weit energischere und erfolgreichere Art der Abwehr, die darin besteht, dass das Ich die unerträgliche Vorstellung mitsamt ihrem Affekt verwirft und sich so benimmt, als ob die Vorstellung nie an das Ich herangetreten wäre. Allein in dem Moment, in dem dies gelungen ist, befindet sich die Person in einer

Psychose, die man wohl nur als ›halluzinatorische Verworrenheit‹ klassifizieren kann.«[1]

Die nächste Aussage ist etwas zweideutig; Freud spricht über den Wolfsmann, der die Genitalität verworfen habe und beim Standpunkt des Verkehrs im After geblieben sei. »Wenn ich gesagt habe, dass er sie verwarf, so ist die nächste Bedeutung dieses Ausdrucks, dass er von ihr nichts wissen wollte im Sinne der Verdrängung. Damit war eigentlich kein Urteil über ihre Existenz gefällt, aber es war so gut, als ob sie nicht existierte.«[2] Der spätere Kontext zeigt, dass dieser Satz so gelesen werden muss, dass man bei der Verdrängung etwas wissen will, auch wenn das Wissen unbewusst ist, bei der Psychose handelt es sich dagegen um ein Nicht-Wissen-Wollen. Muss man nicht sagen, dass diese beiden Passagen recht gut zum Verwerfen des Kartenspiels passen? Vielleicht lassen sich zwei Unterschiede festmachen: Der Kartenspieler hat seine Fehlleistung nicht absichtlich getan, der Psychotiker dagegen sperrt sich gegen eine Einsicht, die ihn mit etwas Neuem konfrontiert. Das Subjekt der psychotischen Verwerfung steht also zur Debatte, die Frage, wer, welche Instanz es ist, die verwirft, die nichts wissen will vom Kastrationskomplex und damit von der symbolischen Ordnung, die das Subjekt repräsentieren könnte. Der andere Unterschied besteht in den Folgen der Verwerfung beim Kartenspiel und bei der Psychose. Bei Letzterer spricht Freud von »halluzinatorischer Verworrenheit«. Nach der Verwerfung eines Kartenspiels kann man sich fragen, was passiert wäre, wenn das Spiel stattgefunden hätte, wer die besten Trümpfe gehabt hätte. Phantasien sind dabei im Spiel, aber Halluzinationen sind das nicht.

Gleichwohl kann man sich fragen, ob die von Lacan favorisierte Übersetzung von Verwerfung mit *forclusion*, das an *claudere*/»schließen« denken lässt, nicht stärker, als dies beim Ausdruck »Verwerfung« der Fall ist, das Abgeschlossene betont. Gibt es nicht eine Magie dieses Wortes, die einem glauben machen will, das Subjekt sei von der symbolischen Ordnung für immer und ewig ausgeschlossen, und dies, obwohl doch viele Beispiele zeigen, dass dem bei weitem nicht in jedem Fall so ist? Nicht nur gibt es passagere Verwerfungen, es gibt wohl auch partielle Verwerfungen – über das spätere Schicksal ist damit nicht a priori etwas Definitives gesagt.

---

1 | Die Abwehr-Neuropsychosen, G.W. I, S. 11.
2 | GW XII, S. 111.

Die Arbeit des Analytikers

In der einschlägigen Literatur wird davon gesprochen, dass die Psychose Ausdruck einer »Wahl« sei. Damit will man ihr zweifellos eine Dignität geben, sie auf die Ebene einer Existenzform erheben. Das Wort »Wahl« hat jedoch zu vielen Missverständnissen geführt, die darin bestanden haben, dass ein Subjekt diese Form menschlichen Seins wählt. Das Subjekt, das dabei vorausgesetzt wird, gibt es jedoch entweder gar nicht oder die »Wahl« ist alles andere als eine bewusste Entscheidung. Eher muss man sagen, das Sein habe die Psychose gewählt.

Das Missverständnis wird noch akzentuiert, wenn man das Kriterium des Genießens mit berücksichtigt, denn von der Psychose kann man sagen, sie entspreche einem unumschränkten Genießen. Was dem Genießen ein Ende setzt, ist eben die symbolische Ordnung, die die Dimension des Verlusts einführt. Ist deswegen der Psychotiker ein hemmungsloser Genussmensch, einer, der sich den Einschränkungen und Gesetzen der symbolischen Ordnung nicht fügen will, einer, der auf die Karte der Freiheit gesetzt hat und sich um alles foutiert, was an Grenzen erinnert, an das, was man in der lacanianischen Psychoanalyse die symbolische Kastration nennt?

Wenn dem so wäre, so wären die Nicht-Psychotiker unfähig des vollen Genießens, sie hätten Angst vor der Freiheit und der Schrankenlosigkeit.

Ein Augenschein in Kliniken zeigt, dass das nicht sein kann, dass Psychotiker leiden, oft auf entsetzliche Art. Schreber selbst gibt ein Beispiel, wenn er von seiner Entmannung spricht, die Gott angeordnet hat.

Andererseits spürt man, dass die Zuordnung des Genießens und der Freiheit zu den Psychosen nicht einfach Unsinn ist, sondern dass ein Kern Wahrheit darin steckt. Kommen nicht gewisse Formen von Kunst diesem Traum einer totalen Freiheit, Ungebundenheit nahe? Und ist es nicht so, dass die Nicht-Psychotiker von einem Mehrgenießen träumen, das ihren Alltag erträglicher machen würde? Steht dann am Ende des Mehrgenießens nicht die Psychose als Austritt aus den einengenden Gesetzen und Regeln? Ist also Psychose das heimliche und zugleich unheimliche Ziel, auf das sich die Gesellschaft mit ihren riesigen Angeboten an Konsum, mit der arbeitssparenden Technologie zubewegt?

Auf diese Fragen lassen sich keine endgültigen Antworten geben, meine Erfahrungen zeigen aber, dass die beschränkten Erfahrungen und die beschränkten Formen des Genießens dafür qualitativ reichhaltiger sind als Formen des totalen Genießens. Das bezeugen nicht nur die Nicht-Psychotiker, sondern auch Psychotiker selber. Warum sonst produzieren sie Wahnformen, in denen sie Beschränkungen unterliegen? Entweder ist das unumschränkte Genießen nicht lebbar oder es ist die Hölle und alles andere als erstrebenswert.

Hier kann denn auch die Arbeit des Analytikers einsetzen und darauf vertrauen, dass das Verharren in der Psychose nicht in jedem Falle ein endgültiger Zustand sein muss. Warum wären sonst die Stimmen beim Jungen ausgebrochen? Selbst wenn es nicht das Subjekt war, das sie artikulierte, so kamen sie aus dem übervollen Sein, dessen Sinn partialisiert werden musste – hierin trafen sich das Begehren der Analytikerin und das psychotische Sein des Jungen, das als Subjekt ankommen wollte.

Lacan hat den Voraussetzungen der Psychose viel Aufmerksamkeit zuteil werden lassen. Das Begehren der Mutter muss befragt werden, die Art und Weise, welchen Platz sie dem Wort des Vaters lässt. Dieser ist nicht von vornherein die Figur, die den Ausgang aus der Psychose möglich macht; sein Wort kann lügenhaft oder totalitär sein, keinen Platz für das kindliche Subjekt lassen, das auf diese Weise ebenfalls die Triangulierung verfehlt. Außerdem hat Lacan betont, dass die Beziehung der Eltern psychotisierend sein kann, etwa wenn Eltern um die Gunst des Kindes rivalisieren, wenn sie es fragen: Wen hast du lieber, Papa oder Mama? Ekelreaktionen können die Folge davon sein; statt den elterlichen andern besetzen zu können, bleiben die Kinder in ihrem eigenen Narzissmus gefangen.

Natürlich gibt es Subjekte, die es in solchen Umständen zustande gebracht haben, nicht psychotisch zu werden, und es gibt Subjekte, die unter scheinbar günstigen Umständen dennoch psychotisch geworden sind. Letztlich sind das Beurteilungen von außen, die über die Erfahrungswelt eines Subjekts nichts auszusagen vermögen. Gerade darum besteht der erste Schritt der analytischen Behandlung im Sich-Einlassen auf die Welt des andern, im Aufbau einer Beziehung mit Übertragung. Diese ist nicht Übertragung des Patienten und Gegenübertragung des Analytikers, sondern vielmehr Übertragung des Analytikers, die eine Übertragung des Patienten ermöglicht.

Wie soll das möglich sein, wenn das Subjekt die symbolische Ordnung verworfen hat, wenn es in ihr nicht repräsentiert wird und der Analytiker gar nicht weiß, mit wem er es zu tun hat? – Wir haben gesehen, dass die Verwerfung, auch wenn sie ein Nicht-Werfen ist, ein Subjekt voraussetzt. Das Korrelat zur Verwerfung heißt Versteckung. Es kann sich zurückgezogen haben, bis in katatone Formen. Dann besteht das Ziel der analytischen Arbeit in einer Restrukturierung des Symbolischen, ausgehend von elementaren Kriterien, die wenn nötig so grundlegend sind, dass sie Raum und Zeit rekonstruieren. Das Subjekt kann auch seinen Körper verlassen haben und in einem anderen, imaginären inkarniert sein, vielleicht als Christus, als Held, als Figur, die zu entdecken ist. André Michels hat in diesem Zusammenhang einmal von Übersetzung gesprochen – es gilt bei solchen Bedingungen, sich auf diese Übersetzung einzulassen, in das, was in wahnhafter Form symbolisch da ist, einzutreten, d.h. sie zur Darstellung zu bringen. Der Hand kommt dabei eine eminente Bedeutung zu. Im Zusammenspiel mit dem Mund kann sie der symbolischen Ordnung entsprechen, indem sie diese immer wieder von neuem entwirft und sich dabei als Subjekt repräsentiert.

Das Ziel der Arbeit in der Psychoanalyse und das Ziel der Arbeit in der Psychotherapie

Karin Adler

Der Gesetzgeber reduziert die Psychoanalyse auf eine von mehreren Therapieformen. Das heißt, dass er die für uns wesentliche Unterscheidung, die sich durch den Gebrauch des Singulars und des Plurals ausdrückt, nicht berücksichtigt: Wir sprechen hier von *der* Psychoanalyse mit ihren Grundkonzepten des Unbewussten, des Triebes, der Wiederholung und der Übertragung und *den* Psychotherapien (Verhaltenstherapie, Gestalttherapie, Gesprächstherapie, NLP etc.). Aber wenn der Gesetzgeber sich in dieser Hinsicht auch als ungebildet erweist, so kommt die Gleichstellung von Psychoanalyse und Psychotherapie nicht von ungefähr, es existieren durchaus Gemeinsamkeiten. 1955 sagt Lacan in *Varientes de la cure type*: »Die Psychoanalyse ist keine Therapie wie alle anderen«[1], und er fügt hinzu, dass es einer ethischen Rigorosität bedürfe, um zu verhindern, dass selbst eine mit psychoanalytischen Kenntnissen vollgestopfte Kur nicht doch bloß nichts anderes als eine Psychotherapie sei.

Wahrscheinlich könnte ein Psychoanalytiker von sich sagen, dass er Psychotherapeut ist, aber umgekehrt kann ein Therapeut von sich nicht sagen, dass er Psychoanalytiker ist. Zweifelsohne ist der Deckungspunkt für den Gesetzgeber das Prinzip der Heilung. Ihn interessiert das Thema – zumindest hier in Deutschland, in Frankreich ist das anders – im Wesentlichen von der finanziellen Seite her, wenn es um die Bezahlung der

---

[1] | Jacques Lacan: Varientes de la cure-type, in: Ders.: Ecrits, Paris Seuil 1966, S. 324.

geleisteten Arbeit durch die Krankenkassen geht und damit dann Kriterien wie Nützlichkeit und Effizienz in Verbindung mit dem Kostenaufwand in den Vordergrund treten. Wer heilt schnell und kostengünstig? Wenn wir diesen Satz zerlegen, haben wir: Wer heilt (hier geht es um die Garantie); und: Wer heilt *wie* (hier geht es um die Modalitäten)? Wir können den Bereich des Modus erweitern, indem wir fragen: Womit arbeitet der Psychoanalytiker und womit arbeitet ein Psychotherapeut? Ein wichtiger Aspekt in der Unterscheidung von Psychotherapie und Psychoanalyse ist der Anspruch auf Heilung. Das Ziel dieser Arbeit ist es, die Frage der Heilung in der Psychoanalyse zu untersuchen.

Oft wird über Freud gesagt, dass die Heilung ihn nicht interessiert habe. In der Tat schreibt er in den *Ratschlägen für den Arzt bei der psychoanalytischen Behandlung*[2], dass sich der Analytiker vor »therapeutischem Ehrgeiz« hüten solle. Denn »damit bringt er nur sich selbst in eine für die Arbeit ungünstige Verfassung, er setzt sich auch wehrlos gewissen Widerständen des Patienten aus, von deren Kräftespiel ja die Genesung in erster Linie abhängt«. Stattdessen verlangt er vom Analytiker eine »Gefühlskälte«, die aus zwei Gründen wichtig sei: Sie solle erstens das Affektleben des Analytikers schonen und damit zweitens die Bedingung schaffen, »dem Kranken das höchstmögliche Ausmaß an Hilfeleistung, das uns heute möglich ist«, zu bieten. Es geht also nicht darum, dem Patienten Heilung zu versagen, im Gegenteil, Genesung und Hilfeleistung sind durchaus willkommen. Lacan gibt den therapeutischen Wirkungen der Psychoanalyse den Status einer Ergänzung, eines zusätzlichen Gewinns. Mit Lacan erhält der von Freud gebrauchte Begriff des Ehrgeizes des Analytikers später eine andere Bedeutung, wenn wir ganz kühn an die Stelle des Ehrgeizes[3] das Begehren des Analytikers setzen.

Dieser Begriff geht aus einer Überlegung hervor, dessen Resultate und konkrete Konsequenzen in der *Proposition du 9 octobre 1967 sur le psycha-*

---

2 | Sigmund Freud: Ratschläge für den Arzt bei der psychoanalytischen Behandlung, in: Gesammelte Werke, Band VIII, Frankfurt a.M.: Fischer Taschenbuch Verlag 1999, S. 381.

3 | Das Herkunftswörterbuch des Duden (Band VII, Bibliographisches Institut, Mannheim 1963): Geiz war im Mittel- und Althochdeutschen *Gier*, das dazugehörige Verb ist *gierig sein* und ist verwandt mit dem altenglischen *gitsian* mit der Bedeutung von *begehren, verlangen*. Im Litauischen findet man *geisti* mit der Bedeutung *wünschen, begehren, verlangen*.

*nalyste de l'Ecole*⁴ vorgetragen werden. Die Frage nach der Arbeit in der Psychoanalyse ist demnach abhängig von der Ausbildung des Analytikers. Lacan stellt in der *Proposition* die Frage, was einen Analysanten zum Psychoanalytiker macht. Er stellt seinen Vorschlag einer radikalen Erneuerung der Ausbildung des Psychoanalytikers als einen Wendepunkt in der historischen Entwicklung der Psychoanalyse dar. Denn wer oder was garantiert für die Güte eines Berufsstandes und seiner Vertreter, wenn nicht deren erfolgreich abgeschlossene Ausbildung, unterzeichnet von den Eminenzen der Branche?

»Le psychanalyste ne s'autorise que de lui-même.«⁵ S'autoriser de: sich berufen auf, sich berechtigen. Das ergibt dann übersetzt: Der Psychoanalytiker ist nur durch sich selbst berechtigt/beruft sich nur auf sich selbst. Dieser Satz ist den Gründungstexten der Ecole Freudienne eingeschrieben und bestimmt deren Stellung gegenüber der Frage der Garantie. Das ist bemerkenswert, wenn man bedenkt, dass die Ausbildung in den damals existierenden psychoanalytischen Gesellschaften innerhalb eines fest definierten Programms, ähnlich demjenigen eines Studienganges an der Universität plus Lehranalyse und Kontrollanalysen, stattfand, nach deren Abschluss der Kandidat durch »Kooptation der Weisen«⁶, wie Lacan sich ausdrückt, zur Berufsausübung berechtigt wurde.

Lacan prägt als Ergebnis seiner Analyse den Begriff des Begehrens des Analytikers. Dieses Begehren, Motor und Stütze seines Aktes, gestattet dem Analytiker, sich selbst zu berechtigen und sich in der Ausübung seines Berufes nicht als Hochstapler zu empfinden.

Lacan nimmt die Frage der Garantie sehr ernst und entwickelt ein zweigleisiges Modell. Die Ecole erkennt zwei Arten von Mitgliedern an: Diejenigen, die von ihr als Psychoanalytiker bestätigt werden, weil sie ihre Kunst unter Beweis gestellt haben – er bezeichnet sie als *Analyste Membre de l'Ecole*, AME (Mitgliedsanalytiker der Schule) – und zweitens diejenigen, die uns hier in erster Linie interessieren: die *Analyste de l'Ecole*, AE (Anlytiker der Schule). Letztere sind diejenigen, die für den Fortschritt der Schule

---

4 | Jacques Lacan: Proposition du 9 octobre 1967 sur le psychanalyste de l'École, in: Ders.: Autres Ecrits, Paris: Seuil 2001; dt.: Vorschlag vom 9. Oktober [über den Psychoanalytiker der Schule] (Auszug), übers. v. N. Haas, in: Wunderblock. Zeitschrift für Psychoanalyse Nr. 14, S. 3-4.
5 | Ebd., S. 243.
6 | Ebd., S. 245.

verantwortlich zeichnen und Psychoanalytiker durch ihre Erfahrung[7], die Erfahrung am eigenen Leibe sozusagen, werden wollen.

Die Unterscheidung zwischen didaktischer und therapeutischer Analyse wird damit aufgehoben. Eine Analyse soll grundsätzlich bis zu ihrem Ende geführt werden. Lacans Argumentation wendet sich gegen das herrschende Ausbildungssystem der IPV, der er im Augenblick der *Proposition* seit vier Jahren nicht mehr angehört: In der didaktischen Analyse sollen nicht nur Techniker ausgebildet werden. Es geht also um mehr als das reine Erlernen technischer Fertigkeiten. Die Existenzberechtigung der didaktischen Analyse besteht darin, dass sie eine »expérience originale«[8] ist. Eine Urerfahrung wie ein zu erstellender Originaltext, eine eigenständige, schöpferische Erfahrung, die bis zu einem Ende geführt wird und damit ein »Nachträglich« gestattet, von dem her in der *Passe*[9] etwas über diese Erfahrung gesagt werden kann. Erst von diesem »Nachträglich« aus, nämlich wenn die Analyse einen Analytiker produziert hat, kann nachvollzogen werden, ob es sich im jeweils vorliegenden Fall um eine didaktische Analyse gehandelt hat.

Lacans Kritik an der Aufspaltung in didaktische und therapeutische Analyse wird in seinen Aussagen über den Aspekt der Heilung in der therapeutischen Analyse deutlich. Die therapeutische Analyse verzerrt die Psychoanalyse, und zwar nicht nur, weil sie es an Rigorosität fehlen lässt, sondern weil es unmöglich ist, sie zu definieren, es sei denn, es ginge bei der Heilung um die Wiederherstellung eines Urzustandes, was in der Psychoanalyse undenkbar ist. Die Urverdrängung ist nicht aufhebbar.

Es gibt nur eine Psychoanalyse, aber unterschiedliche Abschlüsse und Resultate. Der Psychoanalytiker selbst ist dabei ein mögliches Resultat. Das heißt, dass der künftige Analytiker, von dem man ja erst am Ende der Analyse weiß, dass er ein künftiger Analytiker war, am Anfang seiner Analyse ein ganz »normaler« Analysant ist. Das Begehren des Analytikers,

---

7 | ... aber auch die der Schule – der Ausdruck Lacans ist auf Französisch doppeldeutig, wenn er sagt: »de son expérience même«, so kann der Possessivartikel *son* sich sowohl auf die Schule als auch auf den Analytiker selbst beziehen.

8 | Jacques Lacan: Proposition du 9 octobre sur le psychanalyste de l'école, in: Autres Ecrits, Paris: Seuil, 2001, S. 246.

9 | Die *Passe* ist jener Übergangsmodus, den Lacan für die Autorisierung zum Analytiker, also den Platzwechsel von der Couch auf den Sitz des Analytikers und damit die Eröffnung einer eigenen analytischen Praxis vorgeschlagen hat.

Motor der Analyse auf Seiten des Analytikers, ist ja erst ein Resultat seiner Analyse.

Was kann man von einer Psychoanalyse erwarten, die über den Heilungsaspekt hinausgehen soll, und was muss der Psychoanalytiker tun, damit das erwartete Resultat erzielt werden kann? Die Ethik des psychoanalytischen Vorgehens ist seit Freud abgesteckt: Es geht um den unbewussten Wunsch, um seine Aufdeckung, darum, dass das Subjekt dazu kommt, seine Wahrheit, die in diesem Wunsch ruht, formulieren zu können. Was der Analysant mit diesem Neuerwerb dann macht, welche Konsequenzen er aus der Enthüllung seines Begehrens zieht, überlässt der Analytiker ihm. Er enthält sich, in irgendeiner Form eingreifend daran teilzuhaben. So etwas wäre Aufgabe des Seelsorgers, des Sozialarbeiters oder des Pädagogen.

Dazu heißt es in der *Ethik der Psychoanalyse*:

»Wir müssen jeden Augenblick wissen, wie wir uns tatsächlich zu dem Wunsch, Gutes zu tun, zu dem Wunsch zu heilen, verhalten. Wir müssen damit rechnen als mit etwas, das die Eigenschaft hat, uns zu verwirren, und in vielen Fällen augenblicklich. Ich würde sogar sagen – man könnte paradox und treffend unseren Wunsch als einen Nicht-Wunsch zu heilen bezeichnen.«[10]

Ohne außer Kraft zu setzen, was er 13 Jahre zuvor im Ethikseminar zum Thema Heilung sagt, gibt Lacan 1973 in *Télévision*[11] eine etwas differenziertere Antwort, in der er vom Patienten ausgeht. Ein Patient erwartet eine Psychotherapie. Mit diesem Anliegen wendet er sich an den Analytiker. Lacan sagt: »Heilung ist ein Anspruch desjenigen, der unter seinem Körper und unter seinen Gedanken leidet.« Und er fügt hinzu, dass das Erstaunliche an dieser Sache darin besteht, dass dieser Erwartung durchaus entsprochen wird, dass die Medizin immer schon auf diesen Anspruch eingegangen ist und sich dazu der Psychotherapie bedient hat. Längst vor der Entdeckung des Unbewussten und der Psychoanalyse wussten die Ärzte um die Macht des Wortes und versuchten mit Hilfe des Patienten-

---

10 | Jacques Lacan: *Ethique de la Psychanalyse*, Paris: Seuil 1986, S. 258; dt. Die Ethik der Psychoanalyse. Das Seminar Buch VII, Weinheim/Berlin 1996, S. 264.
11 | Jacques Lacan: *Télévision*, Paris: Seuil 1974, S. 18-22; dt.: Television, übers. v. J. Prasse/H. Lühmann, in: Radiophonie. Television, Weinheim 1988, S. 55-98, hier: 64.

gesprächs eine Heilung herbeizuführen. Auf die Frage, wie es vor der Entdeckung des Unbewussten war, antwortet Lacan, dass »eine Praxis nicht aufgeklärt zu sein braucht um zu funktionieren«. Selbst wenn die Medizin vom Unbewussten nichts wusste, konnte ihre Vorgehensweise durchaus Wirkungen erzielen. Da das Unbewusste aus Sprache besteht, reicht es, dass gesprochen wird, damit das Wort therapeutische Wirkungen produziert.

Worin also unterscheiden sich Psychoanalyse und Psychotherapie?

Vorausschickend erklärt Lacan, dass es seit Erfindung der Psychoanalyse keine Psychotherapie gibt, die nicht »analytisch inspiriert« sei. Seit Freud, sagt er weiter, ist der Unterschied nicht auf Seiten des Patienten, sondern des Praktikers anzusiedeln. Der Patient wendet sich an den Praktiker, weil er Heilung erwartet.[12] In der *Ausrichtung der Kur* heißt es, dass gegen diesen Anspruch nichts einzuwenden sei. Nur geht es in der Psychoanalyse um mehr als Heilung. Es ist Aufgabe des Analytikers, in einer Weise zu wirken, die diesen Anspruch in einen intransitiven, radikalen und leeren Anspruch des reinen Sprechens umwandelt, damit das Subjekt mit der eigenen Kastration konfrontiert wird. Damit aber das Subjekt sich mit dem »im Anderen eingeschriebenen Kastrationswillen«[13], wie es in der *Subversion des Subjekts* heißt, auseinandersetzen kann, bedarf es des »Begehrens des Analytikers«. Durch dieses kann die Übertragung stattfinden. Der Analytiker befindet sich dort in einer »Beziehung mit dem Subjekt, dem Wissen unterstellt wird«[14], ohne auch nur einen Augenblick zu glauben, dass er dieses Wissen tatsächlich hat. Was er allerdings wissen muss, ist, dass sein Nicht-Wissen als Rahmen für das zu erstellende Wissen funktioniert.

Diese Übertragung, die nur mit einem intransitiven Anspruch funktioniert, nimmt die Form eines Liebesanspruchs an, dessen Ursache das Nichts ist, das der Analytiker dank seines Schweigens entstehen lässt. So

---

12 | Jacques Lacan: Ausrichtung der Kur, *Schriften I*, Weinheim/Berlin: Quadriga Verlag 1986, S. 207. Lacan zählt hier außerdem folgende Erwartungen auf: sich kennenzulernen, die Analyse kennenzulernen und selbst Analytiker werden zu wollen.

13 | Jacques Lacan: Subversion des Subjekts und Dialektik des Begehrens im Freudschen Unbewussten, in: *Schriften II*, Weinheim/Berlin: Quadriga Verlag 1986, S. 204.

14 | Jacques Lacan: Proposition, *op.cit.*, S. 249.

ermöglicht die Übertragung es dem Subjekt, die Ursache seines Begehrens aufzufinden. Dies ist der Punkt, an dem der Motor der Analyse im »Begehren des Analytikers« angesiedelt ist und die Analyse damit über den Heilungsanspruch hinausgeht.

Das Ende der Analyse hat nicht mit therapeutischen Auswirkungen zu tun, sondern mit dem in der Analyse erlangten Wissen um die Ursache des Begehrens, dem Objekt a.

Der Unterschied zwischen der psychoanalytischen und der psychotherapeutischen Arbeit besteht auf Seiten der Psychoanalyse also in einer Einbeziehung des Realen in Form des Objekts a als Ursache und in seiner Nichtbeachtung auf Seiten der Psychotherapie. Eine Nichtbeachtung, die in der Logik der Suggestion, welche sich auf der imaginären Ebene abspielt, liegt. Das Objekt a kann sich nicht spiegeln und entgeht daher jeglicher Identifizierung. Andersherum kann man sagen, dass die Identifizierung dem Subjekt die Möglichkeit bietet, einer Begegnung mit dem Objekt a aus dem Weg zu gehen und damit ein kleines Stückchen des in der Therapie versprochenen Glücks zu bekommen. Sagt Lacan nicht in *Kant avec Sade*[15], dass das Glück demjenigen verschlossen bleibt, der nicht auf sein Begehren verzichtet? Aber der zu zahlende Preis ist hoch, insofern zugunsten des Glücks nicht nur auf das Begehren, sondern auch auf die Wahrheit des Subjekts, dessen Träger es ist, verzichtet wird.

---

15 | Jacques Lacan: Kant mit Sade, in: *Schriften II*, Weinheim/Berlin: Quadriga Verlag 1986, S. 156/157.

Das unbewusste Wissen arbeitet
Zu Jacques Lacans *Proposition du 9 octobre 1967 sur le psychanalyste de l'école*[1]

GABRIELLE DEVALLET-GIMPEL

Die Frage der Arbeit in der Psychoanalyse – Wer oder was arbeitet in der analytischen Kur? – erinnert an den Vortrag von Jacques Lacan, den er am 9. Oktober 1967 vor den Analytikern der École Freudienne de Paris gehalten hat. In diesem Vortrag bringt Lacan die Kur auf eine fast mathematische Formel und erklärt, wie die Psychoanalytiker sich bei der Arbeit verhalten sollen. Dieser Text ist nun 40 Jahre alt. Lacan kommt in ihm noch mit Bitterkeit auf seinen Ausschluss aus der Didaktikergruppe der IPA 1963 zurück. In früheren Texten hatte er mit bissiger Ironie die Postfreudianer karikiert (1956). In diesem Vortrag und im Gründungsakt von 1964 hingegen macht er praktische Vorschläge zu einem neuen technischen und politischen Modell einer psychoanalytischen Arbeitsgemeinschaft.

Es geht also einerseits um die Erfassung des analytischen Prozesses – »Was ist eine Analyse, wie beginnt sie und wie endet sie? Was treibt sie voran?« – und andererseits um die Strukturierung der psychoanalytischen Gesellschaft. Lacan erläutert die Kriterien einer bis zu ihrem Ende geführten Kur und der Berechtigung, von dem Titel Psychoanalytiker Gebrauch zu machen. Um die verschiedenen Erfahrungen des Übergangs vom Analysanten zum Analytiker festzuhalten, setzt er eine neue technische Ins-

---

[1] | Jacques Lacan: Proposition du 9 octobre 1967 sur le psychanalyste de l'école, in: *Autres Ecrits* [Im Folgenden: AE], Editions du Seuil: Paris 2001, S. 243-259; vgl. a.: Première Version de la »Proposition du 9 octobre 1967 sur le psychanalyste de l'école«, S. 575-591.

tanz ein: die »Passe«. Sein Anliegen ist, die Analyse lebendig zu erhalten – »Wer garantiert, dass die Psychoanalyse nicht zu einer Ausbildung wird?« – und sie zu entmythologisieren, das Subjekt vom Subjektiven zu befreien. Der Analytiker soll von Konzepten wie dem der Gegenübertragung, der Einfühlung oder der Intersubjektivität absehen, der analytische Vorgang soll stattdessen mit linguistischen Begriffen erfasst werden.

Besonders interessant an diesem Text ist die Präzision, mit der Lacan den analytischen Prozess erklärt. Ausführlich definiert er vor allem den Anfang und das Ende der Kur. Ich werde im Folgenden hauptsächlich auf den ersten, klinischen Teil des Textes eingehen. Der Text Karin Adlers in diesem Band stellt Ihnen die zweite Hälfte des Textes vor.

Das Schema des analytischen Prozesses. Wie arbeitet der Signifikant im Unbewussten in der analytischen Kur?

Sein linguistischer Ansatz führt Lacan zum Konzept des Subjekts des Unbewussten, das als symbolische Instanz zu verstehen ist und sich von den Freud'schen Begriffen des »Ich« oder »Es« unterscheidet. Will man es überhaupt den Freud'schen Instanzen zuordnen, so steht Lacans Konzept des Subjekts dem »Es« näher.

Das Begehren des Subjekts ist in der Differenz zwischen zwei Signifikanten eingebettet. Das Subjekt ist dem Unär-Signifikanten (S_1) unterstellt, der es in der Sprache zur Erscheinung bringt und der es für einen anderen Signifikanten repräsentiert, den Binär-Signifikanten (S_2). So ist das Subjekt als Implikation eines Signifikanten-Verhältnisses definiert. Aber auch, daß es »unterstellt« ist im Sinne von »darunterstehend«.

$$\frac{S_1 \rightarrow S_2}{\text{Subjekt}}$$

»Das Subjekt des Unbewussten ist das Signifikat des reinen Signifikantenverhältnisses.«[2]

---

[2] | AE, S. 580.

Lacan unterstreicht, dass der Analytiker nicht weiß, was im Kopf des Analysanten vorgeht: Das Subjekt des Unbewussten wird unterstellt – durch den Signifikanten, der es für einen anderen Signifikanten repräsentiert. Die Aufmerksamkeit des Analytikers wird insofern auf die Signifikantenkette gelenkt. Unterstellt (*supposé*) wird hier sowohl als »dem Signifikanten untergeordnet« verstanden als auch als Unterstellung, Vermutung, Annahme.

DER ANFANG DER KUR

Am Anfang war die Übertragung, schreibt Lacan ganz biblisch. Am Anfang der Kur, wenn sich die Übertragung auf den Analytiker einstellt, unterstellt der Analysant dem Analytiker ein besonderes Wissen: »Der weiß, was ich nicht weiß.« Symbolisieren wir nun die Übertragung oder das Übertragungs-Subjekt mit Hilfe des Signifikanten »St« (*signifiant du transfert*). »St« verweist das Subjekt auf einen beliebigen Signifikanten »Sq« (*signifiant quelconque*). »Sq« kann ein Eigenname oder ein Signifikant ohne direkten Sinnbezug zum Subjekt sein. Von »St« nach »Sq« entwickelt sich der Diskurs des Analysanten auf der Couch: seine Klage, »was nicht geht, wie er will«, seine Bitte: Es handelt sich hier um einen konkreten Diskurs, den der Analysant an den Analytiker richtet.

Unter der Linie existiert ein Signifikanten-Netz im Unbewussten, da, wo das Wissen »verschwindet«: Es findet in diesem Signifikanten-Netz einerseits Unterschlupf und wird andererseits als Wissen des Netzes (und als Wissen über das Netz) ausgelöscht. Dieses unbewusste Wissen taucht als »Subjekt, dem Wissen unterstellt wird« (*sujet supposé savoir*) wieder auf: als das Wissen, das der Analysant auf den Analytiker projiziert, wenn die Übertragung in Gang kommt.

$$St \rightarrow Sq$$
$$\overline{\text{Subjekt } (S_1, S_2, S_3 \ldots S_n)}$$

Unter der Signifikanten-Kette des Diskurses des Analysanten steht das Subjekt (als erstes Signifikat) und in der Klammer die nicht verstandenen, nicht subjektivierten Signifikanten im Unbewussten.

Diese Übertragungsgleichung (Algorithmus der Übertragung) symbolisiert Signifikanten. Das unterstellte Wissen wird auf den Analytiker projiziert. Dies verleiht dem Analytiker die Sonderstellung, die er in der Übertragung erhält. Die »obere« Signifikanten-Kette hat mit der »unteren« nichts zu tun, sie kreuzen sich manchmal in Träumen, Versprechern und im Witz. In der »oberen«, bewussten Diskurskette kommt die Wahrheit nicht voll zum Ausdruck, die »obere« Kette ist der Ort des sprachlichen Kodex. Die »untere« Kette als »anderer Schauplatz« trägt das Begehren.

Die »Bedeutung« (*signification*) ist eine noch latente Referenz und nimmt eine »Dritte-Person-Stellung« zu dem Signifikant-Signifikat-Verhältnis ein.[3]

Lacan unterscheidet textgetreues Wissen und Referenz-Wissen: Das Unbewusste ist nach Lacan wie eine Sprache aufgebaut, der Signifikant erscheint in einem Textzusammenhang. Das Referenz-Wissen betrifft die Spracheffekte und die logischen Sprachstrukturen.

Der Analytiker versteht die unbewussten Konfigurationen, die dem Symptom zugrunde liegen, nicht. Er soll das Nicht-Gewusste (*non-su*) wie einen Rahmen des (noch zu erwartenden) Wissens wissen und den Platz für jenes Wissen offenhalten, welches die Signifikanten-Kette im Unbewussten nach und nach zu Tage fördert. Wichtig ist, die Fragen nicht durch Antworten zu erdrücken: der Analytiker soll deshalb seine eigenen Gedanken dem Analysanten so gut wie möglich unzugänglich machen. Anstelle des noch unbekannten Subjekts hat der Analytiker lediglich ein Signifikat, dessen Signifikantentext er noch nicht kennt. Das Subjekt ist nur durch ein Gleiten bestimmbar, und dieses Gleiten ist Begehren.

Die Arbeit wird also vom Analysanten verrichtet. Die Übertragungsliebe bewirkt, dass der Diskurs von »St« nach »Sq« vorangetrieben wird und die Signifikanten im Unbewussten wie in einem Resonanzkasten zum Erklingen kommen. Der Analysant »liebt« das so projizierte Wissen im Analytiker, es ist sein Agalma, und er versucht das Begehren des Analytikers zu entziffern. Dabei entziffert er sich selbst.

---

3 | AE, S. 248 und 580.

DER NICHT SUBJEKTIVIERTE SIGNIFIKANT ALS REALES

Die Schwierigkeit besteht darin, auf der Signifikatsebene der Gleichung diese Signifikantenkette im Unbewussten einzustufen: Es handelt sich um eine Signifikantenkette, deren Wissen ungewusst doch wirkt.
Die Signifikanten existieren zeitlich vor dem Subjekt. Das ursprüngliche Wort gehört keinem Subjekt an.[4]
Im Seminar (IV) über die Objektbeziehung sagt Lacan, dass das »Es« schon organisiert und artikuliert ist wie die Signifikanten organisiert und artikuliert sind.[5] Das »Es«, um das es sich in der Analyse handelt, besteht aus Signifikanten, die schon im Realen existieren, eben aus unverstandenen Signifikanten.[6]

Das unbewusste Wissen vergleicht Lacan[7] später mit einer mathematischen Menge: Die Klasse »Mensch« ist selbst kein Mensch. Ein Signifikant kann nicht gleichzeitig Element und Bezeichnung der Menge sein.

Das unbewusste Wissen der Signifikanten bildet sich wie ein Depot, dieses unauslöschbare und gleichzeitig nicht subjektivierte Wissen ist ein reales Wissen.[8] Diese reale Dimension erscheint in späteren Texten Lacans als das Genießen, das durch den Signifikanten ausgelöst wird. Ein Gewinn der Kur wäre, dass der Signifikant diese Macht, Genießen auszulösen, am Ende nicht mehr hätte. (Ich habe in einer früheren Arbeit diesen Verlust mit dem Freud'schen Begriff der »‚Bändigung' des Triebes«[9] in Verbindung gebracht.)

Das Reale ist unentscheidbar: das, was sich gleichzeitig behauptet und negativiert. Mit dem Symbolischen und dem Imaginären gehört das Reale

---

4 | Moustapha Safouan: *Le transfert et le désir de l'analyste*, Seuil: Paris 1988, S. 161.
5 | Jacques Lacan: *Le Séminaire livre IV: La Relation d'objet*, Seuil: Paris 1994, S. 45; dt.: *Das Seminar, Buch IV: Die Objektbeziehung* (1956/57), übers. v. H.-D. Gondek, Turia + Kant: Wien 2003, S. 54ff.
6 | Ebd., S. 49.
7 | Jacques Lacan: *Les Non-Dupes Errent*, unveröffentlicht, Sitzung vom 15.1.1974 (hier: Ausgabe der Association Lacanienne Internationale), S. 99.
8 | »Ce savoir indélébile et en même temps pas subjectivé«, ebd., S. 111.
9 | Sigmund Freud: Die endliche und unendliche Analyse (1937), in: *Schriften zur Behandlungstechnik*, Studienausgabe Ergänzungsband, Frankfurt a. M. 1972, S. 351-392, hier: 365.

laut Lacan zu den drei Registern der psychischen Strukturierung. Diese Zuordnung zum Register des Realen bringt das »Urwort« in den gleichen topologischen Raum wie das verdrängte Wort.

Schluss (fin de partie)

In dem Maße, in dem der Analytiker dem Analysanten das Subjekt mit dem unterstellten Wissen zukommen lässt, verliert er sein Agalma.

»In seinem Begehren kann der Analysant wissen, was er ist: ein reiner Mangel als Phallus (-phi). Durch das Medium der Kastration – egal, welchem Geschlecht er angehört – findet er seinen Platz in der sogenannten Geschlechterbeziehung. Reines Objekt: als Objekt (a) verstopft er das Aufklaffen, das sich im Geschlechtsakt auftut, durch prägenitale Funktionen. Dieser Mangel und dieses Objekt: ich beweise, dass sie die gleiche Struktur haben. Diese Struktur kann nur im Verhältnis zum Subjekt stehen, in dem vom Unbewussten zugelassenen Sinn. [...] Bleibt, dass die Differenz zwischen dem Signifikanten und dem Signifikat in Form des Phallus (-phi) oder des Objekts (a) [Objekt Ursache-des-Begehrens, Agalma; A.d.Ü.] zwischen dem Subjekt und dem Analytiker abfallen wird.«[10]

Das Objekt (a) ist hier der Teil der Bitte, der nicht in die Sprache eingeht, der Teil des Begehrens, der nicht im Sprachkodex erfasst werden kann. Das Erscheinen des Seins des Agalma und des »Subjekts mit dem unterstellten Wissen« bringt die Analyse in einer Art subjektiven Destitution zu Ende. »[...] diese Differenz, dieser Rest, der die Spaltung des Subjekts bestimmt, lässt es (das Subjekt) aus seinem Fantasma fallen und setzt es als Subjekt ab.«[11] »Für die Sicherheit, die das Begehren im Fantasma hatte, stellt es sich heraus, dass dieser Halt nur der Halt einer Seinsauflösung (*désêtre*) ist.«[12] Im Phantasma sind Objekt (a) und die Signifikanten vereinbar.

Der Analysant kann sich plötzlich mit der Leere der Existenz konfrontiert fühlen, denn ohne das Phantasma können das Imaginäre und das Symbolische das Reale nicht genügend verhüllen. Das, was Freud die

---

10 | AE, S. 583/584.
11 | Ebd., S. 252.
12 | Ebd., S. 585, 254.

»psychische Realität« nennt, wird unsicher. Träume und äußere Ereignisse können in dieser Schlussphase der Analyse eine große Rolle spielen.

An diese Stelle ließe sich an die subjektive Berichtigung und die therapeutischen Effekte der Kur anknüpfen, aber Lacan konzentriert sich in diesem Text hauptsächlich auf die Kriterien einer didaktischen Analyse.

Der Diskurs des Analysanten stößt irgendwann an eine Stelle, an der die Signifikantenkette ins Stocken kommt, zum Beispiel durch das Erscheinen eines Signifikanten ohne Signifikat, eines Signifikanten, der keinen Sinnbezug zum Subjekt hat. Stellen Sie sich eine Spielkarte vor, die kurz umgedreht eine leere Rückseite zu erkennen gibt: Der Signifikant weist ins Leere. Stellen Sie sich einen Klang vor, von dem Sie wissen, dass er ein Wort darstellt, das aber seinen natürlichen Bezug zur Sprache verliert. Der Unär-Signifikant (S1) und der Binär-Signifikant (S2) können eine so geringe Differenz aufweisen, dass das Subjekt sich nicht unterbringen kann. S1-S2 können in einer Holophrase nicht artikuliert, sondern zusammengeschweißt sein. Der Symbolisierungsprozess bleibt stecken. Reales bricht in die imaginär-symbolische Welt ein und produziert Unverständnis.[13] Der Sinn stellt sich nicht her.

Das so lang gesuchte Wissen gibt es nicht. Die feste Überzeugung, dass der Analytiker weiß, was ich nicht weiß, findet ihr Ende. Das Agalma fällt ab. Die Triebbesetzung des Analytikers durch den Analysanten, der Zauber des Blicks oder der Stimme, tritt offen zu Tage. Das »Missverständnis« wird greifbar: Der Analytiker hat durch seine Maske dem Analysanten nur als Projektionsort gedient, als »Köder«. Der Analysant muss mit diesem Verlust zurechtkommen: Er verliert gleichzeitig den Halt im Phantasma und die Einschreibung in die Übertragungsbeziehung. Der Analytiker erscheint nun als das, was er ist: ein Mitmensch. Restliche Übertragungsliebe kann noch lang diesem »Kollegen« einen besonderen Platz einräumen, aber die analytische »Maschine« funktioniert nicht mehr. Die Maske ist gefallen, dahinter erscheint die Leere. Das Sein des Begehrens verbindet sich an einem Rand (*bord*) mit dem Sein des Wissens in einer Moebius-Bewegung: Ich bin frei, nicht zu wollen, was ich begehre. (*L'être du désir se noue d'un bord à l'être du savoir.*)

---

13 | AE, S. 253.

DAS REALE SYMBOLISIEREN

Lacan greift selten auf den Begriff Arbeit zurück, wenn er vom analytischen Prozess spricht. Am Anfang des schon zitierten Seminars über die Objektbeziehung schlägt er den Vergleich mit einem Wasserkraftwerk vor. Der Wasserfall setzt Energie frei, die als Elektrizität gespeichert wird. Um diese Energie zu messen, braucht man zwei verschiedene Punkte, die Signifikantencharakter haben müssen.

Freud ist in seiner »infantilen Sexualtheorie« von einem Energiebegriff ausgegangen: der Libido. Das »Es«, was ist das? Es ist wie ein Wasserwerk, und zwar so, wie es jemandem erscheint, der absolut nicht weiß, wie es funktioniert. Das »Es« ist das, was im Subjekt davon betroffen sein kann, mittels der Botschaft des Anderen (»A«, Schatz der Signifikanten; AdÜ) Ich zu werden. Die Betonung liegt darauf, *was vorher war* (das Reale als nicht subjektivierter Signifikant). Das obere Wasserniveau hat eine reale Energie, die dann frei wird, wenn das In-Worte-Fassen des Symbolischen das Reale durchlässig macht.

Freud hat sich ständig für Unsinniges interessiert, den Unsinn des Symptoms, des Traums, des Witzes, des Versprechers, der Fehlleistung, aber sein Projekt war immer, diesem Unsinnigen einen Sinn zuzuordnen. Den Sinn im Unsinn zu finden. Das Lustprinzip sucht den Unsinn, ist mit dem Unsinn und einfachem Lallen zufrieden. Das Unbewusste aber wird durch Sinn befriedigt.[14] Das Unbewusste verbindet Sinn und Blabla.

ABSCHLIESSEND

Den Lesern muss ich für ihre Geduld danken. Dieser Text ist schwierig, weil er Schwieriges behandelt. Die Referenzen auf späte Texte Lacans dienen dazu, Lacans Bemühen um Klarheit zu folgen. Dies scheint mir von aktuellem Interesse zu sein. Denn die Frage des Endes der Kur und der Weitergabe der Psychoanalyse löst weiterhin Krisen und Spaltungen in den psychoanalytischen Vereinigungen aus.

Übersetzt ins Deutsche von Gerd Schnedermann.

---

14 | Jacques Lacan: *RSI*, 11.2.1975.

Travail de mutation – Arbeit des Wandels und der Veränderung in der Kur

MICHAEL MEYER ZUM WISCHEN

Vorab:

In meinem Beitrag gehe ich der von Freud in den Briefen an Fließ erwähnten Analyse des Herrn E. genauer nach und kommentiere die entsprechenden Passagen aus dem Briefwechsel. Außerdem beziehe ich mich auf zwei Träume des Herrn E., die in der *Traumdeutung* eine Rolle spielen, sowie auf einen weiteren Traum Freuds, der sich auf die Beendigung der Analyse des Herrn E. bezieht. In diesen Texten erfahren wir einiges zu Freuds Analytikerbegehren in dieser Kur: Es war davon bestimmt, dass er immer wieder im Hören auf seinen Analysanten die Grenzen seiner bisherigen Vorstellungen überschritt und in einer Öffnung gegenüber den neu aufkommenden Fragen über das hinausging, was er vermutete. Man erfährt bei der Lektüre, wie Freud sich von den Signifikanten (z.B. »que faire?« in der Käferangst des Analysanten) des Herrn E. leiten ließ, um immer näher an Formulierungen für ein ursprüngliches Reales heranzukommen: eine Urszene, die er offensichtlich über längere Phasen, orientiert an den Einfällen des Patienten, zu konstruieren versuchte. Ferner lenkt die Lektüre dieser Passagen die Aufmerksamkeit auf die Frage des Restes: bezüglich der Urszene, der Übertragung sowie auch des Endes der Kur. Dies berührt auf das Engste die Auseinandersetzung Freuds mit dem Realen, besonders dem Tod. Freuds eigener Traum (*Ein neuer absurder Traum vom toten Vater*) verweist auf die Untrennbarkeit der Übertragung, in der Analytiker und Analysant verbunden sind. Die Träume des Herrn E. in der *Traumdeutung* verdeutlichen die Bedeutung dieser Kur für die Formulierung der Wunscherfüllungstheorie des Traums sowie der Traumarbeit.

Auch die Bedeutung des Partialobjekts (die »Äpfel/Brüste« im »Schönen Traum«) taucht auf.[1]

Am 11. März 1900 schreibt Sigmund Freud an Wilhelm Fließ:

»Mein zweites Eisen im Feuer ist ja die Arbeit, die Aussicht irgendwo zu Ende zu kommen, viele Zweifel zu erledigen und dann zu wissen, was ich von der therapeutischen Chance zu halten habe. Die Aussicht schien am günstigsten bei E. Dort traf mich auch der Schlag am heftigsten. Als ich gerade glaubte, die Lösung in den Händen zu halten, entzog sie sich mir, und ich sah mich genötigt, alles umzuwenden, um es neu zusammenzusetzen, wobei mir alle bisherigen Wahrscheinlichkeiten verloren gingen. Die Depression hierauf hielt ich nicht aus. Ich fand auch bald, daß es unmöglich ist, die wirklich schwere Arbeit unter Verstimmung und lauernden Zweifeln fortzusetzen. Jeder einzelne der Kranken ist mein Quälgeist, wenn ich nicht heiter und gesammelt bin. Ich glaubte wirklich, ich müßte gleich erliegen. Ich habe mir so geholfen, daß ich auf alle bewußte Gedankenarbeit verzichtet habe, um nur mit einem dunklen Takt weiter in den Rätseln zu tappen. Seitdem mache ich die Arbeit, vielleicht geschickter denn je, aber ich weiß nicht recht, was ich mache. Ich könnte nicht Auskunft geben, wie die Sache steht.«[2]

Diese Passage des Briefwechsels Freuds mit Fließ findet sich in einer Aufsatzsammlung Serge Leclaires, der sich über viele Jahre besonders intensiv mit der Frage beschäftigte, was psychoanalytische Arbeit, Arbeit in der Psychoanalyse, ausmacht. Der betreffende Band mit Texten Leclaires trägt

---

1 | Insbesondere bezog ich mich auf folgende Stellen: Freud, Sigmund (1986): Briefe an Wilhelm Fließ. 1887-1904. S. Fischer Verlag, Frankfurt a.M.; Briefe vom 11. April 1895 (60) [S. 125ff.], 31. Oktober 1895 (79) [S. 151 ff], 24. Januar 1897 (119) [Seite 239ff.], das Manuskript L vom 2. Mai 1897 (126) [S. 253ff.], vom 29. Dezember 1897 (152) [S. 316ff.], vom 19. Februar 1899 [S. 377ff.], vom 21. Dezember 1899 (229) [S. 430ff.], vom 18. Januar 1900 (232), [S. 433ff.], 11. März 1900 (239) [S. 440ff.], 4. April 1900 (241) [S. 447ff.] sowie 16. April 1900 (242) [S. 448ff.]. Die Stellen in der Traumdeutung finden sich [GW II/III] auf S. 160ff. (»Zur unkenntlichen Wunscherfüllung«), S. 291ff. (»Ein schöner Traum«) und 437ff. (»Ein neuer absurder Traum vom toten Vater«).
2 | Freud, Sigmund (1986): Briefe an Wilhelm Fließ. 1887-1904. S. Fischer Verlag, Frankfurt a.M., S. 442-443.

den Titel: »Rompre les charmes«: den Zauber, den Bann, die Faszination brechen. Hier entdeckt man auch den Begriff einer »travail de mutation«, einer Arbeit des Wandels und der Veränderung. Leclaire definiert diese Arbeit nirgends abschließend, greift aber die Frage nach ihr immer wieder auf und verweist auf verschiedene Spuren, um etwas dazu schreiben zu können, was diese »travail de mutation« auszeichnen könnte.

Was schreibt nun Freud in dem zitierten Brief an Fließ über die Arbeit? Zunächst hört man von der Aussicht, zu Ende zu kommen, Zweifel zu erledigen und dann zu wissen, was von der therapeutischen Chance zu halten sei. Auch von einem Feuer lesen wir, ohne das wohl eine psychoanalytische Arbeit kaum beginnen kann. Diese Aussicht, im Feuer etwas schmieden zu können, lässt sich für Freud aber nicht halten, etwas bricht hier – rompre les charmes: Freud wird von einem Schlag getroffen, als die Aussicht am günstigsten scheint. Die Lösung entzieht sich. Ein zweites Moment kommt ins Spiel, ein unerwarteter Einbruch findet statt. Damit bricht eine andere Zeitlichkeit an, die zur Notwendigkeit führt, »alles umzuwenden, um es neu zusammenzusetzen«. Alle bisherigen Wahrscheinlichkeiten Freuds gehen verloren. Die von ihm erwähnte Depression, das Gequältsein, scheint ein Aspekt psychoanalytischer Arbeit zu sein, der mit dem Verlust von Sicherheiten verbunden ist. Freud nennt allerdings ein Remedium: Heiterkeit und Sammlung. Klingt hier etwas von Lacans »fröhlicher Es-Wissenschaft« an, von der er in *Television* spricht? »Der Traurigkeit steht die fröhliche Es-Wissenschaft gegenüber, die im Gegensatz dazu eine Tugend ist.«[3] Diese Stelle bei Freud, sein Verweis auf »Heiterkeit und Sammlung«, kann auch so gelesen werden, dass es in der Kur nicht darum gehen kann, sich einer durch die Arbeit ausgelösten Stimmung zu überlassen: Vielmehr soll es zu einem »Zurechtfinden im Unbewußten, in der Struktur«[4] kommen, wie es bei Lacan in *Television* heißt. Dies wird möglich, indem der Analytiker auf die Signifikanten des Analysanten hört: Signifikanten, die ihn angehen, die in der Übertragung an ihn gerichtet werden. Leclaire spricht im Verlauf der Aufsätze des Buches von seinem Wunsch, das hören zu lassen, was ihn »bearbeitet«, »faire entendre ce qui

---

3 | Lacan, Jacques (1988): Television. Übersetzung von Jutta Prasse und Hinrich Lühmann. Quadriga Verlag, Weinheim, Berlin, S. 77.
4 | Ebd.

me travaille«[5]. Das, was in jeder stets singulären Kur mit einem Analysanten unerwartet auftaucht und den Analytiker als etwas Fremdes und Anderes bearbeitet, macht jegliche Aussicht zunichte, genau zu wissen, »wie die Sache steht«. Das heißt, dass es nicht möglich ist, etwas in der Kur dingfest zu machen, zu einem fixierbaren Objekt, einer »Sache« zu gelangen und den Diskurs gerinnen zu lassen. Der damit verbundene Verlust aller Wahrscheinlichkeiten ermöglicht jedoch eine Um-Wendung, eine Ver-Änderung. Ein solcher Verlust aller Wahrscheinlichkeit begegnet dem Leser zum Beispiel in Freuds Briefwechsel mit Fließ dort, wo die Käferphobie des Herrn E. vom Signifikanten »Que faire?«[6] her gehört werden kann. Freud verzichtet darauf, sie vom Sinn her zu deuten und gibt damit das Wahrscheinliche auf. Der Signifikant Käfer ersetzt den Signifikanten »Que faire?«, der das rätselhafte Begehren der Mutter, ihre Unschlüssigkeit vor der Hochzeit, in Worte fasst. Der Verlust an Wissen, eines sicheren Standes, führt so zu einem anderen, neuen Wissen.

Die »travail de mutation« versucht Freud also aus einem Wandel bei sich als Analytiker begreifbar zu machen. Diese Ver-Änderung ist nun ganz und gar nicht harmlos: Es wird gewarnt, dass man bei dieser schweren Arbeit seinen Verstimmungen und lauernden Zweifeln erliegen kann. Dies ist vielleicht auch das, was Lacan mit der »moralischen Trägheit«[7] anspricht. Ver-Änderung ereignet sich im Gegenzug aus einem Zurechtfinden im Anderen, Fremden, oft Unheimlichen.

Über das erste Moment eines feurigen Wissenwollens gelangt der Text also zu einer Krisis, einem zweiten Moment, zu Zweifeln, Qual und Depression. Sie aber setzen wiederum eine andere Bewegung in Gang, ermöglichen ein neues Hören auf das hin, was da bearbeitet. Ein drittes Moment kann nun aufkommen, im Text Freuds lesen wir die Wendung: »alles umzuwenden, um es neu zusammenzusetzen«. Wie vollzieht sich dies? – Indem Freud auf alle »bewußte Gedankenarbeit« zu verzichten sucht: »um nur mit einem dunklen Takt weiter in den Rätseln zu tappen«. Dadurch mache er aber die Arbeit geschickter denn je. Der Wandel wird

---

5 | Leclaire, Serge (1999): Rompre les charmes. Seuil, Paris, S. 214. Übersetzung von Michael Meyer zum Wischen.

6 | Freud, Sigmund (1986): Briefe an Wilhelm Fließ.1887-1904. S. Fischer Verlag, Frankfurt a.M., S. 316.

7 | Lacan, Jacques (1988): Television. Übersetzung von Jutta Prasse und Hinrich Lühmann. Quadriga Verlag, Weinheim, Berlin, S. 77.

hier als ver-änderte Arbeit selbst aufgefasst, eine Arbeit, die das Andere auftauchen lässt. Freud wird geschickter, als er sich von dem leiten lässt, was ihm im Diskurs des Anderen geschickt wird. Dies führt nun allerdings zu nichts anderem als einem »Tappen in den Rätseln«.

Es wäre zu einfach, das oft beschworene Nicht-Wissen des Analytikers als bloße Abwesenheit von positivem Wissen zu verstehen. Freud macht hier vielmehr deutlich, dass es sehr wohl in einem ersten Moment Aussichten gibt, ein Eisen im Feuer, ohne das die Kur nicht in Gang kommen kann. So wäre es wohl naiv, davon auszugehen, der Analytiker brächte kein Eisen mit, kein Material, keine Theorie, womit er beginnt. Entscheidend ist jedoch, dass das Geschehen eines Einbruchs, eines drohenden Erliegens der Kur, einer Krise beim Analytiker selbst, die Arbeit verändern kann und zu einem anderen Wissen führt, dem nicht gewussten Wissen des Unbewussten.[8] Dadurch taucht eine neue Version der Arbeit auf, bei der die Aussichten des Analytikers aufgegeben werden können und sich ein Wandel vollzieht. Nun tappt der Analytiker in den Rätseln, »mit einem dunklen Takt«. In dieser Formulierung wird deutlich, dass sich mit dem Verzicht auf »bewußte Gedankenarbeit« eine andere Arbeit abzeichnet, bei der der Analytiker von einem Takt ergriffen wird, also von etwas, das sich hören lässt. Dieses Hören ermöglicht also, wenn auch tappend, weiterzugehen, einen neuen Schritt zu wagen. Hier besteht die Arbeit nun darin, etwas wahrzunehmen, sich an etwas zu orientieren, was unbekannt, »dunkel« ist, aber doch nicht unstrukturiert, wie eben der Takt. Das »Tappen« (»tâtonner«) ist also nicht als Orientierungslosigkeit zu verstehen, sondern als Möglichkeit, sich weiter voranzutasten, eine Ausrichtung zu finden. Es gibt hier einen Bezug zu Leclaires Formulierung in *Psychoanalysieren*: »Das ist seine Aufgabe als Psychoanalytiker: aus den Worten, die fallen, anderes als die bloße Bedeutung herauszuhören und die Organisation der Libido deutlich werden zu lassen, die sie zum Ausdruck bringen.«[9] (»Entendre autre chose que la seule signification des paroles qui sont prononcées, et mettre en évidence l'ordre libidinal qu'elles manifestent.«[10])

---

8 | Erinnert sei an den Titel von Lacans Seminar von 1976/77: L'insu qui sait de l'une bévue s'aile à mourre.
9 | Leclaire, Serge (2001): Psychoanalysieren. Übersetzung von Norbert Haas. Turia und Kant, Wien, S. 24.
10 | Leclaire, Serge (1968): Psychanalyser. Seuil, Paris, S. 10.

Angesichts der Krisis seiner anfänglichen Aussichten durchläuft der Analytiker also in einer zweiten Epoche seiner Arbeit eine Aussichtslosigkeit, die ihn über ein Hören dessen, was ihn da bearbeitet, in eine dritte Zeitlichkeit seiner Arbeit versetzt: »in den Rätseln zu tappen«. Es gilt, sich an etwas heranzutasten, was mit einem Takt zu tun hat, der erst noch gehört werden will, erst aus der Zukunft kommen wird. Freud gelangt also über die Aussicht, das Sehen hin zum Takt, dem Hören: ein Moduswechsel, der auch mit dem Couchsetting verbunden ist. Wenn das »Tappen« nun also einen neuen Zugang zum Diskurs des Anderen beschreibt und keineswegs Orientierungslosigkeit, so steht das »nicht recht Wissen« für ein anderes Wissen, als es die »bewußte Gedankenarbeit« produziert – eben kein »rechtes« Wissen, sondern ein tappendes, vielleicht hinkendes, nachhinkendes Wissen, das dem »après coup« der analytischen Arbeit entspricht.

Die analytische Arbeit ereignet sich in den Rätseln selbst, nicht in einer Außenposition. Es geht um Rätsel, in die Analytiker und Analysant in der Übertragung beide einbezogen sind. Insofern erscheint eine Trennung von Übertragung und Gegenübertragung wenig hilfreich. Wenn, wie Lacan sagt, die Übertragung ein Phänomen ist, dass »Subjekt und Psychoanalytiker gleichermaßen einschließt«[11], befinden sich Analytiker und Analysant also in einer Form von Arbeit, die ich als tappende Spurensuche bezeichnen möchte. Dies heißt auch, dass der Analytiker nicht in unbeteiligter Neutralität »bewußte Gedankenarbeit« verrichtet, sondern einem Prozess ausgesetzt ist, der ihn permanent bearbeitet. Dies kann sich auch in Träumen des Analytikers während der Kur eines Analysanten äußern, so wie bei Freud, der in seinem *neuen absurden Traum vom toten Vater* die in der Analyse mit Herrn E. aufgekommene Frage hörte: »Was sind vier bis fünf Jahre gegen die Dauer eines ganzen Lebens zumal wenn den Kranken die Existenz während der Behandlung so sehr erleichtert worden ist?«[12] Die analytische Arbeit taucht so als Frage im Traum des Analytikers auf.

Sie verlangt also das, was Leclaire ein »engagement«[13] nennt: Verpflichtung auf ein Jenseits dessen hin, was sich im Voraus ahnen ließe. Es gilt,

---

11 | Lacan, Jacques (1996): Das Seminar, Band XI: Die vier Grundbegriffe der Psychoanalyse (1964). Übersetzung von Norbert Haas. Quadriga Verlag, Weinheim, Berlin, S. 243.
12 | Freud, Sigmund (1900): Die Traumdeutung. In: GW II/III, S. 438-439.
13 | Leclaire, Serge (1999): Rompre les charmes. Seuil, Paris, S. 112.

sich den Rätseln jeder Kur zu öffnen, einem Unerkannten, dem noch Worte gegeben werden sollen. Hier kommt das Reale ins Spiel. Im erwähnten Traum manifestiert es sich zum Beispiel in der Frage: »Was sind fünf Jahre?«[14] Dies bezieht sich auf die für den Traum wichtige Differenz von 1851 und 1856. Letztere Zahl verweist auf Freuds Geburtsjahr, und zur Zahl 51 schreibt er: »51 ist das Alter, in dem der Mann besonders gefährdet erscheint, in dem ich Kollegen habe plötzlich sterben sehen [...].«[15] So spannt sich der Bogen zwischen Geburt und Tod, während die fünf Jahre Differenz zugleich auf die Zeit von Freuds Brautwerben verweist, wie er betont. Das Reale, dem man in den Rätseln von Sexualität und Tod begegnet, bearbeitet den Analytiker in jeder Analyse. Es äußert sich als Grund des Triebes, der von Freud als »Arbeitsanforderung, die dem Seelischen infolge seines Zusammenhangs mit dem Körperlichen auferlegt ist«[16], bestimmt wird. Leclaire schreibt:

»Das, was nicht vergessen werden darf, ist, daß es sich um lebendige Rätsel handelt und daß die mnestischen Einschreibungen, die sie formulieren, nicht aufhören, wie die Züge eines Gesichts und sogar seine tiefsten Falten, mit den Leidenschaften oder Trieben, die sie mit Leben erfüllen, einen immer gegenwärtigen Bezug zu unterhalten, der in seiner Bewegung genauso beunruhigend ist wie in seiner Konstanz faszinierend.« (»Ce qu'il ne faut pas oublier, c'est que ces enigmes sont vivantes et que les inscriptions mnésiques qui les formulent ne cessent, comme les traits d'un visage, et même ses rides les plus profondes, d'entretenir avec les passions [ou des pulsions] qui l'animent un rapport toujours présent, aussi troublant dans sa mouvance que fascinant dans sa constance.«[17])

Diese Konfrontation mit den »lebendigen Rätseln« des Analysanten in der Kur mag zu Freuds Formulierung bezüglich der Analyse von Herrn E. passen: »Er hat mir die Realität meiner Lehren am eigenen Leibe gezeigt.«[18]

Die Erinnerungsspuren, auf die man bei einer analytischen Arbeit trifft, sind Einschreibungen, die einen ständigen Bezug zur Bewegung der

---

14 | Freud, Sigmund (1900): Die Traumdeutung. In: GW II/III, S. 440.
15 | Ebd.
16 | Freud, Sigmund (1915): Triebe und Triebschicksale. In: GW X, S. 214.
17 | Leclaire, Serge (1996): Rompre les charmes. Seuil, Paris, S. 75.
18 | Freud, Sigmund (1986): Briefe an Wilhelm Fließ. 1887-1904. S. Fischer Verlag, Frankfurt a.M., S. 430.

Triebe haben. Sie insistieren mittels ihrer Repräsentanzen und sind zugleich auch in ihrer triebhaften Lebendigkeit in Bewegung. Der Trieb geht dabei nicht restlos in der Repräsentanz, seiner Vertretung, auf.

»Die Erinnerungsspur unterhält zum Realen des erlebten Ereignisses denselben Bezug wie eine ballistische Formel mit der Realität der Flugbahn und der Wirkung des Projektils. Als Einschreibung ist sie bereits Abstraktion, das heißt eine Operation, die, indem sie eine Spur fixiert, sie vom Ereignis abstrahiert und dabei den größten Teil außer Acht läßt.« (»La trace mnésique entretient avec le réel de l'evénement vécu le même rapport qu'une formule de balistique entretient avec la réalité du trajet et l'effet du projectile. En tant qu'inscription, c'est déja une abstraction, c'est-à-dire une opération qui, en fixant une trace, l'abstrait de l'evénement et en laisse pour compte la plus grande part.«[19])

Das Fortschreiten der analytischen Arbeit eröffnet neue Formulierungen und Umschreibungen dessen, was bedrängt, quält und gehört werden will. Damit ist die analytische Kur Kräften ausgesetzt, die zu einer Arbeit drängen, die mit einer Umschrift des bisher starr Fixierten zu tun hat. Möglich wird dies aber nur, wenn der Analytiker sich diesen Kräften aussetzt[20] – bis hin zur Aussichtslosigkeit – um aber gleichzeitig etwas Un-Erhörtes, einen anderen Takt, zu hören, der sich gesellschaftlichen Normierungen entzieht:

»Vor allem etwas vernehmen, im Laufe eines Diskurses, die Wiederholung, die Insistenz von Phonemen, Worten oder Figuren, schließlich sie in ihrer unerhörten Syntax zu erkennen, die von einer Sprache herrührt, die sozial nicht kodiert ist.« (»[E]ntendre surtout, au long d'un discours, la répétition, l'insistance de phonèmes, mots ou figures, afin de les reconnaître dans leur syntaxe inouie, relevant d'une langue non codée socialement.«[21])

---

19 | Leclaire, Serge (1999): Rompre les charmes. Seuil, Paris, S. 73.
20 | Ebd, S. 201-202: »Car c'est bien à des systèmes de forces psychiques, dans leurs rapports aux autres forces, que nous sommes quotidiennement confrontés dans notre pratique.« [Denn wir sind wohl in unserer Praxis täglich Formen psychischer Kräfte in ihrem Bezug zu anderen Kräften ausgesetzt.]
21 | Ebd, S. 201.

Leclaire hat für die Arbeit in der Psychoanalyse folgende prägnante Formulierung gefunden: Reisender zu bleiben (»rester ce voyageur«[22]). So kritisiert er einen Widerstand des Analytikers, der darin besteht, sich dem prozesshaften Charakter des Unbewussten, in den er selbst einbezogen ist, zu entziehen:

»Wir verteidigen uns, unter dem Vorwand, wir wären analysiert von jeder prozeßhaften oder konflikthaften Bewegung in uns, wenigstens wenn wir in der analytischen Situation sind. Da können wir von neuem etwas von der Gottesversuchung ausfindig machen. (»[N]ous nous défendons, sous le prétexte que nous serions analysés, de tout mouvement processuel ou conflictuel en nous, tout au moins lorsque nous sommes en situation analytique. C'est là que nous pouvons de nouveau réperer quelque chose de la tentation de Dieu.«[23])

Der Gottesversuchung eines Wissens, das keinen Rest lässt, stellt Leclaire das Reale gegenüber, von dem beständig ein Rätsel ausgeht. Das Rätsel des Subjekts, das es in seiner Analyse zu formulieren versucht, nicht anzuerkennen, kann darauf hinauslaufen, dem Analysanten zu deuten, was ihm fehle. Dies geschieht wohl gerade dann, wenn ein Analytiker nicht aushält, dass er weder Über- noch Aussicht besitzt. Lacan hat das im zweiten Seminar so zugespitzt:

»Es gibt nur einen einzigen Widerstand, das ist der Widerstand des Analytikers. Der Analytiker leistet Widerstand, wenn er nicht versteht, womit er's zu tun hat. Er versteht nicht, womit er's zu tun hat, wenn er glaubt, deuten, das heiße, dem Subjekt zeigen, daß, was es begehre, dieses Sexualobjekt sei.«[24]

Leclaire hat sich auf diesen Gedanken Lacans in seinen Überlegungen zu Arbeit und Widerstand in der Psychoanalyse immer wieder bezogen. Man kann zum Beispiel als Analytiker dann im Widerstand verharren, wenn man angesichts eines akuten Zusammenbruchs des Analysanten deutet, was ihm fehle. Dies ist auch als ein Versuch zu verstehen, das, was das

---

22 | Ebd, S. 170.
23 | Ebd, S. 192.
24 | Lacan, Jacques (1991): Das Seminar, Band II: Das Ich in der Theorie Freuds und in der Technik der Psychoanalyse. Übersetzt von Norbert Haas und Hans-Joachim Metzger. Quadriga Verlag, Weinheim, Berlin, S. 290.

Leiden des Analysanten zu sagen hat, nicht mehr hören zu wollen.[25] Die Konfrontation mit der Aussichtslosigkeit dagegen, zum Beispiel in einer suizidalen Krise, kann eine Begegnung mit dem Realen ermöglichen, die zu neuen Umschriften führt. Leclaire spricht davon, dass dies erst stattfinden kann, wenn der Analytiker bestimmte Positionen aufgeben kann, die er im Feld eines inzestuösen, letalen Narzissmus lokalisiert. Dazu gehört die Faszination durch eine sozialinzestokratische Absicherung des Analytikers durch psychoanalytische Institutionen, die das Singuläre psychoanalytischer Arbeit verleugnen, oder auch der Glaube an eine umfassende Meistertheorie.[26] Jede Form narzisstischer Verschanzung, so könnte man mit Leclaire sagen, verhindert, dass der Analytiker seine Absicherungen aufgeben kann, sodass er in die Lage kommt, anders zu hören.

Es ist bemerkenswert, dass die meisten Formulierungen Leclaires zur Arbeit in der Psychoanalyse im Zusammenhang mit seinen Überlegungen zum Realen auftauchen:

»Ich denke, daß man die Arbeit des Psychoanalytikers in einer sehr einfachen Weise als eine Arbeit charakterisieren kann, die darin besteht, das Reale ins Spiel zu bringen: Freud hätte gesagt, daß sie darin besteht, die Verdrängung aufzuheben [...]. Dieses Reale, das sich uns sehr genau vom Platz des Objektes her eröffnet, kann nicht eingesetzt und verortet werden, weil, woran ich Sie gerade erinnerte, eben jede Platzierung und jede Einordnung Gegen-Abwehr ist, Abwehr gegen das Reale [...]. Das Reale aber, könnte man sagen, setzt die unbewußten Repräsentanzen in Gang: Als solches ist es völlig unerträglich. Die Arbeit des Psychoanalytikers scheint mir in jeder Hinsicht darin zu bestehen, die Verdrängung aufzuheben, zu versuchen, das Reale wieder ins Spiel zu bringen,

---

25 | Erinnert sei auch an Lacans Satz: »Es spricht, und gewiß dort, wo man es am wenigsten erwartete, dort, wo es leidet.« In: Lacan, Jacques (2005): Das Freudsche Ding oder der Sinn einer Rückkehr zu Freud in der Psychoanalyse (1955/56). Übersetzung von Monika Mager. Turia und Kant, Wien, S. 30.

26 | Leclaire, Serge (1999): Rompre les charmes. Seuil, Paris, S. 226: »[J]'interroge ce que psychanalyser veut dire. J'avance que ca veut dire dé-lier, rompre le charme léthal de la relation incestueuse, des positions narcissiques dominantes, de la fascination de l'un, du sujet-maître.« (»Ich befrage das, was Psychoanalysieren sagen will. Ich komme dahin, daß dies ent-binden sagen will, den letalen Zauber der inzestuösen Beziehung brechen, dominanter narzißtischer Positionen, der Faszination des Einen, des Meister-Subjekts.«)

wohlverstanden ohne Hoffnung, es irgendwie zu fixieren [...]. Die spezifische Arbeit des Analytikers ist jedoch, bei jeder Gelegenheit zu versuchen, dazu beizutragen, etwas von der Ordnung dieser Öffnung hervorzubringen.« (»Le travail du psychanalyste, je pense que, d'une façon très simple, on peut le charactériser comme étant un travail qui consiste à remettre en jeu le réel; Freud aurait dit qui consiste à lever le refoulement [...]. Ce réel, dont la place de l'object nous donne très exactement l'ouverture, ne peut être installé et mis en place puisque justement ce que je viens de vous rappeler, c'est que toute mise en place, toute mise en ordre est, d'une certaine façon, défense contre, contre le réel [...]. Or le réel commande, pourrait-on dire, les représantations inconscientes: comme tel, il est parfaitement insupportable. Le travail du psychanalyste me semble être, en tout état de cause, de tendre à lever le revoulement, de tendre a remettre en jeu le réel, sans aucun espoir bien entendu de le fixer de quelque façon [...]. Mais le travail spécifique de l'analyste, c'est d'essayer, en toute occasion, de supporter, de produire quelque chose de l'ordre de cette ouverture.«[27])

Die zentrale Bedeutung des Realen für die Kur, die Leclaire unterstreicht, findet sich bereits im Brief Freuds an Fließ. Die durch das Zerbrechen der Aus- und Ansichten des Analytikers erfolgte Öffnung führt zu einem Wandel der Arbeit. Eine Annäherung an die Rätsel des Analysanten wird möglich, womit seine singuläre Weise, das Reale zu um-schreiben und eine Grenze zu dem zu finden, was unerträglich ist, zum Vorschein kommen kann. Ausgehalten werden muss dabei, dass dies zu keiner abschließenden Antwort führen kann. Leclaire weist darauf hin, dass ein entscheidendes Moment der analytischen Arbeit darin bestehe, die durch die Erinnerungsspuren des Analysanten hervorgerufene analytische Rekonstruktion nicht als abschließende Antwort, sondern als Formulierung einer Frage zu begreifen, die das Begehren des Subjekts weiter vorantreibt. Er schreibt:

»Und man weiß, daß Freud diese Infragestellung durch eine Unmöglichkeit der Klärung, sowie der völligen Homogenität der Artikulation der Arbeit, die durch die Analyse hervorgebracht wird, beschloß: non liquet.« (»Et l'on sait que Freud conclut cette mise en question par une impossibilité de trancher et d'articuler en tout homogène le travail produit par l'analyse: non liquet.«[28])

---

27 | Ebd, S.157-158.
28 | Ebd, S.75.

Leclaire bezieht sich mit diesem »non liquet« auf eine Bemerkung Freuds zur Konstruktion der Urszene beim Wolfsmann, die deren Wert als historische Wahrheit in Frage stellt: »Ich gestehe dafür etwas anderes ein: daß ich die Absicht habe, die Diskussion über den Realwert der Urszene diesmal mit einem non liquet zu beschließen.«[29]

Auch im Zusammenhang des Kapitels *Traum und Okkultismus* der *Neuen Folge der Vorlesungen zur Einführung in die Psychoanalyse* taucht diese Formulierung Freuds hinsichtlich der Frage der Gedankenübertragung auf: »Es bleibt wiederum bei einem non liquet, aber ich muß bekennen, nach meiner Empfindung neigt sich die Waagschale auch hier zu Gunsten einer Gedankenübertragung.«[30] Man kann vielleicht sagen, daß das »non liquet« eine Formulierung für eine im Sprechen selbst antreffbare Grenze ist, ein Wort für das, was nicht aufgeht und eben doch bis an die Grenze des Schweigens gesagt werden kann. Es kann auch als Wendung für die Begegnung des Symbolischen mit dem Realen gelesen werden. Die Herkunft des »non liquet« aus dem Juristischen macht dies deutlich: Dieser Satz kommt dann zur Geltung, wenn die symbolische (und historische) Erfassung einer Tat an ihre Grenzen stößt. Die Analyse vollzieht sich so auf dem Weg einer zunehmenden Reduktion auf einen Rest hin. So gewinnt das Reale als das, was jenseits der symbolischen und imaginären Bezüge liegt, besondere Bedeutung.

Zum Ende der Analyse von Herrn E. schrieb Freud am 16. April 1900 an Wilhelm Fließ: »Sein Rätsel ist *fast* ganz gelöst, sein Befinden vortrefflich, Wesen ganz verändert, von den Symptomen derzeit ein Rest geblieben. Ich fange an zu verstehen, daß die scheinbare Endlosigkeit der Kur etwas Gesetzmäßiges ist und an der Übertragung hängt.«[31] Man kann sich fragen, ob der Symptom-Rest etwas mit dem zu tun hat, was beim späten Lacan als Sinthom auftaucht.[32] Dieses bezeichnet die singuläre Weise des

---

29 | Freud, Sigmund (1918): Aus der Geschichte einer infantilen Neurose. In: GW XII, S. 90.

30 | Freud, Sigmund (1932): Neue Folge der Vorlesungen zur Einführung in die Psychoanalyse. In: GW XV, S. 58.

31 | Freud, Sigmund (1986): Briefe an Wilhelm Fließ. 1887-1904. S. Fischer Verlag, Frankfurt a.M., S. 447.

32 | Leclaire geht auf die späten Theorien Lacans nicht ein. Auch die Relativierung der Bedeutung des Phantasmas und der Konstruktion findet sich bei ihm nicht; es wäre jedoch interessant, Leclaires Theorie des psychoanalytischen

Subjekts, zu genießen, und damit auch die ihm eigene Grenze, zum Realen zu finden. Eine Möglichkeit, das Ende der Kur zu formulieren, wäre dann die Identifikation mit dem Sinthom, einer Erfindung des Subjekts, die vom Rest ausgeht, dem Realen, das sich einerseits dem Sprechen entzieht und gleichzeitig zur Ausarbeitung drängt, seiner jeweils singulären Verknüpfung mit dem Symbolischen und Imaginären.[33] Lacan spricht dabei von einer »Sage-Kunst«[34].

Leclaire hat die hier nur kurz angedeutete Hinwendung des späten Lacans zur Topologie, zu RSI, zum Sinthom nicht mit vollzogen. So blieb er, für den die Lektüre Freuds sicher zentraler Anhaltspunkt war, wohl dort zurück, wo Lacan in seinem Spätwerk den ödipalen Bezugsrahmen der Psychoanalyse radikal in Frage stellte und relativierte. Leclaires Überlegungen führen ihn jedoch auch zur Frage des Realen für das Ende der Kur; eine Frage, die immer wieder einer neuen Ausarbeitung in der psychoanalytischen Klinik bedarf.

Leclaires Schriften sind so ein wichtiger Beitrag zu einer Theorie des Wandels und der Veränderung in der Analyse. Sie verdeutlichen, dass in

---

Prozesses von diesem Punkt aus zu befragen. Ich verweise auf Geneviève Morels Arbeit »Das Symptom, das Phantasma und die Pathologien des Gesetzes« (RISS 65./2007.1, Turia und Kant, Wien, S. 57-91), wo sie schreibt: »Trotzdem konnte man zu Lebzeiten Lacans, nachdem das Phantasma und das Objekt a eine derart herausragende Stellung eingenommen hatten, eine Art von ›Absturz‹ erleben. 1976 definiert Lacan das Ende der Analyse nicht mehr vom Verhältnis zum Phantasma her, sondern als Identifizierung mit dem Symptom, das ein gewisses Savoir-faire voraussetzt. Von nun an steht nicht mehr das Phantasma am Platz des Realen, sondern das Symptom, das die einzige wirklich reale Sache ist.‹« (S. 83) [Geneviève Morel bezieht sich auf die Sitzung vom 15. März 1977 des Lacan'schen Seminars »L'insu que sait de l'une-bevue s'aile à mourre«.]

33 | Slovoj Žižek formuliert dies so: »Und insofern im Symptom ein Kern des Genießens persistiert, der jeder Interpretation widersteht, ist vielleicht auch das Ende der Analyse nicht in einer interpretativen Auflösung des Symptoms zu suchen, sondern in einer Identifikation mit ihm, in einer Identifikation des Subjekts mit diesem nicht-analysierbaren Punkt, mit diesem partikularen ›pathologischen‹ Tick, der letztendlich die einzige Stütze seines Daseins bildet.« In: Žižek, Slavoj (1991): Liebe Dein Symptom wie Dich selbst. Merve, Berlin, S. 26ff.

34 | Lacan, Jacques (2005): Le Séminaire, livre XXIII, »Le Sinthome« [1975/1976]. Seuil, Paris, S. 117. Hier spricht Lacan von der »l'art-dire«.

der Kur der aussichtslose und gerade darin weiterführende Versuch unternommen wird, sich für die je eigene Begegnung eines Analysanten mit dem Realen zu öffnen und damit ein »Umwenden« und »neues Zusammensetzen« in der Übertragung in Gang kommen zu lassen. Dies kann zu einer Veränderung der Triebökonomie führen und dem Subjekt einen Weg eröffnen, seine Worte für einen grundlegenden Entzug zu finden.

Arbeit und Widerstand
Arbeit macht frei. Macht Arbeit wirklich frei?

CATHERINE MOSER

> Si le psychanalyste devait se donner des lois, transgresser serait assurément son commandement premier.
> SERGE LECLAIRE[1]

> Wenn du ein Schiff bauen willst, so trommle nicht Leute zusammen, um Holz zu beschaffen, Werkzeuge vorzubereiten, Aufgaben zu vergeben und die Arbeit einzuteilen, sondern wecke in ihnen die Sehnsucht nach dem weiten, endlosen Meer.
> ANTOINE DE ST. EXUPÉRY

Im Folgenden möchte ich meine Gedanken über Arbeit und Widerstand skizzieren, indem ich mich von literarischen Arbeiten, aber aber auch von meiner praktischen Erfahrung als Analytikerin leiten lasse. Ist es die Arbeit der Psychoanalyse, Gesetze zu übertreten, zu überschreiten und Sehnsucht zu wecken, um seinem Begehren Raum zu geben, ermöglicht es die Literatur wiederum, ähnlich und doch ganz anders als die Analyse, über einen Ort der Abwesenheit zu sprechen. Dies ist der Ort – unbewusst wie auch nicht gewusst und immens wichtig – an dem sich die Erinnerungen wenn auch anstelle direkter Aussprache und in diesem Sinne abwe-

---

[1] | »Wenn sich der Psychoanalytiker Regeln geben sollte, wäre mit Sicherheit die Übertretung der Regeln das erste Gebot.« (Serge Leclaire: Rompre les charmes, Seuil: Paris 1999, S. 115.

send, so doch als Antwort auf eine »Abwesenheit« des Handelns und auf ein Warten darstellen.

Die Literatur hinterfragt gesellschaftliche Verbindungen, hinterfragt den Sinn einer Kultur, einer nationalen Identität und der unmöglichen Treue zur Tradition. Sie inszeniert die Fäden und die Wiederaufnahmen sowie die Brüche und Verknotungen der fundamentalen symbolischen Verbindung. Die Literatur ist das Gewebe und das Weben eines Textes, sie ist das Leben des Textes und der Text des Lebens. Die Psychoanalyse dagegen ist jene Arbeit, die sich damit beschäftigt, das Reale in Frage zu stellen, also die Verdrängung aufzuheben. Man könnte sagen, dass die Arbeit des Analytikers darin besteht, Verknotungen, Textilschichten zu beseitigen, um aufzuklären. Bei Serge Leclaire heißt es dazu:

»Die psychoanalytische Erfahrung läßt – besser als alle anderen Erfahrungen – ein unendlich komplexes Gewebe an artikulierten Fragmenten in der Form von zeitgenössischen Geschichten, Erzählungen, Erinnerungen aber auch in der Form von Träumen und Phantasien, erkennen [...]. [D]as ist der unerschöpfliche Reichtum an Worten, der textliches, literarisches, phonisches und akustisches Material ist, das bereits für sich die Substanz, das Gewebe und die Textur darstellt, die sich uns zeigt [...]. Verknotete Fäden der Geschichte, Textur der Erzählungen.«[2]

Bei Günther Grass[3] lesen wir über die Erinnerung, dass sie dem Gedächtnis widerspricht, und weiter: »Wenn ihr mit Fragen zugesetzt wird, gleicht die Erinnerung einer Zwiebel, die gehäutet sein möchte, damit freigelegt werden kann, was Buchstabe nach Buchstabe ablesbar steht: selten eindeutig, oft in Spiegelschrift oder sonstwie verrätselt.« Im Falle von Literatur und Psychoanalyse, Rinde und Holz, stellt sich die Frage ihrer gegenseitigen Ergänzung durch die Aktualisierung einer Arbeit nicht mehr. Befragen wir stattdessen das Reale und lassen dabei dem Subjekt des Unbewussten, welches von Worten umschrieben wird, freien Lauf.

Ich hatte angefangen über das Thema »Arbeit« nachzudenken, als eine junge Italienerin, nennen wir sie »Lavora«, 26 Jahre alt, von ihrem Freund gefahren, zu mir kam. Sie ist Mutter einer 6-jährigen Tochter, die von der Großmutter erzogen wird. Ihr Symptom: Sie kann nicht auf der Autobahn

---

[2] | Leclaire, a.a.O., S. 60.
[3] | Günther Grass: Beim Häuten der Zwiebel, Steidl Verlag, Göttingen 2006, S. 8.

fahren, kann sogar nicht mehr alleine in ihrem Auto fahren, hat Angst, in einem Stau stecken zu bleiben, panisch zu reagieren. Und außerdem kann sie mich aufgrund von Schulden über Schulden nicht bezahlen. Mit Grass könnte man sagen: »Ein Wort ruft das andere«[4].

»Arbeit macht frei«, sagt sie mir plötzlich und erzählt, dass sie drei Jobs hat oder manchmal auch vier – je nachdem, welche Woche gerade ist. Sie hat keine Zeit für ihre Tochter und auch kein Geld, aber Arbeit. Als ich sie frage, um welche Schuld es sich handelt und um welche Schulden, da antwortet sie mir, dass sie es sei, die den Anwalt für ihren älteren Bruder bezahlt habe, der zu vier Jahren Gefängnis verurteilt wurde. Und dass sie den Kredit, den sie zu dieser Gelegenheit aufnehmen musste, zurückerstatten müsse, alleine. Und sie ist es auch, die im Alter von zehn Jahren die ganze Familie zusammengehalten hat, als der Vater für zwei Jahre verschwunden war.

Sie ging zur Schule und nebenher trug sie noch Zeitungen aus, hat bei einer Bäuerin mitgeholfen und so Essen mit nach Hause gebracht und auch Eier gestohlen. Sie hat die Mutter von der Last befreit. Also sagt sie, ja, Arbeit macht frei, macht den Bruder frei, macht die Mutter frei. »Und Sie, sind Sie frei?«, frage ich. »Und ich ... ich arbeite!«.

Während dieses ersten Gesprächs hatte sich der Satz »*Arbeit macht frei*« für mich in einen ganz anderen Zusammenhang eingefügt. Er unterscheidet sich stark von dem, über den ich hier berichte – ein Phänomen, das ich als Ausländerin in der deutschen Sprache entdeckt habe. Es ist der erste deutsche Satz, den ich als Kind, Französin und Enkelin von Großeltern, die hinter den Toren ums Leben gekommen sind, gehört habe: *Arbeit macht frei*.

Der italienische Schriftsteller Primo Levi, der die meiste Zeit seines Lebens als promovierter Industriechemiker gearbeitet hat, ist im Februar 1944 nach Auschwitz deportiert worden. Körperlich und seelisch für immer verletzt, versuchte er in seinem Erstlingswerk von 1947 *Ist das ein Mensch?* die Schrecken der im KZ erlittenen Zwangsarbeit literarisch zu bewältigen:

»Dann blieb der Lastwagen stehen, man erkannte ein großes Tor und darüber die grell beleuchtete Schrift (die mich noch heute in meinen Träumen bedrängt): ARBEIT MACHT FREI. [...] Verflixt noch mal, wir waren schließlich Häftlinge in

---

4 | Grass, a.a.O., S. 36.

Sträflingskleidung und Juden dazu. Jeder musste arbeiten, denn *Arbeit macht frei*. Stand es etwa nicht so über dem Lagereingang geschrieben? Das war kein Witz, das war Ernst. Also gut, wenn wir nicht zu arbeiten verstanden, dann mußten wir es eben lernen.«[5]

Für KZ-Häftlinge hieß bei der »Selektion« die Kategorisierung »arbeitsfähig«, zur »Vernichtung durch Arbeit« bestimmt zu sein, ein Begriff, der 1942 tatsächlich in den Quellen zweimal auftaucht. Übrigens überlebte Primo Levi dank der Geistesgegenwart eines Mit-Deportierten, der Maurer statt Chemiker in das Berufsregister eintrug und ihn somit als »wahren Arbeiter« einstufen ließ. Das Überleben ist eben immer punktuell und situiert sich wie der Witz. Es ist wirklicher Zynismus, wenn man sich das vor Augen führt und sich auf die Etymologie bezieht, wo »le travail« (Arbeit) und »the travel« (Reise), die gleiche Wurzel haben, also Arbeit macht frei oder die Reise macht frei oder die Reise ist die Arbeit oder die Arbeit ist die große Reise in den Tod. Und was bedeutet »frei« in dieser Aussage? Der Satz »Arbeit macht frei«, der über dem Eingangstor des Todeslagers hing, enthält die Dialektik, dass man arbeiten muss, gerade um nicht frei zu sein. Oder umgekehrt, um frei zu sein, man nicht arbeiten darf, sondern Widerstand leisten, sabotieren muss. Der Kommandant in Auschwitz, Rudolf Höß, hatte das verstanden. Er schreibt:

»Die Arbeit in der Gefangenschaft ist nicht nur ein wirksames Zuchtmittel, im guten Sinne, indem sie den Gefangenen dazu anhält, sich selbst in Zucht zu halten, um so besser den niederziehenden Einwirkungen der Haft Widerstand leisten zu können, sondern auch ein Erziehungsmittel für Gefangene.«[6]

Frei zu sterben also, befreit. Ich hatte als Kind die latente Bedeutung dieses Satzes verstanden, er wurde für mich zum Synonym für Konzentrationslager, sogar Vernichtungslager. Das hatte eigentlich nichts mit Arbeit zu tun, oder? Mina Bouras, griechische Analytikerin in Paris, erzählt die Geschichte eines Kindes in einem KZ, die sie von einer Patientin gehört hatte:

---

5 | Primo Levi: Ist das ein Mensch?, dtv: München 1961, S. 22.
6 | Wolfgang Brückner: »Arbeit macht frei«. Otto-von-Freising-Vorlesungen der Katholischen Universität Eichstätt-Ingolstadt, Leske und Budrich: Wiesbaden 1998, S. 30.

»Es handelt sich um einen kleinen Jungen. Die Gefangenen sind in einer riesigen Halle versammelt, wo sie vor den Gaskammern warten. Der kleine Junge kniet sich hin und fängt an den Boden zu wischen, hier und da. Die Wächter sind belustigt und beglückwünschen ihn, er arbeitet weiter. Als er bei der Tür ankommt, entkommt er den Blicken der Wächter und rettet sein Leben. Seine Arbeit hat ihm sein Leben gerettet.«[7]

Wieder ein tragischer Witz?: Diese kleine Geschichte veranschaulicht den Freiheitsgrad, den ein Kind hat, das, ohne es zu wissen, mit einer diktatorischen Kontrolle spielt, um besser Widerstand leisten zu können. Das bedeutet, dass es die Werte »Leben«, »Tod« und »Arbeit« in einem signifikanten Kontext umkehrt. Mina Bouras illustriert die generationsübergreifende Übertragung eines verstummten Traumas. Ihre Patientin, die Tochter dieses Jungen, kam mit einer Schreibblockade in die Analyse. Ihr Vater hatte seine Erlebnisse nie in Worte fassen können, seine Geschichte konnte sich nicht einschreiben in die seiner Tochter. Es zeigt, wie sich in der nächsten Generation die Unmöglichkeit zu sprechen in der Unmöglichkeit zu schreiben fortsetzt, die unbeschreibliche Aufgabe der Schrift. Der Umstand, dass die folgende Generation nämlich keineswegs davon befreit ist, führt uns zum *Streitgespräch, oder Sätze bilden nach Auschwitz* von Jean François Lyotard[8] zurück: »Vorschrift und Norm nehmen die summarische Form an, die die SS als Autorität den Deportierten gegenüber ausspricht.«[9] Man könnte folglich das Postulat aufstellen, dass in Auschwitz, je nachdem wer redet, ob Deportierter oder SS, zwei Behauptungen, zwei Reden sowohl simultan als auch wahr sind: Die einen sagen: »Dass sie arbeiten, ist unser Gesetz«; und: »Arbeiten wir, es ist ihr Gesetz«, denken die anderen. Für die Gefangenen gibt es kein Eigenes, außer dem Sterben, und selbst darüber wird verfügt. Angesichts der unsäglichen Verbiegung des Gesetzes und des Rechts ist die Situation ausweglos. Selbst das Sterben ist in ihrem Sinne. Lyotard schreibt: »Was in ›Auschwitz‹ ohne Namen bleibt und kein Resultat erbringt, wäre nicht das ›Sterbt‹ von ›Sterbt, ich verfüge es‹, sondern die Tatsache, dass die Versöhnung des Namens in der

---

7 | Mina Bouras: Clinique des passions, Cahier n°5, cartels constituants de l'analyse freudienne, Paris 1987.
8 | Jean-François Lyotard, in: Das Vergessene, hg. v. Elisabeth Weber/Georg Christoph Tholen, Turia + Kant: Wien 1997, S. 18.
9 | Lyotard, a.a.O., S. 35.

Vorschrift mit dem Pronomen in der Norm, des Endlichen des Todes mit dem Unendlichen des Rechts, verboten ist.«

»Wir sind alle hier, um zu sterben. Das einzige Ziel eines jeden ist es also, sich daran zu hindern zu sterben«, schreibt Robert Antelme.[10] Die Bejahung des Lebens als der höchste Preis wird zum letzten, ultimativen menschliche Widerstand. Wir sehen also, wie die zwei Begriffe »Arbeit« und »Widerstand« untrennbar voneinander sind, und werden später darauf zurückkommen.

Wolfgang Brückners kleines Buch *Arbeit macht frei*[11] sucht nach der Herkunft und dem Hintergrund der KZ-Devise. Laut Brückner ist sie zweimal erfunden worden, das erste Mal nämlich 1872 und das zweite Mal 1922 – beide Male jedoch im verwandten ideologischen Umkreis. 1872 wird in einer komplizierten bürgerlichen Liebesgeschichte von Lorenz Diefenbach ein Spieler, Wechselbetrüger und Urkundenfälscher wieder auf den rechten Weg gebracht, der nun einsieht: »Ich werde für meine Vergehen gegen die Gesellschaft, gegen das zum allgemeinen Wohle gegebene Gesetz gezüchtigt.«[12] Die Lehre lautet: »Fassen Sie den Entschluß, wenn Sie die Freiheit erlangen, ihrer würdig zu werden, indem Sie arbeiten. Damit ist alles gesagt; nur die Arbeit kann Sie noch innerlich freimachen. Was wir dann zur Förderung ihrer Arbeit beitragen können, werden wir thun.«[13]

Brückner betont den gezielten Zynismus von »Arbeit macht frei« als Motto für ein Konzentrationslager; der Spruch hilft, Legitimation vor der »arbeitenden Klasse« oder dem »fleißigen deutschen Volke« zu stiften: »Man begriff solche ›Pflege der völkischen Arbeit‹ als ›Kulturarbeit‹«.

Propagandistisch und gezielt führten die Nationalsozialisten den Begriff der Arbeit im Namen der NSDAP, die eine »Arbeiterpartei« sein und an das Selbstverständnis und die Tradition der der Arbeiterklasse anschließen sollte. In diesem Sinne ist das Dritte Reich des deutschen Nationalsozialismus ein Staat der Arbeit und der Arbeiter. In einem unter der Federführung von Hierl erstellten Dokument aus dem Jahr 1932 können wir lesen: »Der Name ›Arbeiter‹ soll ebenso wie der Name ›Soldat‹ ein an die

---

10 | »Nous sommes tous ici pour mourir. Le seul but de chacun est donc de s'empêcher de mourir« (Robert Antelme: L'espèce humaine, Gallimard Coll. Tel: Paris 1957, S. 45/46; Übers. d. Verf.).
11 | Brückner, a.a.O.
12 | Lorenz Diefenbach: Arbeit macht frei, Bremen 1873, S. 297.
13 | A.a.O., S. 300.

vornehmsten Pflichten jedes Deutschen erinnernder Ehrentitel werden.«[14] Wolfgang Brückner schreibt hierzu: »Die Chronologie des Anbringens der Devise muss heute mit Hilfe der Gedenkstätten-Erinnerung zu rekonstruieren versucht werden«, zuerst in Dachau, dem ohnehin am frühesten errichteten, von Himmler als Münchner Polizeichef schon am 22. März 1933 begonnenen Konzentrationslager. Die Torinschrift entstand offensichtlich mit dem Eingangsgebäude im Zuge von Erweiterung und Ausbau des Lagers in den Jahren 1937/1938. Es folgten das von Dachau aus begründete Oberpfälzer Lager Flossenbürg 1938/1939, dann frühestens 1939 Sachsenhausen, das, als Ergänzung zu Oranienburg 1936 in unmittelbarer Nähe nördlich der Reichshauptstadt gegründet, bald zum Musterlager und 1938 zur zentralen Leitung aller KZs ausgebaut wurde. Schließlich kam die Devise sofort mit der Gründung 1940 in Auschwitz über das Tor des neuen Stammlagers, während wir bei den übrigen, ebenfalls erst im Kriege errichteten oder erweiterten Lagern nur ungenaue Hinweise besitzen, wie für Ravensbrück (1939/1940), oder heute gar zweifelhafte, wie für die gemalte Torbogen-Supraporte zum Zellentrakt der kleinen Festung in Theresienstadt; diese wurden inzwischen auch in anderen Gedenkstätten wie im schlesischen Groß-Rosen »rekonstruiert«.

Die asketische Verehrung von Arbeit war ein erster Versuch, die antike Missachtung der Handarbeit zu überwinden. Arbeit galt bis dahin als Strafe. »Labor« heißt Last und germanisch »Arebeit« bedeutet Mühe, Not. Aber »Tripallium«, lateinische Etymologie von »travail«, heißt Folter. Die christliche Wurzel des abendländischen Arbeitsethos, nämlich »laborare ex oratione«, verstanden die Mönche als »ora et labora«.

Ebenso wie in der Geschichte meiner italienischen Patientin liegt dem Motiv der Arbeit und ihrer Motivierung in der Literatur eine Polysemie zugrunde. Zum Ende von *La Condition Humaine* hin schreibt André Malraux entsprechend: »Vorher fing ich an zu leben, wenn ich die Fabrik verließ; jetzt fang ich an zu leben, wenn ich sie betrete. Zum ersten Mal in meinem Leben arbeite ich wissend wofür, und nicht darauf wartend, dass ich krepiere.« Jegliche autoritäre Macht beruhte auf diesem Denken, dessen Struktur an eine fanatische, keinen Widerspruch duldende religiöse Rede erinnert wie an Opium.

---

14 | Konstantin Hierl: Nationalsozialismus und Arbeitsdienstpflicht 1932, in: Brückner 1998, S. 72.

Die Gleichsetzung der Arbeit mit Notwendigkeit und Diszplin steht mit der prometheischen Vision der Arbeit als Kreation und Freiheit im Widerspruch (ist das nicht laut Marx die Aktivität per se, wodurch der Mensch, indem er die Natur um sich verändert, auch sich verändert?), derzufolge der Mensch sich arbeitend von den Zwängen der Natur befreien könne. Wie zu keinem anderen Zeitpunkt in der Geschichte sind Eingriffe in die Natur und die Spezialisierung der Arbeit so offensichtlich und ausgeprägt und unsere Gesellschaft wird als durch die Arbeit bestimmt wahrgenommen.

Die autoritäre Macht besteht darin, dieses Denken als universell durchzusetzen, als gesundes Denken. Die Wörter, aus denen es besteht, die Wörter des Meisters, werden ihm einen Sinn geben, sowohl Orientierung als auch Signifikation, Bedeutung, Richtung, und es ist das Wort der Ordnung, Mot d'ordre, dass sich gemäß Serge Leclaire »auf den Fahnen der Armee einschreibt, auf den Giebeln der Paläste, auf den Türen der Gefängnisse, dass die Ordnung der Sachen definiert und jedem seinen Platz zuweist«. Diese Wörter werden die Bedeutung des Lebens und des Todes und die moralischen Werte definieren, zu Gunsten eines entfernten, anonymen »Wir« einen Strich durch das »Ich« machen.

Im Umfeld der dargelegten Themen will ich weiterhin versuchen, folgende Fragen aufzuwerfen:

1. Gibt es eine Arbeit, die frei macht?
2. Wenn Arbeit frei macht, warum enthält sie im Kern die Idee des Widerstands? Das heißt Widerstand gegen wen, gegen was, gegen die Arbeit selbst?
3. Und schließlich, wenn man diese »résistance«, diesen Widerstand, als Sabotage begreift, als Destruktion: Müssen wir durch den Widerstand hindurch an die eigene Arbeit herangehen?

Als Analytikerin ist es mir wichtig zu betonen, dass wir immer mit Trauerarbeit angesichts des Unfassbaren zu tun haben, mit der Demontage des Imaginären. Und auch wage ich zu schreiben: dass Widerstand in seiner politischen Bedeutung dem Widerstand in seiner analytischen Bedeutung ähnelt. Unsere Arbeit in der Analyse besteht darin, der Sprache zuzuhören. Jacques Lacan lehrt uns, dass man über eine Sprache niemals redet, außer in einer anderen. Die Sprache des Unbewussten, strukturiert wie eine Sprache, ist eben diese andere Sprache, und die von Lacan ist die von Mallarmé.

Die analytische Arbeit äußert sich in der Kreuzung der Geschichte (des Patienten) und der Strukturen (Analysant, Analytiker und Analyse). Sie ist in der Präsentation zu finden, die sich an den klinischen Fällen orientiert, und wird von dieser Fiktion getragen: das Aufsuchen eines Zuges, le trait unaire. Ein Zug, Entzug, Umzug: Der *Zug*, der jedes Subjekt definiert, trägt Spuren eines Realen in seinem Text, und bei Lacan ist der Tod ebenfalls das Reale. Das Subjekt baut sich aufgrund seiner Identität als Mensch um zwei Pole herum auf, Abwesenheit und Unterschied. Genau das aber ist es, was »den Juden« definiert oder »den geistig Kranken«, »den Zigeuner«, »den Homosexuellen«, »den Anderen« in Abgrenzung zum Rest der Bevölkerung, und es ist genau das, was man mit dem *Zug* in die Lager des Todes verfrachtet. Ein Zug für den Fremden. Ein Zug mit dem Ziel des Himmels auf Erden für die germanischen Herrenmenschen in der Schutzstaffel, SS. Der Zug, der die Arbeit des Analytikers leitet, ist weder da, um das klinische Bild zu vervollständigen, noch um einen theoretischen Diskurs über den Fall halten zu können. Es handelt sich vielmehr darum, beide, die metaphorische und die metonymische Dimension, miteinander spielen zu lassen und dabei den einzigen Zug ausfindig zu machen. Der Zug als roter Faden, der Zug als Blutspur. Das deutsche Wort »Zug« heißt nicht nur »Train«, sondern auch »Trait«, wie in Gesichtszüge.

Bei Anne-Lise Stern[15] lesen wir, dass Lacans Seminar über die Ethik ein Jahr nach dem Film »Shoah« von Lanzmann veröffentlicht wurde. Das Deckblatt stellt das Porträt des Marquis de Sade von Man Ray dar. Sie schreibt: »L'homme des rayures (ritzen), l'homme du trait (Zug), qui est aussi le train, l'homme des trains, des rails: Mann Ray, Mann der Lanze, des Ritzens (ray), des Zugs (trait), der Züge (trains), der Schienen (rails): Man Ray.«

Das folgende Fallbeispiel zeigt nochmals, wie die Funktion des Signifikanten »Zug« definiert wird. Meine Patientin, nennen wir sie Reinhild oder Claire, ist elf Jahre alt, als sie in Begleitung ihrer Mutter zu mir kommt. Der Dermatologe hat nach verschiedenen »Gesprächstherapien« eine Psychotherapie empfohlen, »weil sie einen Waschzwang« zeigt.

---

15 | Anne-Lise Stern: Le savoir déporté, Coll. Points Editions du Seuil: Paris 2004, S. 249.

Sie duscht nicht nur, wenn sie von der Schule mit *dem Zug* nach Hause kommt, sondern wäscht sich auch drei bis vier Mal am Tag die Haare, immer wenn sie ihre Tätigkeit ändert, und sie wäscht sich hunderte von Malen die Hände. Reinhild setzt sich also gegenüber von mir hin, mit triefend nassen Haaren, ein Handtuch um den Kopf gewickelt, und hört ihrer Mutter zu. Ich habe den Eindruck, dass sie sich nur dann rührt, wenn ihre Mutter schweigt, ergriffen, verletzt und wütend, nachdem sie den Vater erwähnt hat. Die Mutter fügt hinzu: »Aber von ihm möchte ich nicht mehr reden, nichts mehr wissen, außerdem interessiert er sich nicht für seine Töchter, er zahlt nicht mal die Zugtickets, wenn sie ihn monatlich besuchen geht.« Ich denke, dass Reinhild verpflichtet ist zu zahlen – die Zugtickets – oder anders ausgedrückt, die Rechnung für diese eheliche Unstimmigkeit, und sie möchte mit mir darüber sprechen. Aber mit welchem Risiko! Ihre Mutter will alles kontrollieren, sitzt direkt hinter meiner Bürotür, um zu versuchen, möglichst viel von dem mitzuhören, was ihre Tochter sagt. Sie ist Stoppuhr für die Dauer der Therapiestunde. Sie kommt im Übrigen auch zu früh, um zu sehen, ob ich andere Patienten habe, oder ruft an, um ihre Tochter aufgrund einer Mathearbeit zu entschuldigen. Sie beschwert sich darüber, dass sie die nächste Sitzung aus eigener Tasche werde zahlen müssen, fragt dann nach dem Betrag, kommt aber dennoch. Sie kommt jedoch alleine, ohne Reinhild. Sie beschimpft mich, sagt, dass es eine Schande sei zu erwarten, dass ihre Tochter zu ihrer Therapiestunde erscheine, wenn sie doch für ihre *Schularbeiten* lernen müsse; dass ich selber sicherlich keine Kinder habe, um so etwas von ihr erwarten zu können; dass meine Inkompetenz offenkundig sei; dass ich desweiteren überbezahlt sei! Ich frage sie daraufhin, ob Reinhild mehr ihrem Vater ähnele ... Sie schaut mich sprachlos an und sackt zusammen. Von diesem Moment an geht sie während der Therapiestunden spazieren, sie findet das Dorf, in dem ich wohne, idyllisch. Und Reinhild wird endlich in ihrem eigenen Namen reden können. Es wird deutlich, dass das Bedeutende für Reinhild also der »Zug« ist. Die Verbindung zu ihrem Vater bewerkstelligt sie mit dem Zug. Sie fühlt sich dermaßen schmutzig, weil sie diesem Vater ähnelt, den sie liebt, der sie enttäuscht hat, an dem sie sich in Selbstablehnung so sehr festkrallt, dass sie sich reinigt bis hin zum Verwischen des Spiegelbildes, das Bild des Vaters zu Gunsten des Bildes der Mutter.

Sie wäscht sich als ob es darum ginge, ihre Gesichtszüge zu verwaschen; eigentlich geht es darum sie zu verwischen und sich dadurch den Schmerz als Symptom zu geben, das die Mutter akzeptieren kann, weil es ihre Aggressionen gegenüber dem Vater mindert. Reinhild wird zwei Fliegen mit einer Klappe schlagen: ihre Mutter zähmen, indem sie sie durch das Symptom an sich bindet und sie vom schwachen Vater ablenkt, und den Vater beschützen, der ein neues Leben mit einer Frau führt, die Reinhild sowohl kennt als auch schätzt, und die sie aufnehmen wird, sie und ihre Schwester, von jetzt an regelmäßiger, die Zugtickets im Voraus schickend. Das Symptom, die ausgelaugte Haut, *zieht* sich durch denselben Signifikanten (Gesichtszug/Bahnzug) hindurch bis in die Umkehrung in sein Gegenteil. Das Zerstören der Gesichtszüge des Vaters im eigenen Gesicht offenbart den Ort des Auftretens des Symptoms, nämlich im Zug zum Vater. Es wird durch sich selbst gezogen. Ich könnte sagen: *Der Zug hat mich sehr bewegt.* Die Reinheit der Signifikanten in der Übertragung hat mich sehr bewegt. Ich denke an »die reine goldene Analyse«, in der die Deutung akzeptiert wird. Ich frage mich: Wie viel muss man dem Anderen geben, bis man frei ist? Wie oft und wie lange hat man die Kraft, zu widerstehen?

Von Lavora bis Reinhild *zieht* sich eine *Arbeit* durch, geprägt durch Verquickungen, Knoten, Konnotationen; es ist eine Arbeit, die die Intention des Begehrens zu sein, weitergibt, selbst dann, wenn das Subjekt eine Neigung zeigt, nicht mehr leben zu wollen. Oder nicht mehr so. Die Arbeit ist dazwischen unbewusst da.

Die Gefangenen im Sophisma Lacans[16] brauchen Zeit, eine Zeit des Zögerns und der Widerstand ist der Beweis dafür; die Zeit des Begreifens ist von Durcharbeiten und jener Lösung gekennzeichnet, mit der Deutung ihre befreiende Wirkung zeigt. Die Arbeit der Analytiker, die frei macht, ist nicht nur Übersetzung einer Rede oder Übertragung einer Vergangenheit – Psychoanalytiker sind gewissermaßen ein Sprach-Rohr, aber vor allem ein Sprach-Ohr. Widerstand ist die Art und Weise, wie der Patient den Vertrag zwischen Analytiker und Analysant übertritt, sogar bricht. Ob in Wissen oder Kultur, Kunst oder Literatur, provoziert die Gewalt des Gesagten den Analytiker, der mit Schweigen antwortet, dabei jedoch ganz Ohr sein muss und nicht Leere. Der Widerstand auf Seiten des Analytikers ruft wiederum beim Patienten eine schreckliche Situation hervor, wie Sarah Kofman schreibt: »Das Schweigen des Analytikers ist unerträglich. Es ist nicht Zeichen einer Gleichgültigkeit gegenüber meinem Leben, son-

---

16 | Nicolaus Langlitz: Die Zeit der Psychoanalyse. Lacan und das Problem der Sitzungsdauer, Suhrkamp: Frankfurt a. M. 2005.

dern eine Herabwürdigung des Intimsten, was ich habe [...]. Am Besten also nichts geben, nichts sagen; zumindest ist Schweigen Gold.«[17] Es ist ein Versuch, das Unerträgliche erträglich werden zu lassen. Kann man dieser Ratlosigkeit, dieser infernalen Situation entkommen? Weiter heißt es bei Kofman: »Einen *Poros* zu finden bedeutet zugleich die Erfindung einer List um der Hilflosigkeit ein Ende zu setzen, bedeutet einen Weg aus der Dunkelheit und in das Licht vorzuzeichnen.« Diesen *Poros* nicht zu finden, bedeutet jedoch ein Ausharren als Gefangener des Chaos; für den Psychoanalytiker bedeutet es das Scheitern bei der Rückführung des Patienten zu den Lebenden. Es bedeutet, dem Leben zu widerstehen, und dies hat absolut nichts mit der Pflicht zur Erinnerung zu tun. Widerstand und Arbeit sind eben die zwei Konzepte, welche die Grundlage der Psychoanalyse bilden. »Der Widerstand wurde als Hindernis bei der Erhellung der Symptome und beim Fortschritt der Kur erkannt«, so Laplanche und Pontalis,[18] und in der *Traumdeutung* schreibt Freud: »Was immer die Fortsetzung der Arbeit stört, ist ein Widerstand.«[19]

Arbeit und Widerstand: Dieses bedenkenswerte, für alle freudschen Analytiker letzten Endes klassische Thema hängt mit vielfältigen Aspekten der psychoanalytischen Theorie und Praxis zusammen: mit der Untersuchung des Aufbaus der Realität in Neurosen und Psychosen; mit der Rolle des »phylogenetischen Erbes« als Bezeichnung für die Beziehung zur stammesgeschichtlichen Entwicklung; und eben mit der Funktion der Kulturarbeit. An dieser Stelle möchte ich aus Nathalie Zaltzmans[20] »Der Widerstand des Menschlichen« zitieren:

»Es ging darum, jene Notwendigkeit zu bekunden, die Psychoanalytiker dazu verpflichtet, die inneren Konsequenzen, die jeden betreffen, in den analytischen

---

17 | Sarah Kofman: Ma vie et la psychanalyse, Première Livraison, 4, 1976 (Übers. d. Verf.).

18 | Jean Laplanche/Jean-Bertrand Pontalis: Vocabulaire de la psychanalyse, PUF: Paris 2002, S. 420; dt. Das Vokabular der Psychoanalyse, Frankfurt a. M. 1972, S. 623.

19 | Sigmund Freud: *Die Traumdeutung*, in: Gesammelte Werke (London 1940-1952), S. Fischer: Frankfurt a. M. 1960, Bd. II/III, S. 521; oder in: Studienausgabe Bd. I, Frankfurt a. M. 1972, S. 495.

20 | Nathalie Zaltzman: La résistance de l'humain, PUF Collection petite bibiothèque de psychanalyse: Paris 1999, S. 2.

Corpus zu integrieren, innerhalb und auch außerhalb der beruflichen Tätigkeit, folglich die Konsequenzen eines wichtigen, kollektiven und individuellen Ereignisses mit Hilfe der freudschen Metapsychologie auf den Punkt zu bringen: Nämlich das Ereignis des Einsturzes der westlichen Zivilisation in ihrer Funktion als Schutzwall für den Einzelnen, gegen die Herrschaft des Mordes. Und dieser Einsturz hat für jeden stattgefunden, ist in jedem, ist Teil des Erbes der menschlichen Realität.«

Dieses Erbe erlegt jedem die Aufgabe auf, die kapitale Wunde zu behandeln, die der Kultur zugefügt worden ist. Kultur, das freudsche Konzept schlechthin, soll hier folgendermaßen gefaßt werden:

- als die Gesamtheit der unbewussten Repräsentationen, die das individuelle und kollektive Leben des Menschen tragen, ohne daß ihm dies bewußt wäre;
- als Geflecht von Repräsentationen, die jeden Einzelnen mit allen Anderen verbinden und unterscheiden zugleich;
- als das, was jede einzigartige Geschichte produziert, durchdringt und verändert;
- als das, was den zeitlosen Impuls in seinem konstanten Schub in Richtung Leben und Tod – also im wesentlichen das, was Freud den Trieb genannt hat – ausarbeitet;
- als vermittelnde Kraft, die daran arbeitet, die menschliche Evolution der Anziehung des Mordes zu entziehen.

Freud schreibt: »Der Kulturprozess ist der, der über die Menschheit abläuft.« Und laut Nathalie Zaltzman ist »[d]as Verbot des Mordens [...] die Lebensbedingung der Menschen untereinander: In unserer Rolle als Psychoanalytiker halten wir dieses Verbot, dieses Gesetz für eine der grundsätzlichen psychischen Strukturen.«[21]

Ohne aktive, andauernde Denkarbeit, individuelle wie gemeinsame, gibt es kein physisches Überleben. Man widersteht in diesem Sinne nur dem, was unwiderstehlich ist, ansonsten würde man ja nicht wirklich widerstehen. Man widersteht nur dem, dem man frontal gegenübersteht. Die Psychoanalyse, der Analysant, der Unterdrückte, alle widerstehen der

---

21 | Zaltzman 1999, S. 18 (Übers. d. Verf.).

Verherrlichung der Werte, aus denen die Kultur fundamentale Ideale geschaffen hat.

Die Psychoanalyse ist dieser Unterstand des Unterschiedes zwischen meinem Ich und dem der Anderen.

Wenn ich auf die Definition zurückgreife, die Serge Leclaire von der Psychoanalyse gegeben hat, nämlich daß sie die Überschreitung eines diktatorischen Gesetzes sei, denke ich an John Rittmeister, der als Analytiker und Gerechter unter den Völkern Widerstand geleistet und mit seinem Leben bezahlt hat. Und ich denke auch an seinen Bruder Wolfgang, den ich vor zwanzig Jahren in Hamburg kennengelernt habe. Damals konnte ich kein deutsch sprechen und er sprach französich mit mir. Und bis heute noch sind seine Worte present: »Ich heiße Wolfgang, vous dites en francais pas de loup, je crois. Im Französischen sagt man ›Gang des Wolfes‹, glaube ich. Mais je ne suis pas un loup. Aber ich bin kein Wolf.«

Ich würde gerne mit dem Satz von Antonio Tabucchi[22], dem italienischen Schriftsteller, schließen, der bezogen auf seine Ehefrau schrieb: »Eines Tages sagte sie mir, dass sie Dank der deutschen Haushälterin, ›der Frau‹, soweit war, dass sie vergaß, die Deutschen zu hassen; ›Wie muss ich mich anstellen, um ihr zu verdeutlichen, dass sie nicht schuldig ist?‹, fragte sie mich.«

---

22 | Antonio Tabucchi: Tristano meurt, Ed. Gallimard: Paris 2004, S. 24.

Arbeitsbegriffe in der Psychoanalyse

Psychoanalysieren als Arbeitsstörung

Karl-Josef Pazzini

Aus der Perspektive eines Alt-68ers könnte man den Wunsch hegen, dass die psychoanalytische Arbeit sich als eine subversive, als eine alternative Arbeit beschreiben lasse, subversiv gegenüber den Strukturen der Lohnarbeit. Oder anders: Ließe sich vielleicht im Setting ein alternatives Modell von Arbeit im Kleinen finden?

Um es vorwegzunehmen: Es wird hier nicht gelingen, das nachzuweisen. Vorläufig formuliert ist das Ergebnis der vorliegenden Sondierungen: Psychoanalytische Arbeit ist eine im Sinne Marxens eher radikalisierte abstrakte Arbeit.[1] Abstrakte Arbeit als reine gibt es nicht; sie ist eine Betrachtungsweise der Arbeit, wenn sie in Warenform auftritt. Um diese Betrachtungsweise zu ermöglichen, muss von jedem direkten, konkreten, sinnlich erfassbaren, nützlichen Wert dieser Arbeit abgesehen werden. Die abstrakte Arbeit als Moment des Kapitals als Prozess wird nachträglich, bei Realisierung des Werts auf dem Markt, quantitativ bestimmt. Das kann man auf die psychoanalytische Arbeit nicht ohne Weiteres übertragen.

Es gibt bei Marx auch Umschreibungen der abstrakten Arbeit, die der psychoanalytischen Arbeit nahekommen, z. B.: »Andererseits ist der Arbeiter selbst absolut gleichgültig gegen die Bestimmtheit seiner Arbeit;

---

1 | »Alle Arbeit ist einerseits Verausgabung menschlicher Arbeitskraft im physiologischen Sinn, und in dieser Eigenschaft gleicher menschlicher oder abstrakt menschlicher Arbeit bildet sie den Warenwert. Alle Arbeit ist andrerseits Verausgabung menschlicher Arbeitskraft in besonderer zweckbestimmter Form, und in dieser Eigenschaft konkreter nützlicher Arbeit produziert sie Gebrauchswerte.« (Karl Marx: Das Kapital, Bd. 1 (1867/1890, 4. Aufl.), in: Marx-Engels-Werke (MEW) Bd. 23, Dietz: Berlin 1962, S. 61)

sie hat als solche nicht Interesse für ihn, sondern nur soweit sie überhaupt Arbeit und als solche Gebrauchswert für das Kapital ist.«[2] Diese Aussage bekommt Plausibilität, setzt man für »Kapital« »Begehren« ein, jenes unablässige Streben als eine Relation, die sich auf kein bestimmtes Ziel stützt und in die Gänge gesetzt wird von etwas, das so nie existiert hat, aber phantasmatisch als Anfang, als Ur-Sache gesetzt wird.

Diese abstrakte Arbeit setzt sich um, geschieht am Subjekt, das unbewusst ist und bemerkbar wird durch die Brechung an der Singularität der Beteiligten im Austausch der Worte, die aber nicht die Werte sind. Diese Arbeit kann in ihrem Produkt immer nur vom Anderen her nachträglich in ihrem Wert bestimmt werden. Das hat strukturelle Ähnlichkeit mit dem Kapitalismus. Erst durch den Tausch, auf dem Markt, realisiert sich der Wert der Arbeit nachträglich. Ein Wert wäre intentional mit Gewissheit nicht zu bestimmen. Gemeinsam ist auch eine Abstraktion im Prozess: Auf dem Markt wird ebenso wenig konsumiert wie im Setting. Dort nennt man diesen Verzicht Abstinenz. Die Befriedigung von Bedürfnissen ist nicht vorgesehen, die Antwort auf Ansprüche nicht empfohlen.

Weiterer Anlass des Nachdenkens über psychoanalytisches Arbeiten ist Lacans Satz aus *Télévision*, auf den ich noch zurückkommen werde.[3] Dort heißt es vom Unbewussten:

»Sagen wir, daß es der ideale Arbeiter ist, der, den Marx zur Blüte der kapitalistischen Ökonomie erklärt hat, in der Hoffnung, ihn den Diskurs des Herrn ablösen zu sehen [...].«[4]

Kann der ideale Arbeiter als Blüte der kapitalistischen Ökonomie subversiv sein?

---

2 | Karl Marx: Grundrisse der Kritik der Politischen Ökonomie (1857/1858), Europäische Verlagsanstalt: Frankfurt a. M. o. J., S. 204.
3 | Den Hinweis verdanke ich Hinrich Lühmann, der zusammen mit Jutta Prasse *Télévision* übersetzt hat.
4 | Jacques Lacan: Radiophonie. Television, Quadriga: Weinheim 1988, S. 70. – Lacan hat sich intensiv mit Karl Marx auseinandergesetzt, wie in den Seminaren »La logique du fantasme« (1966-1967) und in »D'un autre à l'autre« (1968/1969) zu lesen ist. Z. B. analogisiert er den Marxschen Mehrwert nicht nur, sondern setzt ihn ausdrücklich als homolog zum Mehr-Genießen.

»Der ideale Arbeiter ist rund um die Uhr im Dienste des Kapitals tätig und kann zugleich von der Luft leben.«[5] Der ideale Arbeiter wäre der, der abstrakte Arbeit verrichtet. Marx hat, soweit ich sehe, nie direkt vom idealen Arbeiter geschrieben, wohl aber von den Produkten und der Arbeit, die Warenform annehmen. Sehr verdichtet kann man das im 1. Kapitel des Marx'schen *Kapitals* lesen:

»Das Geheimnisvolle der Warenform besteht also einfach darin, daß sie den Menschen die gesellschaftlichen Charaktere ihrer eignen Arbeit als gegenständliche Charaktere der Arbeitsprodukte selbst, als gesellschaftliche Natureigenschaften dieser Dinge zurückspiegelt, daher auch das gesellschaftliche Verhältnis der Produzenten zur Gesamtarbeit als ein außer ihnen existierendes gesellschaftliches Verhältnis von Gegenständen. Durch dies Quidproquo werden die Arbeitsprodukte Waren, sinnlich übersinnliche oder gesellschaftliche Dinge.«[6]

Die Warenform entsteht als eine reale Abstraktion,[7] d. h. dass von allen unmittelbaren, die Arbeit motivierenden Bedürfnissen und Ansprüchen nicht nur abgesehen wird, sondern selber auch schon so in der Qualität produziert wird. Es entsteht ein realer Hiatus zwischen der wahrnehmbaren Form und dem Sinn. Das ist tatsächlich Freisetzung, auch leidvolle, durch das Kapital – Freisetzung von einem Zustand, der nachträglich mythisch überhöht werden kann. Die Spaltungen durch Freisetzung besagen u. a., dass nicht von einem wahrnehmbaren Signifikanten auf ein zugeordnetes Signifikat geschlossen werden kann.[8]

Marx formuliert einige Effekte der Freisetzung so:

---

5 | Christoph Deutschmann: Postindustrielle Industriesoziologie: Theoretische Grundlagen, Arbeitsverhältnisse und soziale Identitäten. Juventa: Weinheim/München 2002, S. 190.
6 | Karl Marx: Das Kapital, Bd. 1 (1867/1890, 4. Aufl.), in: Marx-Engels-Werke (MEW) Bd. 23, Dietz: Berlin 1962, S. 86.
7 | Vgl. Alfred Sohn-Rethel: Geistige und körperliche Arbeit. Zur Theorie der gesellschaftlichen Synthesis, Suhrkamp: Frankfurt a. M. 1970.
8 | Mit dieser saloppen Zusammenstellung wird hier die an sich notwendige Nachzeichnung eines historisch anderen Repräsentationsdiskurses übersprungen, der sich ähnlich bis an die Grenzen ausgereizt bei Freud findet und von Lacan in einer Relektüre weiterentwickelt wurde.

»Um daher eine Analogie zu finden, müssen wir in die Nebelregion der religiösen Welt flüchten. Hier scheinen die Produkte des menschlichen Kopfes mit eignem Leben begabte, untereinander und mit den Menschen in Verhältnis stehende selbständige Gestalten. So in der Warenwelt die Produkte der menschlichen Hand. Dies nenne ich den Fetischismus, der den Arbeitsprodukten anklebt, sobald sie als Waren produziert werden, und der daher von der Warenproduktion unzertrennlich ist. Dieser Fetischcharakter der Warenwelt entspringt, wie die vorhergehende Analyse bereits gezeigt hat, aus dem eigentümlichen gesellschaftlichen Charakter der Arbeit, welche Waren produziert.«[9]

Das Unbewusste als idealer Arbeiter ist mit eigenem Leben begabt, macht sich selbständig, ist nicht beherrschbar. Es scheint manchmal so, dass man das Unbewusste beherrschen könne. Wenn man Bildungen des Unbewussten[10], wie etwa Fehlleistungen, Witze, Symptome, ganze Ideologien – wenn auch nur für eine Zeit – fetischisiert, kann man sich einbilden, Macht über etwas, das sich entzieht, herzustellen. Soweit also eine mögliche Sichtweise zum Verständnis davon, wie das Unbewusste arbeitet. Der Versuch, sich dies vorzustellen, arbeitet mit der notwendigen Fiktion der Perversion. Dies wäre dann ein Merkmal psychoanalytischer Arbeit.

Im gesellschaftlich verbreiteten Verständnis von Arbeit hat sich ein Umgang mit den angedeuteten Realabstraktionen eingestellt, die diese auf der Oberfläche ideologischen Denkens und Wahrnehmens zum Verschwinden bringen. Ganz wesentlich geschieht dies über Verdinglichung, die nicht mehr nachfragen muss, wenn etwas unverstanden bleibt, wenn Löcher, Unangepasstheiten, Fehlstellen des Sinns auftauchen, sondern diese automatisch, imaginär, wunschdenkend abdichtet, überbrückt, glättet. Das hat oft den Charakter von Notwehr, manchmal ist es Faulheit bzw.

---

9 | Karl Marx: Das Kapital, Bd.1 (1867/1890, 4. Aufl.), in: Marx-Engels-Werke (MEW) Bd. 23, Dietz: Berlin 1962, S. 86f.
10 | Max Kleiner: Die Bildungen des Unbewußten, in: Karl-Josef Pazzini/Susanne Gottlob (Hg.): Einführungen in die Psychoanalyse I. Einfühlen, Unbewußtes, Symptom, Hysterie, Sexualität, Übertragung, Perversion, transcript: Bielefeld 2005, S. 29-41; und Jacques Lacan: Das Seminar. Buch V: Die Bildungen des Unbewussten (1957-58), übers. v. H.-D. Gondek, Turia + Kant: Wien 2006.

Dummheit[11]. Es wird so getan, als gäbe es bestimmte befriedigende Effekte, die intentional herbeigeführt werden könnten. Wenn diese Glättungen brechen, verursachen sie Schmerzen, die nicht mehr der messbaren und abbildbaren Physiologie zugeordnet werden können.

Psychoanalyse unternimmt nun nicht wie viele der späteren und aus ihr abgeleiteten Therapien eine Art Rückversinnlichung, startet keine neue Zuordnung, die sie etwa aus archetypischen Quellen schöpfen könnte, sondern versucht auf dem Niveau abstrakter Arbeit fortzufahren. Sie stellt sich damit den Herausforderungen eines offenbar unumkehrbaren Prozesses. Die kapitalistisch inaugurierte, abstrakte Arbeit ist eine wild gewordene, unkultivierte symbolische Kastration, die als solche deutlich reale Wirkungen hat.

Nebenbei bemerkt: Es ist überflüssig, wie das gerne ein paar konservative bis reaktionäre Psychoanalytiker[12] tun, darüber zu jammern, dass die symbolische Ordnung geschwächt sei bzw. die Funktion des Vaters zu verschwinden drohe. Sie ist mit einer grausamen Mächtigkeit in den Prozess des Kapitals konvertiert. Dieser Prozess arbeitet kontinuierlich an der Trennung von Unmittelbarkeit, der Auflösung von Dyaden: er separiert.

Eine erste Bestimmung psychoanalytischer Arbeit könnte also sein, die fortgesetzten Trennungen und Zerstörungen anzuerkennen, zu begreifen und zu kultivieren, ja die stillstellenden Imaginarisierungen eines Prozesses zu ermöglichen, den man auch unter je verschiedenem Aspekt als Aufklärung, Verwissenschaftlichung oder Kapitalisierung bezeichnen kann.

Die Vorstellungen von Arbeit werden gegenwärtig fast weltweit am Paradigma der Lohnarbeit gebildet. Lohnarbeit realisiert ein Phantasma von Mess- und Planbarkeit, von Flexibilität, Mobilität und Disponibilität. Sie ist interessiert an der Realisierung von Tauschwerten, nur notgedrungen an nützlichen Werten. Lohnarbeit löst sich ab von der singulären, individuellen Besonderheit der Subjekte. Darin ähnelt sie den Forderungen nach Objektivität und Abstinenz in der wissenschaftlichen Arbeit. Im Kapitalprozess wird behauptet, dass sich der Wert der Arbeit in letzter Instanz anschaulich darstelle, d. h. dass er als quantitative Größe auftauche. Indi-

---

11 | Vgl. Karl Landauer: Zur psychosexuellen Genese der Dummheit (1929), in: Theorie der Affekte und andere Schriften zur Ich-Organisation, hg. von Hans-Joachim Rothe, Frankfurt: Fischer 1991, S. 86-108.
12 | Z. B. Franck Chaumon: Lacan. La loi, le sujet et la jouissance. Editions Michalon, Collection Le bien commun: Paris 2004.

viduelle Subjektivität und Singularität gelten der so aufgefassten Arbeit als auszuschließende oder einzupassende Größe, die allerdings – und das ist wichtig zu begreifen – erst in diesem Prozess als Residuum entsteht.

In diesem Kontext mutet die Arbeit des Analytikers merkwürdig an: Sie hat ebenfalls kein bestimmtes Ziel, der Gegenstand konstituiert sich erst beim Arbeiten und aus der Nachträglichkeit. Sie hat es mit dem Unbewussten (jenem »idealen Arbeiter«) zu tun. Die Bezahlung steht nicht im Zusammenhang mit einer geleisteten Arbeit als einem Produkt oder einem kalkulierbaren Wert. Man kann nicht einmal eine gesellschaftlich durchschnittlich notwendige Arbeitszeit zur Erstellung eines Produktes als Maßstab heranziehen. Bei variablen Sitzungszeiten kann man sich nicht einmal am Modell der Miete eines Quantums an Lebenszeit orientieren.[13]

Dennoch: Die Psychoanalyse imponiert als eine Störung der Vorstellungen von »richtiger« Arbeit seit ihren Anfängen, da Effekte kaum unmittelbar sichtbar sind, der Wert schwer abschätzbar, die behauptete Wirkung »nur« mit Worten erzielt wird. »In der analytischen Behandlung geht nichts anderes vor als ein Austausch von Worten zwischen dem Analysierten und dem Arzt.«[14] Ein fortlaufender Tauschprozess charakterisiert die Behandlung. Auch in der Libidotheorie, der inneren Ökonomie der Energie, setzt Freud auf Beweglichkeit, wechselnde Besetzung: »[...] Behinderung der Beweglichkeit wirkt allerdings pathogen.«[15]

Treten in der Analyse Effekte auf, verschwinden auch für Unbeteiligte nachvollziehbar Symptome, so ist doch ein Ursache-Wirkungs-Verhältnis kaum direkt zu ersehen. Es ist höchstens nachträglich zu konstruieren, bleibt aber mit Gründen bezweifelbar und gibt weniger eine Erklärung für die Effekte der vergangenen Arbeit als eine Differenzierung, Ermutigung und Neueinstellung für die Aufrechterhaltung der weiteren Arbeit.

Vielleicht lässt sich das auch so fassen: Es geht um einen Entzug an Sichtbarkeit und Abbildbarkeit. Dieser fällt besonders auf durch die Orientierung immer größerer Areale des Alltags am Paradigma der Sichtbar-

---

13 | Gebührenordnungen schaffen hier Erleichterung für Freiberufler.
14 | Sigmund Freud: Vorlesungen zur Einführung in die Psychoanalyse (1916-17 [1915-1917]), Gesammelte Werke (London 1940-1952) Frankfurt a. M. 1960, Bd. XI, S. 10; oder: Studienausgabe Bd. I, Frankfurt a. M. 1972, S. 43.
15 | Sigmund Freud: Vorlesungen zur Einführung in die Psychoanalyse (1916-17 [1915-1917]), Gesammelte Werke (London 1940-1952) Frankfurt a. M. 1960, Bd. XI, S. 436; oder: Studienausgabe Bd. I, Frankfurt a. M. 1972, S. 406.

keit, das insbesondere in den Naturwissenschaften zum Beglaubigungsersatz durch das mit eigenen Fingern Berührte wird. Diese artifizielle, aber als natürlich genommene Sichtbarkeit stellt eine Orientierung her. Diese wurde notwendig durch die Analyse, ganz wörtlich, der Auflösung gewachsener Zusammenhänge und eine daraus entstandene, nicht mehr individuell zusammenhaltbare Differenzierung. Die Zerlegung[16] und die den Sinnen nicht mehr zugänglichen Funktionszusammenhänge sind Resultat des Kapitals als Prozess ebenso wie des Unbewußten.

Historisch geht es hier um eine Entwicklung, die mit der Zentralperspektive als symbolischer Struktur in der Renaissance begonnen hat, also in der Zeit der von Marx so genannten ursprünglichen Akkumulation, dem Beginn des Kapitalismus. Nicht nur der Kapitalismus, auch die moderne Wissenschaft und das Unbewusste, das Freud dann am Ende des 19. Jahrhunderts analysieren wird, entstehen zur gleichen Zeit.

Die Herstellung von Sichtbarkeit, Ulrich Sonnemann bezeichnete sie als Okulartyrannis,[17] hat in sich immer auch ein Moment des vorübergehenden Verzichts auf Anschaulichkeit. Das ist es, was die Mathematik als Statthalterin des Bilderverbots[18] und die Naturwissenschaften so schwierig und erfolgreich macht. Dieser Verzicht hat ein symbolisch kastratives Moment, wird aber als solches nur selten wahrgenommen. In der Unanschaulichkeit begegnen sich die Struktur der Mathematik, die Realabstraktion des Kapitalprozesses und die Undarstellbarkeit des Unbewussten, das sich in der psychoanalytischen Arbeit bemerkbar macht.

Psychoanalytisches Arbeiten, so könnte man vorläufig umschreiben, entsteht aus den Anforderungen zur Abstraktion und Differenzierung an das individuelle Subjekt und nimmt dabei Merkmale auf, die das Kapital als Prozess entwickelt. Der Prozess begann mit dem radikalen Umbau von Zusammenhangserfahrung, wie sie eine überschaubare Welt des Handwerks und des Warentausches noch ermöglichte. – So eine mögli-

---

16 | Freud spricht ja von »Zerlegung der psychischen Persönlichkeit«, so der Titel seiner 31. Vorlesung (1933 [1932]), in: Vorlesungen zur Einführung in die Psychoanalyse. Und Neue Folge, Studienausgabe Bd. I, Frankfurt a. M. 1972, S. 496.
17 | Vgl. Ulrich Sonnemann: Negative Anthropologie. Vorstudien zur Sabotage des Schicksals, Syndikat: Frankfurt a. M. 1981; und ders.: Tunnelstiche. Reden, Aufzeichnungen und Essays, Athenäum: Frankfurt a. M. 1987.
18 | Das wird in der Schule oft durch Edutainment überspielt.

che Erklärung im Nachhinein. Aber es spricht vieles dafür, dass sich Zusammenhang in der vorwiegend agrarischen und ihr zugeordneten handwerklichen Produktionsweise in der Einheit von Ort, Zeit und Handlung für die meisten Menschen realisieren konnte. Differenzierung geschah durch mimetische Praktiken in überschaubaren Zeiten (zyklisch wie die Kombination von Kirchenjahr mit der Abfolge der Jahreszeiten) und nach Lebensaltern. Und es gab Zeiträume von Moratorien zur systematischen Neukombination von Erfahrungsspuren, z.B. Wanderjahre oder Fastenzeiten.

Nur wenige Berufe stießen an die Grenzen des Erfahrungsraumes und der umgebenden Zeit: Händler, Bankfachleute, Theologen, Philosophen, Hexen, wenige Künstler. Diese Berufe zeichneten sich dementsprechend allesamt dadurch aus, dass sie an den Grenzen der Darstellbarkeit arbeiteten und infolgedessen neue Formen von Anschaulichkeit entwickelten und eingefahrene Bildwelten störten. Die Arbeit in den Klöstern[19] wurde zum Modell und zur Trainingsstätte für die veränderten Anforderungen an die Individuen.

Zunehmend wurden die eingeübten hochdifferenzierten Formen etwa der Bildung von Denken, Bewegen, Manipulieren, Fühlen, die an einer einheitlichen Raumzeit orientiert waren, zum später romantisierten Hindernis für die weitere Produktion. Das war sozusagen ein Übertragungswiderstand.

Es gab historisch zwei Hindernisse: 1. die gewachsene Form der Anschaulichkeit von Zusammenhang in dem, was Marx als die »Idiotie des Landlebens« bezeichnet. Und 2. die in der neuen Form auftretenden Momente von Unanschaulichkeit. Das, was man gleich wahrnimmt, ist nicht immer gleich oder hat nicht immer gleiche Bedeutung. Andere Zusammenhänge kann man gar nicht wahrnehmen, sie existieren aber trotzdem. Zu deren Erkenntnis kann aber nicht mehr ungebrochen eine Offenbarung oder als Trost ein Jenseits in Anspruch genommen werden.

Dabei entstand in einem Gewaltakt die hochabstrakte Gesellungsform der Demokratie als unvollendbares Projekt. Die Vorbereitung, Begleitung und Fortführung auf der Ebene der Veränderung der individuellen Subjektkonstitution war nicht weniger einschneidend. So gab es z.B. Lohn-

---

19 | Vgl. Hubert Treiber/Heinz Steinert: Die Fabrikation des zuverlässigen Menschen. Über die »Wahlverwandtschaft« von Kloster- und Fabrikdisziplin, Hein Moos: München 1980.

arbeiter, die nicht weiterarbeiteten, wenn sie meinten, fürs Erste genug verdient zu haben, einfach keine Lust hatten, weiterzuarbeiten oder anderen Tätigkeiten nachgingen:

»Mit dem Anfange der Manufakturen gleichzeitig war eine Periode des Vagabundentums, veranlaßt durch das Aufhören der feudalen Gefolgschaften, die Entlassung der zusammengelaufenen Armeen, die den Königen gegen die Vasallen gedient hatten, durch verbesserten Ackerbau und Verwandlung von großen Streifen Ackerlandes in Viehweiden. Schon hieraus geht hervor, wie dies Vagabundentum genau mit der Auflösung der Feudalität zusammenhängt. Schon im dreizehnten Jahrhundert kommen einzelne Epochen dieser Art vor, allgemein und dauernd tritt dies Vagabundentum erst mit dem Ende des 15. und Anfang des 16. Jahrhunderts hervor. Diese Vagabunden, die so zahlreich waren, daß u.a. Heinrich VIII. von England ihrer 72.000 hängen ließ, wurden nur mit den größten Schwierigkeiten und durch die äußerste Not und erst nach langem Widerstreben dahin gebracht, daß sie arbeiteten. Das rasche Aufblühen der Manufakturen, namentlich in England, absorbierte sie allmählich.«[20]

Die Heraustrennung von Arbeitskraft aus Zusammenhängen und die Erfindung einer Arbeit »sans phrase«[21], wie Marx das nennt, hatte eine gesellschaftliche und zugleich individuelle Dimension.

Der eine oder andere Satz (Phrase) muss wieder zugeordnet werden. So wurden begleitend und befördernd zu diesem Prozess die Humanwissenschaften erfunden: Pädagogik, Psychologie, Soziologie, Ethnologie und so weiter. Sie versuchten das Defizit an Zusammenhangserfahrung und -formulierung mehr und mehr über Methoden, die an der Geometrie (Zentralperspektive) und Mathematik, an den Naturwissenschaften als Modell geschult waren, auszugleichen. Es wurden Verfahren entwickelt, die den Glauben an eine Offenbarung überflüssig machen sollten.

Voraussetzung war die Subsumtion des Einzelfalls unter Gesetzmäßigkeiten, die von allen Individuen in gleicher Weise nachvollzogen werden konnten. Die Anschauungen mussten Unterschlupf gewähren können bzw. die Individuen erfassen. Dazu musste die Ergebnisgewinnung von

---

20 | Karl Marx/Friedrich Engels: Die Deutsche Ideologie (1845/46), in: MEW Bd. 3, Dietz: Berlin 1958, S. 9-532, hier: S. 56.
21 | Karl Marx: Grundrisse der Kritik der Politischen Ökonomie (1857/1858), Europäische Verlagsanstalt: Frankfurt a. M. o. J., S. 25.

der singulären Subjektivität, die mittlerweile zudem eine individuelle geworden war, losgelöst werden, d. h. sie musste angemessen werden.

Der Markt war der andere, den Austausch und damit die gesellschaftliche Synthesis herstellende Prozess. Er war nicht mehr nur Platz und Zeit des Austauschs in regelmäßigen Abständen im Zentrum einer Gemeinde oder an den Rändern der jeweiligen Gesellungen, sondern rückte in das Zentrum einer jeglichen Beziehungsaufnahme zu jeder Zeit an jedem Ort. Markt und Bank übernahmen die Funktion von Hermes/Merkur und des Heiligen Geistes (Banco di Santo Spirito und Banco di monte pietà).

Die Arbeit als Herstellung und Umwandlung von Relationen wurde in diesen Prozess hineingenommen. Sie wurde abstrakt. Andere Formen der Arbeit überlebten zuweilen als Folklore, als gemeinschaftliche kulturelle Praktiken. Auch am Einzelnen machten sich vermehrt Effekte dieses Prozesses bemerkbar. Die Kompetenzen, die dieser Prozess erzeugt hatte, reichten jedoch nicht hin, sich diesen auch irritierenden und leidvollen Effekten zu stellen. Sie konnten nicht mehr in Bewegung gebracht werden. Es versagten auch die von außen ansetzenden, immer differenzierten Mittel aus dem Arsenal der ins Sichtbare übersetzenden und auf dieses einwirkenden Naturwissenschaften. Solche Effekte wurden dann Neurosen, Hysterie, Perversionen, Psychosen usw. genannt.

Mit der Infragestellung der Methoden der aktiven (in der Wissenschaft) und der spontanen, auf Ideologien beruhenden Rückversinnlichung wurde das gemeinsame Maß mit Rekurs auf die Sichtbarkeit in Zweifel gezogen. Die Methoden zur Erreichung von Kommensurabilität, die Transfermethoden, mussten zur Behandlung der als Störungen auftretenden Leiden geändert werden. Damit wurde und wird heutigentags ein ganzes Tausch- und Übersetzungsparadigma der Wissenschaft und deren Verankerung in Frage gestellt. Angegriffen werden dabei auch die sozialen und organisatorischen Formen der (abstrakten) Arbeit.

Bei den Forschungen, die Freud den Mut hatte zu beginnen, sollten die Differenzierungsgewinne und die Errungenschaften der naturwissenschaftlichen Arbeitsweisen nicht verworfen werden. Von diesen Intentionen ist die Arbeit Freuds geprägt. Die Arbeit an dem, was im Sichtbaren überprüft werden kann, um dort eine Verankerung zu finden, blieb zumindest als Orientierung wichtig, war aber nicht unabdingbar notwendig. Die »Rücksicht auf Darstellbarkeit«, von der Freud in der *Traumdeutung* spricht, hatte für das psychoanalytische Arbeiten weniger Beweischarakter, sie war eher anregendes Potential zur Kritik der psychoanalytischen Abbilder. Manchmal wird man den Eindruck nicht los, dass Freuds immer wiederkehrende Wendung, dass dereinst vielleicht die Wissenschaft dies oder jenes wird belegen können, eher einen messianischen Zug im Sinne von Leibowitz hat, nämlich als eine stetige Ankündigung, ein »ewig zukünftiges Kommen«.[22]

Mit den genannten Abstraktionsprozessen war immer auch eine Methode der Rückversinnlichung verbunden, ein Weg, wie man zur intersubjektiven Wahrnehmbarkeit kommt, die bei entsprechender Disziplinierung, also Einweisung in eine Disziplin, erreicht werden konnte. Daher kommt die Konjunktur der bildgebenden Verfahren. Sie zeigen, was ist. So sagt man. Dabei bleibt etwas undarstellbar bzw. wird fast aktiv verborgen.

Die auftauchenden Leiden, die sich diesen Prozessen entzogen, die singulär machenden Abstraktionsprozesse ohne Rückkehr zur Allgemeinverständlichkeit, lenkten die Aufmerksamkeit auf Grenzen der Abbildbarkeit. Es fehlt oft ein einheitlicher Raum, eine gemeinsame Zeit, ein Modus des gemeinsamen Bezuges. Es mangelt an Darstellbarkeit und dementsprechend Sichtbarkeit.

Es schimmert durch, dass das Bilderverbot wie alle Verbote auch die gnädige Verdeckung einer Unmöglichkeit sein kann. Wenn man diese nicht zur Kenntnis nehmen kann, kommt es zu fast halluzinativer Versinnlichung, die dann zu ihrer Beglaubigung nach irgendeinem Messverfahren sucht. (Statistiken und Diagramme sind hier hilfreich.)

Hier nun rekurriert Freud auf das ins Hintertreffen geratene Zuhören, das Sprechen und die Beachtung des Medialen im Hörbaren und Bildlichen des Sprechens selber. Um daran zu arbeiten, baut er sich ein Laboratorium, ein Setting. Freud setzt seine Arbeit »in Analogie mit der Arbeit

---

22 | Auf die Frage: »Und was ist Ihrer Meinung nach die Aufgabe des Messias?« antwortet Leibowitz: »Das weiß ich doch nicht, und ich habe auch keine Möglichkeit, darüber etwas in Erfahrung zu bringen. Die Gegenwart ist problematisch genug, die Zukunft ist überhaupt kein Problem und was den Messias betrifft – der bedeutende Inhalt der messianischen Idee liegt darin, daß das Kommen des Messias auf ewig ein zukünftiges Kommen sein wird. Jeder Messias, der gegenwärtig kommt, ist ein falscher Messias.« Jeshajahu Leibowitz/Michael Shashar (1987): Gespräche über Gott und die Welt. Aus dem Hebräischen von Matthias Schmidt, Insel : Frankfurt a. M./Leipzig 1994, S. 154.

des Chemikers«[23]. Hierin vollzieht sich beides: Die Referenz an die Naturwissenschaft und deren experimenteller Methodik auf der einen Seite und die Referenz auf eine andere Erfahrungsbasis, das Hören und Sprechen. Er zielt auf etwas Unanschauliches und sucht nach Möglichkeiten seiner Darstellung.

Lacan spricht nicht oft direkt von Arbeit. In der Transkription seines Fernsehauftritts 1973 bei der ORFT erwähnt er im Zusammenhang mit dem Unbewussten den »idealen Arbeiter«[24]. Die Transkription der Sendung von 90 Minuten Dauer ist dicht gepackt, es kommen darin alle Themen der letzten 20 Jahre aus Lacans Seminaren vor. Sendung und Text sind manieristisch. Er gibt Zeugnis von der Herausforderung, vor die sich Lacan gestellt sah, von einem jungen Maoisten, der vorgab, die Psychoanalyse an das Volk, insbesondere die Arbeiter, heranbringen zu wollen. In dieser Weise geht die Sendung direkt nicht auf. Lacan sperrt sich. Die Sendung zeigt einen sich selbst parodierenden Lacan.

Jacques-Alain Millers Frage zielt auf die gesellschaftspolitische Verortung der Psychoanalyse:

»Psychologen, Psychotherapeuten, Psychiater, alle in der psychiatrischen Versorgung Beschäftigten, plagen sich an der Basis, und das hart, mit dem ganzen menschlichen Elend. Und der Analytiker, währenddessen?«[25]

Vermutlich ist die Frage aus den Ausläufern einer moralischen Lektüre Marxens heraus gestellt. Am Rande der publizierten Transkription ist der Lacansche Diskurs des Meisters montiert. Lacan kommt in seiner Antwort auf den Diskurs des Kapitalismus zu sprechen. Der hingegen ist nicht abgebildet. Lacan antwortet radikal: Wenn man gegen das Elend eintrete, be-

---

23 | Sigmund Freud: Wege der psychoanalytischen Therapie (1918), in: Gesammelte Werke (London 1940-1952) Frankfurt a. M. 1960, Bd. XII, S. 184-186.
24 | Télévision (1973, directed by Benoît Jacquot). The psychoanalyst Jacques Lacan answers to questions submitted by his son-in-law Jacques-Alain Miller. The ORTF (french public TV) broadcasts this programm called »psychanalyse«. Then, this intervention was re-written and published in 1974 under the name *Télévision*.
25 | Frage von Miller in: Jacques Lacan: Television (1973/1974), übers. v. H. Lühmann/J. Prasse, in: Radiophonie, Television, Quadriga: Weinheim/Berlin 1988, S. 68.

ziehe man dies auf den Diskurs des Kapitalisten, mache den Kapitalisten und seinen Diskurs zum Schuldigen und bestärke und perfektioniere ihn somit, eben weil man etwas von ihm erwartet, weil man ihn so wie er ist bekämpfen wolle.

Diese Auskunft ist eine strukturell wichtige Determinante für die Arbeit in der Psychoanalyse. Man kann darin wiederum das Bilderverbot, auch ein Identifikationsverbot entdecken. Er thematisiert die Gefahr des Imaginären bei der (psychoanalytischen) Arbeit. Denn wenn man einen direkten Bezug nähme, dann müsste man von einer Vorstellung ausgehen, von einem Bild dessen, was man bekämpfen will, und konstituiert mit diesen Aktionen gleichsam auch das, was man vorgeblich beseitigen möchte. Insofern sieht Lacan den Gegenstand der Psychoanalyse als einen sich in der Arbeit konstituierenden. Er wird gebildet, war vorher nicht da. Das sind *Konstruktionen in der Psychoanalyse*[26]. Der Gegenstand wie der Analytiker werden in der Arbeit gebildet – das ist mehr als Nichts.

Die Hauptarbeit besteht demnach darin, das, was zur Imaginarisierung angeboten wird, zu erkennen und blitzschnell zu umgehen, durch Widerstand umzuformen, um es nicht unabsichtlich projektiv zu stärken, da in der Regel in der erwarteten Antwort auf das Bildangebot das Leiden steckt. Darin ist eine Verführung zum Genuss enthalten, der aus der Vorstellung der Beherrschbarkeit resultiert, aus der Identifikation mit einer vergangenen Befriedigung. In der einfachen, alltäglich erforderten, »anschaulichen« Antwort (bleiben wir bei Lacans Beispiel des Kapitalisten) – wird ein Adressat, ein Schuldiger konstruiert, eine Instanz, die etwas weggenommen hat, etwas vorenthält, die etwas unmöglich macht. Diese Konstruktion selber stärkt die Macht der Fesselung (Todestrieb) – im Grunde eine perverse Struktur. Es würde ein Agent konstruiert, den man sich in den scheinbar nachvollziehbaren Zusammenhängen der Vorzeit (der individuellen wie der gesellschaftlichen) noch vorstellen konnte. Ein Agent, der mit dem Schmiedehammer auf ein heißes Eisen schlägt oder mit dem Pflug die Erde aufwirft. Kausalität in linearer zeitlicher Abfolge unterstützt von einer analog vorgestellten Natur. Davor schützt auch kein Wechsel ins Register des Symbolischen, wenn die Signifikanten wie ver-

---

26 | Sigmund Freud: Konstruktionen in der Analyse (1937), in: Schriften zur Behandlungstechnik, Studienausgabe Ergänzungsband, Frankfurt a. M. 1972, S. S. 393-406.

ursachende Agenten oder Dinge betrachtet werden. Dann ist man prompt wieder in der Arbeit nach dem Modell des Handwerks.

Lacan hat auf den Diskurs des Kapitalisten angespielt, nimmt auf Marx Bezug, Millers Frage stand im marxistischen Kontext. Marx hatte in den *Pariser Manuskripten* und zu Beginn der *Grundrisse der Kritik der politischen Ökonomie* analysiert, dass die sinnlich möglichen Wahrnehmungen des Kapitalismus Täuschungen sind bzw. gesellschaftliche Übereinkünfte, die unter der Perspektive der industriellen und postindustriellen Arbeit als Ensemble entziffert werden müssen, als kausale Beziehung aber nur in der an der Beobachtung geschulten Verkürzung erscheinen. Wenn man also vom gegebenen Bild, von der Erscheinung, von dem, was vernehmbar ist, ausgeht, dann kann man die wirksamen Zusammenhänge nicht begreifen und erst recht nicht die Melodie finden, die man spielen muss, um die »versteinerten Verhältnisse zum Tanzen zu zwingen«[27]. Andererseits verhalten sich die warenförmig organisierten Verhältnisse nicht wie kalkulierbare, beherrschbare Zusammenhänge:

»Indem der Kapitalist Geld in Waren verwandelt, die als Stoffbildner eines neuen Produkts oder als Faktoren des Arbeitsprozesses dienen, indem er ihrer toten Gegenständlichkeit lebendige Arbeitskraft einverleibt, verwandelt er Wert, vergangene, vergegenständlichte, tote Arbeit in Kapital, sich selbst verwertenden Wert, ein beseeltes Ungeheuer, das zu arbeiten beginnt, als hätt' es Lieb' im Leibe.«[28]

Marx hatte mit Bezugnahme auf Hegel und Feuerbach herausgearbeitet, dass die Sinnlichkeit, die Aufteilung in fünf Sinne, das Ergebnis der ganzen bisherigen Geschichte[29] sei und der Mensch insofern das Ensemble

---

27 | Karl Marx: Zur Kritik der Hegelschen Rechtsphilosophie. Einleitung, in: MEW, Bd. 1, S. 378-391, hier: S. 381.
28 | Karl Marx: Das Kapital, Bd.1 (1867/1890, 4. Aufl.), in: Marx-Engels-Werke (MEW) Bd. 23, Dietz: Berlin 1962, S. 209 (abgewandelt nach Goethes Faust I. Teil: »Auerbachs Keller in Leipzig«)
29 | »Wie erst die Musik den musikalischen Sinn des Menschen erweckt, wie für das unmusikalische Ohr die schönste Musik keinen Sinn hat, [kein] Gegenstand ist, weil mein Gegenstand nur die Bestätigung einer meiner Wesenskräfte sein kann, also nur so für mich sein kann, wie meine Wesenskraft als subjektive Fähigkeit für sich ist, weil der Sinn eines Gegenstandes für mich, nur Sinn für einen

der gesellschaftlichen Verhältnisse. Beides ist der unmittelbaren Wahrnehmung nicht zugänglich. Er wendet sich damit gegen Empirismus und Idealismus gleichermaßen. Die Anforderung an das Begreifen der Einlassung in Welt und dementsprechend dessen Veränderung sind nach Marx unter den Vorzeichen der Autonomisierung des Individuums, nach der Entlassung aus vorgefertigten Zusammenhängen, einer Freistellung, anders zu konzipieren.

Individualität wird als Realabstraktion lesbar, die die Spuren struktureller Gewalt an sich trägt, die durch den kapitalistischen Arbeitsprozess ins Werk gesetzt wird. Psychoanalytiker haben es in ihrer Arbeit mit solchen realabstrahierten Individuen zu tun. Er selber ist auch eines. In der Ruhe des Raumes und der Zeit machen sich die Abstraktionen bemerkbar, aber nicht als solche, die rückgängig gemacht werden können, sondern als solche, die das Individuum symptomal zusammenhalten und es auf andere beziehen in Übertragung, in Unterstellung, in Abwehr und in Widerstand.

Deutlich werden die Unselbständigkeit und das Angewiesensein auf den Anderen, die konstitutive Bezogenheit der einzelnen abstrahierten Arbeitsvermögen aufeinander über den Markt. Das Setting ist, so könnte man sagen, von der Struktur eines besonderen Marktplatzes. Hier erst werden »Werte« und damit deren Anerkennung in einer bestimmten Quantität und Qualität wie auf jedem Marktplatz nachträglich realisiert. In der Zeit, wo sie auf dem »Markt« sind, herrscht Abstinenz, es wird nicht konsumiert, die *jouissance* wird nach Möglichkeit unterbrochen, ansonsten gibt es alle Täuschungsmanöver wie auf dem Markt. Die Produkte des »idealen Arbeiters«, des Unbewussten, kommen in der Durchkreuzung der Phantasmen und in eventuellen Fehlleistungen zur Darstellung.

---

ihm entsprechenden Sinn hat, [ja] gerade so weit geht als mein Sinn geht; darum sind die Sinne des gesellschaftlichen Menschen andere Sinne, wie die des ungesellschaftlichen; erst durch den gegenständlich entfalteten Reichtum des menschlichen Wesens wird der Reichtum der subjektiven menschlichen Sinnlichkeit, wird ein musikalisches Ohr, ein Auge für die Schönheit der Form, kurz, werden erst menschlicher Genüsse und fähige Sinne, Sinne, welche als menschliche Wesenskräfte sich bestätigen, teils erst ausgebildet, teils erst erzeugt. [...] Die Bildung der fünf Sinne ist eine Arbeit der ganzen bisherigen Weltgeschichte.« (Karl Marx: Ökonomisch-philosophische Manuskripte, Verlag Philipp Reclam jun.: Leizpig 1970, S. 191)

Es wird deutlich, dass es nicht möglich ist, ohne Bildproduktion, ohne Metaphorisierung überhaupt etwas über diese komplexen Prozesse auszusagen. Psychoanalytische Arbeit besteht darin, genau diese Fiktionalisierung zu bemerken, sie als geronnene wieder in Bewegung zu setzen. Dazu können alle Diskurse herangezogen werden, von den Künsten bis zur Mathematik. Das Setting wird also zu einem Marktplatz, von dem man weggeht, ohne genau zu wissen, was man mitgenommen hat.

Die fraglichen »Werte«, Bedeutungen, Signifikate, ergeben sich in den Differenzen der Signifikanten. Man hat es mit Relationen von Werten zu tun, die selbst noch keine bestimmte, schon benennbare Qualität oder Quantität haben, sich aber gegenseitig in der Relation bestimmen. Das ist das, was man in der Mathematik als Differentialquotient bezeichnet. Davon handelt das erste Kapitel von Marxens *Kapital*.

Wenn man zu dieser mathematischen Struktur nun noch die logische Zeit hinzufügt, wie Lacan das im Gefangenensophisma[30] tut, dann bekommt man eine Ahnung von den Herausforderungen, die mit der psychoanalytischen Arbeit gegeben sind, strukturell, nicht wörtlich. Diese Sorte Arbeit wird auch nicht von einem isolierten Handwerkerindividuum geleistet. Das Subjekt dieser Arbeit sind (mindestens) zwei. Für diese Herausforderung steht in der Psychoanalyse der Begriff der Übertragung. Insbesondere in der Formulierung Lacans, wenn er den Aspekt hervorhebt, dass die Übertragung etwas sei, was Analytiker und Analysant einschließe.[31]

Lacan löst die an ihn gestellten Fragen in seinem Diskurs bis zur Unverständlichkeit auf, oft lässt sich ein Zusammenhang der Aussagen zur Frage lediglich erraten. Die Fernsehsendung ist gegen das Medium gerichtet, ein Entzug, eine Clownerie, wie man gutwillig sagen könnte. Vielleicht entzieht er sich den Ansprüchen Jacques-Alain Millers oder des Fernsehpublikums. Man sieht und hört eine Sendung, nach der man sich fragen muss, warum ein solch schlechter Schauspieler eines verrückten Redners solche Anziehungskraft und Bedeutung hat. Die als Text transkribierbare

---

30 | Jacques Lacan: Die logische Zeit und die Assertion der antizipierten Gewißheit. Ein neues Sophisma, in: Schriften Bd. III, Quadriga: Weinheim/Berlin 1986, S. 101-121.
31 | Vgl. etwa Jacques Lacan: Das Seminar. Buch XI: Die vier Grundbegriffe der Psychoanalyse, übers. v. N. Haas, Walter: Olten u. Freiburg i. Br. 1978, S. 243.

Mitteilung kann eindeutig nicht der Grund sein. Oder gerade doch? Vielleicht ist das auch eine Darstellung einer Arbeit mit dem Unbewussten?

Jedenfalls im Vergleich zu dem immer noch geläufigen Handwerkermodell der Arbeit, einer individuellen Arbeit, die bestimmbare Effekte erzielt, bleibt es schwierig zu fassen, was denn psychoanalytisches Arbeiten sei. Lacan gründet seine Vorstellung von einem Diskurs, der den Gegenspieler nicht befestigt, nicht auf die Existenz des Unbewussten, des »idealen Arbeiters«. Das ist konsequent, wenn man von der Existenz des Unbewussten ausgeht, dann wird es zum Antipoden des Bewusstseins. Genau an diesem Effekt hat sich Freud abgearbeitet, drohte genau an dieser Stelle zum Kolon(ial)isten zu werden, der mal das »Innere Afrika«, mal die »Trockenlegung der Zuydersee« ins Auge faßte und Beherrschbarkeit als Möglichkeit in Betracht zog.

Das Unbewusste hat einen anderen ontologischen Status als etwa den einer Substanz oder eines Wesens, das dann in Erscheinung träte, das man bearbeiten kann. Es ist oder existiert nicht einfach, sondern bezeugt sich nur in einem Diskurs, z. B. in dem der Hysterikerin. Bezeugt werden muss nur etwas, dass nicht präsent ist, dass nicht mit den am Ort verfügbaren Mitteln erfassbar ist. Es geht in diesen Diskursen nicht direkt um das Unbewusste, so dass man es bezeugen könnte, sondern es wird durch Kultur, also durch eine Einrichtung, erst existent – es ist aufgepfropft, bringt an etwas anderem sich zur Erscheinung.

»Das Unbewußte existiert daraus umso mehr, als es sich klar nur im Diskurs der Hysterikerin bezeugt, überall sonst gibt es nur Aufpfropfung: ja, so erstaunlich das scheinen mag, selbst im Diskurs des Analytikers, wo, was man daraus macht, Kultur ist.«[32]

Das Unbewusste braucht einen Wirt, einen Träger, wenn es denn zur Existenz kommt. Und das ist Kulturarbeit.

»[...] impliziert das Unbewußte, daß man es hört? Nach meiner Auffassung, ja. Doch es impliziert [involviert/KJP] sicher nicht ohne den Diskurs, in Bezug auf den es existiert, daß man es als Wissen wertet, das nicht denkt, nicht kalkuliert, nicht urteilt, was es nicht hindert zu arbeiten (im Traum zum Beispiel). Sagen wir,

---

32 | Jacques Lacan: Television (1973/1974), übers. v. H. Lühmann/J. Prasse, in: Radiophonie, Television, Quadriga: Weinheim/Berlin 1988, S. 69.

daß es der ideale Arbeiter ist, der, den Marx zur Blüte der kapitalistischen Ökonomie erklärt hat, in der Hoffnung, ihn den Diskurs des Herrn ablösen zu sehen: was in der Tat geschehen ist, wenn auch in unerwarteter Form. Es gibt Überraschungen bei diesen Diskurssachen, eben das ist das Faktum des Unbewußten.

Der Diskurs, den ich den analytischen nenne, ist das soziale Band, das durch die Praxis einer Analyse determiniert wird. Es verdient, auf die Höhe der fundamentalsten unter den Bindungen gehoben zu werden, die für uns in Tätigkeit bleiben.«[33]

Das Unbewusste, so schlägt Lacan vor, sei der ideale Arbeiter. Der ideale Arbeiter ist losgelöst von der Realisierung erkennbarer Zweckbestimmungen, mobil, assoziationsfähig, gleichgültig gegenüber verstandesmäßigen Ansprüchen. Der ideale Arbeiter hat den Diskurs des Herrn abgeschafft, im Prinzip. Der Herr, der Meister, der Bescheid weiß, urteilt und wertet, bezieht sich aufs Wissen. Er sollte in Person des Analytikers nicht wieder auftauchen.

Als Beispiel dieser Arbeit nennt Lacan den Traum. Das Subjekt des Traums hat erkennbar die dem idealen Arbeiter zuordenbaren Qualitäten, weil es nicht mit der Motilität des Körpers verbunden ist. Zu Schlafen und zu Träumen wird möglich aufgrund einer Spaltung, einer symbolischen Kastration[34] unterstützt von Müdigkeit oder Erschöpfung, es arbeitet ohne die Widerständigkeit eines Anschlusses an den Diskurs als soziales Band. Diese Arbeit geschieht im Ausnahmezustand des Schlafes, den der Traum zugleich bewacht. Durch die Dissoziation des Schlafes wird die Heftigkeit der *jouissance* gebrochen. Daher die hohe assoziative Flexibilität. Diese ideale Arbeit kann jederzeit dementiert werden, wenn das Reale des Körpers auf den Anschluss an die Steuerung nicht mehr verzichten kann, die Kupplung einrastet. Deshalb muss man liegen in der Kur und der Analytiker muss entspannt, aber nicht ganz entspannt, sitzen. Das Unbewusste existiert nicht, wenn man es nicht hört, es flüchtet sich dann in die Bildungen des Unbewussten, Symptome und fixe Vorstellungen.

Das Unbewusste ist als Arbeitendes ohne Sekundärprozess. Man kann es als merkwürdiges Wissen werten. Dieses denkt aber nicht, kalkuliert nicht, urteilt nicht.

---

33 | Jacques Lacan: Television (1973/1974), übers. v. H. Lühmann/J. Prasse, in: Radiophonie, Television, Quadriga: Weinheim/Berlin 1988, S. 69 f.
34 | Deren Nicht-Akzeptanz führt zu Schlafstörungen.

Das Unbewusste kann man nicht greifen, begreifen, verstehen, wenn man es nicht hört. Man hört es nicht ohne den analytischen Diskurs. Denn der urteilt nicht, kalkuliert nicht, denkt nicht, aber er arbeitet.

Die Arbeit des Analytikers besteht im analytischen Diskurs darin, das Arbeiten des Unbewussten zu bemerken, zu hören und es damit als Arbeit anzuerkennen. Logisch sitzt der Analytiker an der Stelle des Marktes, da, wo der Austausch passiert. Er unterbricht seine Arbeit, wo es zum Schluss kommt, zur Bewertung. Er sitzt an der Umschlagstelle und verlässt sie nicht. Er geht davon aus, dass sich nach dem Tausch der Worte Singularität wieder einstellt.

Die Abstraktion bei der Arbeit des Analytikers besteht dann darin, das je Besondere wahrzunehmen, ohne Zwecksetzungen und Erfolgskriterien, also mit Liebe, d. h. in der Übertragung. Diese Arbeit ist gekennzeichnet durch ein der Hysterie verwandtes Begehren, das von der Erfüllung abhält. Dafür wird ein nicht angemessener Preis bezahlt.

So kann man abschließend festhalten: Psychoanalytische Arbeit ist verschränkt mit der Entwicklung der Arbeit des Kapitals als Prozess. Sie stört die Vorstellungen einer ideologischen, überholten, täuschenden Konzeption von Arbeit, die an der Makrophysik mechanischer Prozesse, etwa deren Realisierung im Handwerk, und damit entsprechender Ökonomie orientiert ist. Die Kur ist auf Erfindungen der je singulären Darstellbarkeit dieser Arbeit spezialisiert. Das Subversive besteht lediglich darin, die schneidenden und real abstrahierenden Wirkungen der kapitalistischen Arbeit »sans phrase« als solche zu entziffern und dazu Geschichten zu konstruieren. Ausgeschlossen sind jene Geschichten vom Typ, dass jeder seines Glückes Schmied sei. Da ist der Andere davor und eben der ideale Arbeiter.

Arbeit des Unbewussten und Arbeit der Psychoanalyse

Claus-Dieter Rath

> Wie ist es denn mit Deiner Arbeit, mein Mädchen?
> Franz Kafka: Briefe an Felice[1]

»Über meine Amouren und meine Freundschaften fällt es mir leichter zu sprechen, als über meine Arbeit«, sagt eine Analysantin, Musikerin. »Aber nach der letzten Sitzung habe ich erlebt, wie gut es mir bei der Arbeit tut, wenn ich es tue. Also, dann versuche ich es erneut.« Jedes Mal überspringe sie im vierten Satz des Beethoven-Konzerts, das sie gerade einstudiert, eine Note...

So imponierend Liebe und Hass, Familie, Freizeit und Konsum die inner- und außeranalytischen Gesprächsbühnen beherrschen, so gehört neben ihnen auch die kollektive Trieborganisation *Arbeitswelt* zu den großen Schauplätzen psychischen Leidens und Genießens. Doch wird sie unterbewertet, übergangen, oft geheim gehalten. Arbeit beschäftigt uns als *Tätigkeit*, als *Verhältnis* zu einem Gegenstand, zu bestimmten Werkzeugen und zum Produkt wie auch zu den anderen Mitgliedern der Arbeitsgemeinschaft. Man verrichtet sie an einer Stelle, in bestimmten körperlichen Positionen und innerhalb eines arbeitsteiligen Machtgefüges aus Kollegen und Vorgesetzten, und in der Regel verdient man mit ihr seinen Lebensunterhalt. Dennoch wird die Bedeutung der Arbeits-Strukturen verkannt,

---

[1] | Am 20./21. Dezember 1912, in: Franz Kafka: Briefe an Felice und andere Korrespondenz aus der Verlobungszeit. Frankfurt a.M. (Fischer Taschenbuch) 2003 (1976), S. 196.

in die ein Subjekt eintritt und sich – trotz aller Klagen – darin hält, oft ein Leben lang.

Sogar die Nachrichtenmedien, die alles zu verwerten wissen, meiden das Thema, es sei denn, es handelt sich um spektakuläre Arbeitsunfälle, neuartige Arbeitskrankheiten, wirtschaftlich relevante Arbeitsniederlegungen, Arbeitslosenstatistiken, skandalöse Ungerechtigkeit oder Mobbing am Arbeitsplatz; und seit einigen Jahren widmen Zeitungsrubriken sich Karrierefragen.[2] Generell behandeln die Massenmedien Arbeit jedoch als einen abstrakten Wirtschaftsfaktor aus Produktqualität, Lohnnebenkosten, Mehrwert und Gewinnerwartungen.

Eingehender thematisiert man Arbeit, für die es weder Lohn noch Honorar gibt: Hausarbeit, private Gartenarbeit, Erziehungsarbeit..., und erstaunlicherweise erweitert sich dieser Bereich, etwa zu »Beziehungsarbeit«. Zugleich erfordern nicht wenige Freizeitbereiche anstrengenden Arbeitseinsatz.

Berufliche Arbeit erscheint – da vertraglich geregelt, standardisiert, ritualisiert, entfremdet – als unpersönlich und völlig von durchrationalisierten Verhältnissen bestimmt. Daher entzieht sie sich leicht der Aufmerksamkeit auch des Psychoanalytikers. Sigmund Freud hingegen misst ihr hohen Wert bei, weil sie eben nicht nur »zur Behauptung und Rechtfertigung der Existenz in der Gesellschaft« unerlässlich ist, sondern dem einzelnen auch die Möglichkeit biete, »ein starkes Ausmaß libidinöser Komponenten, narzisstische, aggressive und selbst erotische« auf sie zu verschieben »und auf die mit ihr verknüpften menschlichen Beziehungen«. Er würdigt Arbeit als eine Technik der Lebensführung, die uns von unserem Elend ablenkt, und er erkennt die »besondere Befriedigung«, die eine Berufstätigkeit vermittelt, »wenn sie eine frei gewählte ist, also bestehende Neigungen, fortgeführte oder konstitutionell verstärkte Triebregungen durch Sublimierung nutzbar zu machen gestattet«[3].

---

2 | Ein wichtiges Buch hat Anfang der siebziger Jahre die Aufmerksamkeit darauf gelenkt: Oskar Negt/Alexander Kluge: Öffentlichkeit und Erfahrung. Zur Organisationsanalyse von bürgerlicher und proletarischer Öffentlichkeit. Frankfurt a.M. (Suhrkamp) 1972.

3 | Sigmund Freud: *Das Unbehagen in der Kultur* (1930), in: *Gesammelte Werke* (London 1940-1952) Frankfurt a. M. 1960, Bd. XIV, S. 438, Fn. oder in: *Fragen der Gesellschaft, Ursprünge der Religion*, Studienausgabe Bd. IX, Frankfurt a. M. 1972, S. 211/212, Fn.

Obwohl die Arbeitswelt stärkeren Einschränkungen unterliegt als andere Alltagsbereiche, legen dort Menschen erstaunliche Verhaltensweisen an den Tag, die sie in ihren Familien-, Liebes- und Freundschaftsbeziehungen kaum oder gar nicht zeigen. Allgemein bekannt ist, dass jemand die im Beruf erlebten Mühen, Entbehrungen, Enttäuschungen und Erniedrigungen an seinen Liebsten abreagiert. Doch führt umgekehrt mancher am Arbeitsplatz sich auf, als realisiere er von seinem Phantasma dort etwas, das er in seinem Privatleben nie realisieren könnte, außer in von seinen Liebesbeziehungen ferngehaltenen Formen der Sexualität.

Ein Analysant stellt fest: »Wenn ich nachts an die Arbeit denken muss, an die qualvollen Beziehungen am Arbeitsplatz, weiß ich jetzt: das ist eine Übersetzung. Die Arbeit ist eine Darstellung dessen, was in mir vorgeht.«

ARBEITSPLATZ UND PLATZ DES ANALYTIKERS

Finden Analytiker leichteren Zugang zu dem bedeutenden Thema, wenn sie von ihrer eigenen, also der Arbeit in der Psychoanalyse ausgehen? Einige Kollegen können sich gar nicht vorstellen, was daran interessant sein soll. Beim Gedanken an eine gemeinsame Arbeit über »Arbeit in der Psychoanalyse« winken sie ab. Folge einer Überarbeitung? Manifestation jener Arbeitsscheu, die Sigmund Freud dem Menschenwesen attestiert? Oder eines Nichtwissenwollens? Manchen klingt das Wort »Arbeit« nach etwas der Psychoanalyse Äußerlichem, nach Anspannung, Kraftaufwand, planvoller Gestaltung, stetigem Tun, Vertragsverhältnissen.[4] Fährt ein Analytiker zur Arbeit? Kann man von Analysearbeit sprechen? Oder nur von »Tätigkeit« oder »Praktizieren«?

---

4 | Immerhin sind einige Publikationen zu diesem Thema erschienen. In Deutschland sind dies etwa Anne-Marie Schlösser/Kurt Höhfeld (Hg.): *Psychoanalyse als Beruf,* Psychosozial: Gießen 2000; Otto F. Kernberg/Birger Dulz/Jochen Ekkert (Hg.): *WIR: Psychotherapeuten über sich und ihren »unmöglichen« Beruf,* Schattauer: Stuttgart 2005 (auf dem Buchumschlag ist dieses »WIR:« auf ein Stanniolviereck gedruckt, in dem der Leser sich spiegelt); *Analytiker bei der Arbeit. Ihre Theorien und ihre Praxis,* Sonderheft der PSYCHE. Zeitschrift für Psychoanalyse und ihre Anwendungen, Heft 9/10, Klett-Cotta: Stuttgart 2007. Hinzu kommen einige Bände, die sich mit dem Arbeitszimmer des Analytikers oder direkt mit der Couch beschäftigen.

Fragt man danach, wer oder was in der Psychoanalyse womit arbeite, gelangt man zu mehreren Unterscheidungen: die Arbeit des Psychoanalytikers und des Psychoanalysanten, die in der Psyche, im Seelenapparat beider *unbewusst* stattfindende Arbeit, besonders die *des Unbewussten*, und die Arbeit der Psychoanalyse.

Freier Analytiker

»Psychoanalytiker in freier Praxis« geben viele Kollegen als Berufsbezeichnung in ihrer Biografie an. Was bedeutet wohl dieses »frei« und was wäre sein Gegenteil: unfreie Praxis?[5] Und wie frei praktizieren sie? So unfrei wie die freie Assoziation, die ja determiniert ist, frei nur im Sinne aufgehobener Unterdrückung, nicht aber der Verdrängung? Was also determiniert eine freie Praxis?

Zur Eröffnung meiner Praxis kaufte ich eine kleine Wohnung. Bei der Kreditverhandlung in der Bank wurde ich gebeten, einen Zwölf-Monats-Rentabilitätsplan für diesen noch inexistenten »Betrieb« vorzulegen, und am Ende fragte mich ein Fachmann für Praxisausstattung nach der Anschaffungssumme für die von mir benötigten Geräte, denn man wolle mir zu guten Konditionen bei deren Anschaffung behilflich sein. Hätte ich dem Banker statt »Nein, für Psychoanalyse braucht man keine Geräte« mit Hanns Sachs, dem Psychoanalytiker, antworten sollen: Das »Seelenleben des Forschers ist sein wichtigstes, ja sein einziges Forschungsinstrument, auf dessen tadelloses Arbeiten er sich verlassen können muss«[6]? Vielleicht hätte er daraufhin wissen wollen, was solch ein »tadelloses Arbeiten« des Seelenlebens einen Analytiker wohl kostet.

Freud'sche Verdrängungsarbeit

An Freuds Erforschung von Vorstellungsbahnen und Kräften hat seine »Selbsterforschung« teil. Zu dieser gehört die Signorelli-Geschichte, eine

---

5 | Der Ausdruck dient wohl der Abgrenzung gegen Analytiker im Angestelltenverhältnis, etwa in einer Institution.
6 | Hanns Sachs: Die Erlernung der Psychoanalyse, in: Die psychoanalytische Bewegung, Zeitschrift, 1. Jg., 1929, Bd. 1, S. 32.

Erinnerungsstörung auf einer Wagenfahrt von Dubrovnik aus, damals Ragusa, in eine Stadt der Herzegowina. Der »mir sonst so geläufige Name des Künstlers [Signorelli; CDR] verbarg sich hartnäckig«, und zwar aufgrund der Nähe seiner Wortbestandteile, der Erzählsituation und einer verdrängten Erinnerung zum Thema »Tod und Sexualität«. Dieses Erlebnis stellte in gewisser Weise auch eine Überwindung der Grenzen des ärztlichen Freud dar, der angesichts des Vorgefallenen erst mal mit seiner Kunst am Ende war: »Herr, was ist da zu sagen? Ich weiß, wenn er zu retten wäre, würdest du ihm helfen.«

»Als ich mich nun bemühte, den *Namen* des Malers wiederzufinden, ihn aus der Verdrängung zurückzurufen, musste sich der *Einfluss der Bindung* geltend machen, in welche jener unterdes *geraten* war. Ich fand zwar einen Künstlernamen, aber nicht den richtigen, sondern einen *verschobenen*, und die *Richtschnur* der *Verschiebung* war durch die *in dem verdrängten Thema* enthaltenen Namen gegeben.«[7]

Solche Begegnungen mit seiner eigenen *Verdrängungsarbeit* veranlassten Freud, sich selbst an die Arbeit zu machen, also ein Vorgehen seinerseits zu ersinnen und Kräfte zu nutzen, um jene zu ergründen und – wo diese Arbeit pathologisch wurde – einzudämmen bzw. ihr die Grundlage zu entziehen.

Freud veranschaulicht schließlich »die jetzt klar gestellten Beziehungen in einem kleinen Schema«. Er entdeckt, dass dieser »psychische Mechanismus der Vergesslichkeit« ein Modell (»Vorbild«) für die Entstehung der »psychischen Symptome der Psychoneurosen« ist: »Dieselben Elemente und das nämliche *Kräftespiel* zwischen ihnen hier wie dort.«

Freuds Idee, jedes Symptom sei wie ein Traum strukturiert und sei ebenfalls Versuch einer Wunscherfüllung, sagt etwas über die »Wege des Symptombildung« aus und bestimmt zugleich den »Arbeitsweg« einer Analyse.

Wenn Freud eine spezifisch psychoanalytische Handhabung und Theoretisierung psychischer Vorgänge, Strukturen und Kräfte erfindet, rückt er nicht nur der Verdrängungsarbeit zu Leibe, sondern er arbeitet mithilfe

---

7 | Sigmund Freud: Zum psychischen Mechanismus der Vergeßlichkeit (1898), in: *Gesammelte Werke* (London 1940-1952) Frankfurt a. M. 1960, Bd. I, S. 522 (Hervorh. CDR).

ausgetüftelter Hilfskonstruktionen in verschiedenen Bereichen und Stockwerken eine Klinik, Theorie, Technik der Psychoanalyse aus. Dabei kann er auch auf die Bestände und die neuesten Forschungen anderer Wissensfelder zurückgreifen.

Träumst Du oder arbeitest Du?

Zweierlei Arbeit sticht in Freuds Grundwerk, der *Traumdeutung* (1900), hervor: *Traumarbeit* einerseits und andererseits *Deutungsarbeit* oder auch *Analysearbeit*. *Die eine* vollzieht sich unbewusst, sie verdichtet bestimmte Vorstellungen und verschiebt den psychischen Akzent von einer Vorstellung zur anderen – Freud spricht von »Verdichtungsarbeit« und »Verschiebungsarbeit« –, *die andere* entziffert den manifesten Traum und erschließt die zugrundeliegenden Traumgedanken.

Allein dem Begriff Traumarbeit begegnet man in Freuds Schriften über 400 Mal. Schon in seinen frühen Jahren nennt er weitere psychische Arbeiten: Denkarbeit, Geistesarbeit, Gehirnarbeit, Erinnerungsarbeit, Reproduktionsarbeit, Abwehrarbeit, Vorstellungsarbeit, Entstellungsarbeit, Urteilsarbeit, Kulturarbeit, Fantasiearbeit, Wacharbeit, Tagesgedankenarbeit, Umwertungsarbeit, um nur einige seiner etwa 50 Komposita von »-arbeit« zu erwähnen, zu denen auch das Durcharbeiten gehört. Analog zur Traumarbeit führt er 1905 die Witzarbeit ein, 1907 kommt die psychoanalytische Übersetzungsarbeit hinzu, 1915 die Trauerarbeit, und bis in die 1930er Jahre befasst er sich wieder und wieder mit seiner Konzeption von Kulturarbeit, die eng mit der Sublimierungsarbeit verbunden ist.

Freud entdeckt: In dem »System der unbewussten Seelentätigkeit« laufen »Prozesse von ganz anderer Art« ab, »als im Bewusstsein wahrgenommen werden«.[8] Sie ergeben auf den Wegen der Symptombildung auch Widersprüchliches: »Die Betätigung eines masochistischen Triebs bspw. erfordert, dass der Masochist sich wahnsinnig anstrengt«, bemerkt Lacan zum Aufwand, um zu seinem Schmerz zu gelangen.[9]

---

8 | Sigmund Freud: Das Interesse an der Psychoanalyse (1913), in: *Gesammelte Werke* (London 1940-1952) Frankfurt a. M. 1960, Bd. VIII, S. 397.

9 | »[...] l'exercice d'une pulsion masochique par exemple, exige que le masochiste se donne un mal de chien« (Jacques Lacan: Das Seminar. Buch XI: Die vier

Hierbei ist nicht der *Trieb* der Arbeiter, sondern er ist das Drängende, Bedrängende, mit dem man vermittels kollektiver und individueller »Lebenstechnik« und »Glücksökonomie«[10] umzugehen versucht. Die verschiedenen Triebe, deren Stärke von konstitutionellen Determinanten abhängt, versteht Freud so als »Maße von Arbeits*anforderung* für das Seelenleben«[11], in dem die Arbeit stattfindet. Die Arbeit der einzelnen psychischen Instanzen und Vorgänge muss hierbei differenziert werden, gibt es doch erhebliche energetische Unterschiede zwischen dem Ich und dem Es und zwischen dem, was auf die »äußere« und die »innere« Wahrnehmung trifft, und den unbewussten Erinnerungssystemen, zwischen den spezifischen Vorgängen von Erinnerung, Vergessen, Verdrängung, Sublimierung.[12]

In Analyse ...

Zur menschlichen Arbeit zählt seit Freuds Entdeckungen auch jene, die unbewusst sich im Subjekt vollzieht, und Freuds Erfindung hat eine neuartige Arbeit erbracht: Arbeit der Psychoanalyse, psychoanalytische Arbeit.

Im Deutschen hört man, anders als etwa im Französischen, kaum jemand sagen, er habe »in der Analyse gearbeitet«. Meistens heißt es, man habe eine Analyse »absolviert«, sich analysieren lassen, sich einer Analyse oder psychoanalytischen Behandlung »unterzogen«, man sei analysiert, sogar durchanalysiert worden, oder schlicht, man habe »eine Analyse gemacht«.

Wenn Sigmund Freud die Personen, mit denen er in der psychoanalytischen Kur arbeitet, Patienten, Kranke, Leidende oder die Analysierten

---

Grundbegriffe der Psychoanalyse, übers. v. N. Haas, Walter: Olten u. Freiburg i.Br. 1978, S. 210.

10 | Sigmund Freud: *Das Unbehagen in der Kultur* (1930), in: *Gesammelte Werke* (London 1940-1952) Frankfurt a. M. 1960, Bd. XIV, S. 441 u. 446, Fn; oder in: *Fragen der Gesellschaft, Ursprünge der Religion*, Studienausgabe Bd. IX, Frankfurt a. M. 1972, S. 214 u. 218.

11 | Sigmund Freud: Drei Abhandlungen zur Sexualtheorie (1905), in: Sexualleben, Studienausgabe Bd. V, Frankfurt a. M. 1972, S. 76f. (Hervorh. CDR).

12 | Im »Entwurf einer Psychologie« (1895) untersucht Freud eingehend die Vorgänge der Energie-Besetzung, -Abfuhr und -Bindung.

nennt, betrachtet er diese keineswegs als passive Behandlungsobjekte. Mehrfach erklärt er, »eine mitarbeitende Tätigkeit im Kranken«[13] sei unabdingbar, und eine Auswertung von Träumen könne nicht ohne »das Zusammenarbeiten des Analytikers mit dem Träumer« geschehen.[14]

Es geht ja nicht darum, dass der Patient sich dem Analytiker zur Behandlung überlässt, willig seine Geheimnisse ausplaudert und all das ihm unerhört Erscheinende sagt, sondern dass der Patient an dem arbeitet, was in ihm arbeitet, dass er selbst Analysearbeit vollbringt. Freud überträgt dem Patienten eine Aufgabe und drängt darauf, dass er dieser nachkommt:

»Das psychoanalytische Verfahren unterscheidet sich von allen suggestiven, persuasiven u. dgl. darin, dass es kein seelisches Phänomen beim Patienten durch Autorität unterdrücken will. Es sucht die Verursachung des Phänomens zu ergründen und es durch *dauernde Veränderung seiner Entstehungsbedingungen aufzuheben*. Den unvermeidlichen suggestiven Einfluss des Arztes lenkt man in der Psychoanalyse auf *die dem Kranken zugeteilte Aufgabe*, seine Widerstände zu überwinden, d.h. die Heilungsarbeit zu leisten.«[15]

Wenn also der Analysant eine Psychoanalyse »macht« – woraus besteht dann noch die Arbeit des Analytikers?

Verdrängung und Urteil

Material der psychoanalytischen Arbeit ist das, was eine andere Arbeit geschaffen hatte: die Symptombildung bzw. die Bildungen des Unbewussten. So gebraucht Freud 1909 in seinen amerikanischen Vorlesungen das Bild von Abriss- und Aufräumarbeiten in einer Ruinenlandschaft als notwendige Vorarbeit für eine erneute Urteilsarbeit des Subjekts.

---

13 | Sigmund Freud: Studien über Hysterie (1895), in: *Gesammelte Werke* (London 1940-1952) Frankfurt a. M. 1960, Bd. I, S. 296.

14 | Sigmund Freud: Bemerkungen zur Theorie und Praxis der Traumdeutung (1923 [1922]), in: *Schriften zur Behandlungstechnik*, Studienausgabe Ergänzungsband, Frankfurt a. M. 1972, S. 260.

15 | Sigmund Freud: ›Psychoanalyse‹ und ›Libidotheorie‹ (1923 [1922]), in: *Gesammelte Werke* (London 1940-1952) Frankfurt a. M. 1960, Bd. XIII, S. 226 (Hervorh. CDR).

Freud setzt die Verdrängung einer Flucht, der Flucht vor einem äußeren Reiz, gleich. Sie sei eine Vorform der »Urteilsverwerfung (Verurteilung)«[16]. Um zu einem neuen Urteil zu gelangen, bedarf es zunächst einer Aufhebung solcher primitiver Fluchtreaktionen und der Beseitigung ihrer Resultate.

»Die Verdrängung wird durch eine mit den besten Mitteln durchgeführte Verurteilung ersetzt. Dies ist möglich, weil wir zum großen Teil nur Folgen aus früheren Entwicklungsstadien des Ich zu beseitigen haben. Das Individuum brachte seinerzeit nur eine Verdrängung des unbrauchbaren Triebes zustande, weil es damals selbst noch unvollkommen organisiert und schwächlich war; in seiner heutigen Reife und Stärke kann es vielleicht das ihm Feindliche tadellos beherrschen.«[17]

Wie schwer die spezifisch psychoanalytische Arbeit des Analytikers und der Analysanten zu bemessen ist, illustriert Freuds Sorge, jede Besserung könne die Kur gefährden, denn ein »Motor der Therapie ist das Leiden des Patienten und sein daraus entspringender Heilungswunsch«[18]. Als gegenüber irgendeiner Psychotherapie spezifisch psychoanalytische Arbeit kann man ja nur das bezeichnen, was – gemäß der beiden Vektoren der Arbeit: Kraft und Weg – nicht nur Kraftaufwand war, sondern auch Veränderungswirkung im Sinne der Psychoanalyse, also weder Manipulieren noch Suggestion.

Die Psychoanalyse ist nicht eine Hilfskonstruktion, sondern eine Zerlegung, Analyse im chemischen Sinn. Sie ist nicht eine Psycho-Synthese, sie setzt auch nicht neue Erklärungen an die Stelle von alten, für falsch erachteten; sie ist eine De-Konstruktion oder Ent-Bindung. Sie zerlegt die Fehlverknüpfungen. Man kann sie auch als eine »Scheidungsarbeit« bezeichnen, die Verhältnisse zwischen Signifikant und Signifikat lockert und

---

16 | Sigmund Freud: Die Verdrängung (1915), in: *Psychologie des Unbewußten*, Studienausgabe Bd. III, Frankfurt a. M. 1972, S. 107.
17 | Sigmund Freud: Über Psychoanalyse. Fünf Vorlesungen (1910), gehalten zur 20jährigen Gründungsfeier der Clark University in Worcester, Mass., September 1909, in: *Gesammelte Werke* (London 1940-1952) Frankfurt a. M. 1960, Bd. VIII, S. 57-58.
18 | Sigmund Freud: Zur Einleitung der Behandlung (1913), in: *Gesammelte Werke* (London 1940-1952) Frankfurt a. M. 1960, Bd. VIII, S. 477.

das Subjekt ein Stück weit befreit von Fixierungen an sein Phantasma und von festen Sinnwirkungen.

KRAFT UND WEG

Aufgabe, Ziel, Verwandeln, im Dienste und weitere Begriffe benennen bei Freud, was in einer Psychoanalyse vor sich gehen soll. Wenn er einen psychischen Prozess »Arbeit« nennt, bestimmt er ihn *physikalisch* als Verhältnis von *Kraft*-Vektor und *Weg*-Vektor; beide können in die gleiche oder in unterschiedliche Richtungen wirken. Neben dieser mechanischen Arbeitsdefinition spielt bei der Besetzung von Neuronen und bei den Verschiebungsvorgängen der Verdrängungsarbeit die »Potenzialdifferenz« (Spannung) der elektrischen Arbeit eine Rolle.[19]

Zum Arbeits*quantum* gehören der Kraft*aufwand* und die erzielte Veränderungs*wirkung*. *Kraft* und *Weg* – die beiden Vektoren der Definition – sind Quantitäten, die eine Qualität ergeben. Der *Ertrag* psychischer Arbeit bemisst sich nicht allein nach einer produzierten Menge. Er führt über das Lösen von Aufgaben hinaus zu tief greifenden Veränderungen der Libidoökonomie.[20] Natürlich muss näher bestimmt werden, wonach sie sich ausrichtet, wer und was sie bestimmt oder was sie motiviert. Zur *Qualität* gehören der spezifische Ansatzpunkt und die besondere Ausrichtung und Durchführung. Und natürlich die Güte einer Arbeit.

Hieraus ergeben sich Fragen des Kräfte- und Energiehaushalts, der Verausgabung, Verschwendung, der Ersparnis, des Gewinns: also des Wirtschaftens. Es geht um Wege, Bahnen, Bahnungen, Energiebindungen, Anatomien, Strukturen und um ein *Kräftespiel* von Drang, Widerstand, Besetzungsenergien und Gegenbesetzung. Von besonderem Interesse sind

---

19 | Daneben gibt es noch die Ausdehnung (Volumenarbeit), mit der sich die Wärmelehre befasst.

20 | Gälte dann als Verdrängungsarbeit nur der Umwandlungsvorgang (der Verschiebung usw.) oder auch der Daueraufwand des In-der-Verdrängung-Haltens, der keine qualitative Veränderung bedeutet, doch dem »Auftrieb« als Gegenkraft widersteht?

die Hemmungen und die kraftzehrenden *Umwege*, die bei der Symptombildung gegangen werden[21].

Bezüglich der damit verbundenen Grenzen der analytischen Kur schreibt Freud 1928 an Pfister,

»daß die Analyse alles leistet was man *heute* von einer Therapie fordern kann. Andererseits, daß wir bereit sein müssen, ihre Grenzen anzuerkennen. Ihr Hauptmangel liegt darin, daß die Energiequantitäten, die wir durch die Analyse mobilisieren, nicht immer von der Größenordnung jener Faktoren sind, die im neurotischen Konflikt miteinander streiten.«[22]

Der Gewinn, die Art der Veränderung, die sich in der Person vollzieht, ist nicht eine lineare Funktion der Kraftanstrengung der beteiligten Personen.

RÖSSELSPRUNG

In die Komplexität und die sich wandelnden Besetzungsvorgänge der neurotischen Bildungen und in die damit verbundenen Analyseaufgaben gibt Freud 1895 folgenden Einblick:

»Gewöhnlich wird die *Arbeit* zunächst um so dunkler und schwieriger, je tiefer man in das [...] geschichtete psychische Gebilde eindringt. Hat man sich aber einmal bis zum Kerne *durchgearbeitet*, so wird es Licht, und das Allgemeinbefinden des Kranken hat keine starke Verdüsterung mehr zu befürchten. Den Lohn der *Arbeit* aber, das Aufhören der Krankheitssymptome darf man erst erwarten, wenn man für jedes einzelne Symptom die volle Analyse geleistet hat; ja, wo die einzelnen Symptome durch mehrfache Knotungen aneinander geknüpft sind, wird man nicht einmal durch Partialerfolge während der *Arbeit* ermutigt.«[23]

---

21 | Lacan distanziert sich etwas von Freuds energetischen Sichtweisen, doch auch er spricht von zu vermeidenden Umwegen – bezogen aufs Symptom – und er denkt, etwa in seinen Diskursmathemen, in den Termini von »Produzent« und »Agens« bzw. »Agenten«.

22 | Sigmund Freud/Oskar Pfister: Briefwechsel 1909-1939, Fischer: Frankfurt a. M. 1963, 2. Aufl. 1980, S. 129.

23 | Sigmund Freud: Studien über Hysterie (1895), in: Gesammelte Werke (London 1940-1952) Frankfurt a. M. 1960, Bd. I, S. 304 (Hervorh. CDR).

Im Hinblick auf die »Architektur der Hysterie« skizziert Freud folgenden notwendigen »Arbeitsweg«: »Da in den wenigen Symptomen die meisten Szenen vereinigt sind, so beschreibt man dabei wiederholte Schleifen durch die Hintergedanken derselben Symptome.«[24]

Drängen gegen Verdrängung

Freud gewann in der Auseinandersetzung mit den Hysterikerinnen

»den Eindruck, es würde in der Tat möglich sein, die doch sicherlich vorhandenen pathogenen Vorstellungsreihen durch bloßes Drängen zum Vorscheine zu bringen, und da dieses Drängen mich Anstrengung kostete und mir die Deutung nahelegte, ich hätte einen Widerstand zu überwinden, so setzte sich mir der Sachverhalt ohne weiteres in die Theorie um, *dass ich durch meine psychische Arbeit eine psychische Kraft bei dem Patienten zu überwinden habe, die sich dem Bewusstwerden (Erinnern) der pathogenen Vorstellungen widersetze.*«[25]

Der Analytiker, der in der *talking cure* auf Aufklärung drängt, ist dabei oft ein Gegenspieler der Verdrängung. »Wenn wir es unternehmen, einen Kranken herzustellen, von seinen Leidenssymptomen zu befreien, so setzt er uns einen heftigen, zähen, über die ganze Dauer der Behandlung anhaltenden Widerstand entgegen.«[26]

Eine Verdrängung wird »vom Wächter nicht aus dem System des Unbewussten in das des Vorbewussten eingelassen [...]. Er ist derselbe Wächter, den wir als Widerstand kennenlernen, wenn wir durch die analytische Behandlung die Verdrängung aufzuheben versuchen.«[27]

---

24 | Sigmund Freud: Manuskript M, in: Briefe an Wilhelm Fließ 1887-1904, hg. v. J. M. Masson, S. Fischer: Frankfurt a. M. 1985, S. 262.
25 | Sigmund Freud: Studien über Hysterie (1895), in: Gesammelte Werke (London 1940-1952) Frankfurt a. M. 1960, Bd. I, S. 268.
26 | Sigmund Freud: 21. Vorlesung: »Widerstand und Verdrängung«, in: Vorlesungen zur Einführung in die Psychoanalyse (1916-17 [1915-1917]), Gesammelte Werke (London 1940-1952) Frankfurt a. M. 1960, Bd. XI, S. 296; oder: Studienausgabe Bd. I, Frankfurt a. M. 1972, S. 285.
27 | A.a.O., S. 306.

Anhand einer französischen Fehlübersetzung weist Lacan auf die Frage hin, wer in der Psychoanalyse welche Arbeit verrichtet. Freuds Satz aus der *Traumdeutung*: »Was immer die Fortsetzung der Arbeit stört, ist ein Widerstand«[28], wurde nämlich übersetzt mit »Was immer die Deutung behindert, rührt vom psychischen Widerstand her«. Lacan unterstreicht dagegen:

»Es handelt sich um die Fortsetzung der Behandlung, der Arbeit. [...] Freud hat nicht *Behandlung* gesagt, was auch Heilung bedeuten könnte. Nein, es handelt sich um Arbeit, die durch ihre Form definiert werden kann als Wortassoziation, wie sie durch [... die Grundregel] der freien Assoziation determiniert ist. Diese Arbeit nun [...] ist offenkundig die Enthüllung des Unbewussten.«[29]

Aufgabe des Analytikers, so Lacan, ist »der Rückgriff auf das Unbewusste, d.h. auf Freuds Entdeckung, dass das Unbewusste arbeitet, ohne dabei zu denken, zu rechnen oder zu urteilen, und das dennoch Früchte trägt: Ein Wissen, das nur entziffert werden muss, da es allein aus der Verzifferung besteht.«[30]

1937 unterscheidet Freud folgendermaßen *zwei Stücke* der Arbeit, die des Analysanten und die des Analytikers: Der eine hat die Aufgabe, »etwas von ihm Erlebtes und Verdrängtes zu erinnern«, »bestimmte Erlebnisse und die durch sie hervorgerufenen Affektregungen wieder [zu] erinnern, die derzeit bei ihm vergessen sind«, und dem anderen obliegt,

»das Vergessene aus den Anzeichen, die es hinterlassen, zu erraten oder, richtiger ausgedrückt, zu konstruieren. Wie, wann und mit welchen Erläuterungen

---

28 | Sigmund Freud: Die Traumdeutung (1900), in: Gesammelte Werke (London 1940-1952) Frankfurt a. M. 1960, Bd. II/III, S. 521; oder: Studienausgabe Bd. II, Frankfurt a. M. 1972, S. 495.

29 | Jacques Lacan: Das Seminar. Buch I (1953-1954): Freuds technische Schriften, übers. v. W. Hamacher, Walter: Olten u. Freiburg 1978, S. 47.

30 | »Le recours, pour nous, ça doit être l'inconscient, c'est-à-dire la découverte par Freud, que l'inconscient travaille sans y penser, ni calculer, juger non plus, et que pourtant, le fruit est là: un savoir qu'il ne s'agit que de déchiffrer, puisqu'il consiste uniquement dans le chiffrage.« (Jacques Lacan beim Kongress der École freudienne de Paris, La Grande Motte, am 2. November 1973. In: Lettres de l'École Freudienne, 1975, n° 15, pp. 69-80.)

er seine Konstruktionen dem Analysierten mitteilt, das stellt die Verbindung her zwischen beiden Stücken der analytischen Arbeit, zwischen seinem Anteil und dem des Analysierten.«[31]

INGANGKOMMEN DER ARBEIT

Der Analytiker macht nicht die ganze Arbeit. Doch muss er sie gewährleisten, leiten, ja sie überhaupt erst in Gang bringen, denn nicht jedes Sprechen ist auch schon ein analytisches Sprechen. In den Vorgesprächen wird der Analysant gleichsam angelernt und in seine Aufgabe eingewiesen.[32]

Es gibt neben der didaktischen, erklärenden Einführung in die Psychoanalyse ja auch diejenige des Stils: also die Art und Weise, in der der Analytiker sich demjenigen gegenüber äußert, der ihn zum ersten Mal aufsucht. Z. B. wie er auf Einzelheiten eingeht oder wie er die Neigung eines Patienten zu psychologischen Sinndeutungen bremst oder dessen Bemühen, ein Gleiten der Signifikanten aufzuhalten und feste Beziehungen zwischen einem Signifikanten und einem Signifikat zu behaupten.

Diese Gesichtspunkte betont Jacques Lacan, der ebenfalls von *le patient*, *le malade* und *l'analysé* spricht, bis er Ende der sechziger Jahre das Wort *analysant* (zunächst *psychoanalysant*) kreiert, in Abänderung des im Englischen und im Deutschen gebräuchlichen Worts *Analysand*[33]. Allerdings

---

31 | Sigmund Freud: Konstruktionen in der Analyse (1937), in: Gesammelte Werke (London 1940-1952) Frankfurt a. M. 1960, Bd. XVI, S. 45; oder: Schriften zur Behandlungstechnik, Studienausgabe Ergänzungsband, Frankfurt a. M. 1972, S. 396.

32 | Vgl. Claus-Dieter Rath: Du fauteuil au divan, in: »Écritures du symptôme dans la cure analytique«, *Carnets*. Numéro spécial: Colloque 2006 (École de psychanalyse Sigmund Freud), Paris 2008, S. 35-45.

33 | Im Oktober 1975 sagt er, es habe sich seit kurzem eingebürgert, seit er es in seinem Seminar verwendet hat. Der Term erscheint schon 1967 in dem Text *Première version de la proposition du 9 octobre 1967 sur le psychanalyste de l'école*. Lacan bezieht sich bei seinen Erklärungen zu *analysand* darauf, dieser Begriff sei »courant dans la langue anglaise«. Möglicherweise ist ihm das im *Korrespondenzblatt der Internationalen Zeitschrift für Psychoanalyse* seit 1912 gebräuchliche deutsche »Analysand« entgangen.

will er mehr als lediglich eine Umbenennung des »zu Analysierenden« (Analysa*nd*) in »den Analysierenden«:

»Was ich sagen wollte, war, dass in der Analyse die Person *arbeitet*, die wirklich ein *Analyse-Verlangen* geäußert hat (*qui vient vraiment former une demande d'analyse*). Vorausgesetzt, Sie haben sie nicht gleich auf die Couch gelegt, denn dann ist damit Essig. Es ist dabei unerlässlich, dass *dieses Verlangen* wirklich Gestalt angenommen hat, bevor Sie die Person sich hinlegen lassen.«[34]

So hat der Analytiker im Lauf der Vorgespräche dafür zu sorgen, dass die Person, die bei ihm Rat und Hilfe sucht, zu einem »Analysierenden«, zum »Analysanten« werden kann.

»Wenn Sie ihr sagen, sie solle anfangen – und das darf nicht beim ersten und auch nicht beim zweiten Mal sein, sofern Sie sich anständig verhalten wollen –, wenn also die Person, die dieses *Analyse-Verlangen* vorgebracht hat, mit der Arbeit beginnt, dann ist *sie* es, die arbeitet. Sie haben sie keineswegs als jemanden zu sehen, den Sie formen müssen. Ganz im Gegenteil. *Was machen Sie da?* Mit dieser Frage setze ich mich auseinander, seit ich angefangen habe.«

»Was machen Sie da?« bezieht sich hier in erster Linie nicht auf eine Befugnis, sondern auf die Besonderheit des Tuns. Diese Lebensfrage der Psychoanalyse wirft Lacan schon in seinen ersten Seminaren auf, etwa in dem über *Freuds technische Schriften*: Was machen wir, wenn wir Psychoanalyse machen? Also was machen wir bei der Handhabung der Übertragung, beim Umgang mit Widerständen, mit der Sprache und dem Sprechen, beim Hören, beim Schweigen und beim Deuten?

MACHEN

»Psychoanalyse machen« klingt wie Musik machen, Ethnologie machen, den Haushalt machen, Essen machen, Liebe machen ... Wird also vermittels ihrer etwas produziert, realisiert, unterhalten, betrieben, konsumiert

---

34 | Jacques Lacan: Vortrag in Genf über das Symptom (4. Oktober 1975), übers. D. Sträuli/P. Widmer/E. Widmer), in: RISS. Zeitschrift für Psychoanalyse, Heft 1, Zürich 1986, S. 5-42 (Übersetzung modifiziert von CDR).

etc.? *Machen* umfasst auch ein *faire semblant*, ein Tun-als-Ob, Scheinen machen: den Wissenden machen, den kastrierenden Vater machen, sich zum Objekt machen etc., und erstreckt sich auf das, was man den Analysanten mit sich machen lässt und man dabei durchmacht. Insofern reicht es weder, »psychoanalytische Identität« für sich zu reklamieren noch kühl zu behaupten: »Ein Psychoanalytiker macht nichts.«

Nun ist *machen* nicht schon *arbeiten*, denn es bleibt unspezifisch hinsichtlich des Objekts und des Prozesses. Was heißt es also für die psychoanalytische Arbeit, wenn sie – wie Arbeit überhaupt – untersucht werden muss als *Tätigkeit*, als *Verhältnis* zu einem Gegenstand, zu bestimmten Werkzeugen und zum Produkt wie auch zu den anderen Mitgliedern der Arbeitsgemeinschaft? Und dies unter der grundlegenden Bedingung, dass der Gegenstand dieser Zusammenarbeit von Analytiker und Analysant etwas Drittes, Fremdes, ist, auf das weder der eine noch der andere Zugriff hat: das unbewusste Begehren.

GEBURTSHILFE

»Einleitung« kann zwei Arten des Hinführens auf etwas bedeuten: als Vertrautmachen mit etwas und als Handlung. Ersteres ist eine Art Vorwort, Letzteres hingegen eine Maßnahme wie die Einleitung einer Geburt, an der zwei Personen beteiligt sind: der Geburtshelfer bzw. die Hebamme und die Schwangere, Niederkommende. Das Kreißen heißt im Französischen *le travail*; in deutschen Wörterbüchern findet man alte Wendungen wie: Ein Weib *schaffet* – für: liegt in den Wehen,[35] die Frau liegt in Arbeit – für: *labor parturientium*, und die Frau »in kindsnöthen nent man: ein fraw, die in kindsarbeit ligt«[36]. Auf Englisch heißt »in den Wehen liegen« *to be in labour*. *Labour* bezeichnet bekanntlich *schwere* Arbeit, in Abhebung zu *work*.

Zugleich arbeitet *etwas* in der Gebärenden, die »in Arbeit liegt«, nämlich das, was sie austrägt. Man spricht von einem Pulsieren des Unbewuss-

---

35 | Im schwäbischen Wörterbuch.
36 | In Grimms Wörterbuch.

ten, das sich öffnet und schließt. Aber auch in dem Geburtshelfer arbeitet etwas, nämlich ein bestimmtes Begehren, das dieses Tun unterhält.[37]

ANALYTISCHE KRAFTANSTRENGUNG BEI GLEICHSCHWEBENDER AUFMERKSAMKEIT?

Die Schwerarbeit erbringt der Analysant, selbst wenn der Vorgang für den Analytiker ziemlich anstrengend sein kann – so anstrengend, dass er sein Ich, seine Person, ins Spiel bringt oder dass er wegdämmert. Lacan differenziert zwischen dem *acte analytique* und einer vom Analytiker vollzogenen Handlung (Aktion), denn nicht jeder Akt eines Analytikers ist ein analytischer. Ein Analytiker, der vielleicht eines Abends ganz erledigt ist, ohne in seiner Praxis einen einzigen analytischen Akt vollbracht oder auch nur ermöglicht zu haben, wäre ein Beispiel dafür, dass die Arbeit des Analytikers nicht identisch ist mit der »analytischen Arbeit«, gegen die er und der Patient sich eventuell sperren können. Genauso kann er sich ein anderes Mal wundern, dass sich in einer Sitzung etwas Bemerkenswertes tat, wo er doch so gut wie gar nichts »getan« hat.

Er ist nicht unbedingt Subjekt dieses Akts, wenn er sich nach Freuds Aufforderung in den Stand setzt, »alles ihm Mitgeteilte für die Zwecke der Deutung, der Erkennung des verborgenen Unbewussten zu verwerten, ohne die vom Kranken aufgegebene Auswahl durch eine eigene Zensur zu ersetzen«[38] und somit auch auf seinen eventuellen »therapeutischen Ehrgeiz« zu verzichten. Er hat es dabei mit dem eigenen Unbewussten und den eigenen Vorurteilen und den eigenen im Laufe der analytischen Arbeit

---

37 | Wenn Lacan von der Psychoanalyse als mäeutischer Arbeit spricht, bezieht er sich auf die Analytiker-Position des Menon, vgl. Jacques Lacan: Das Seminar. Buch II: Das Ich in der Theorie Freuds und in der Technik der Psychoanalyse (1954-55), übers. v. N. Haas, Walter: Olten 1980, S. 24 (Sitzung vom 24. 11. 1954).

38 | Sigmund Freud: Ratschläge für den Arzt bei der psychoanalytischen Behandlung (1912), in: *Schriften zur Behandlungstechnik*, Studienausgabe Ergänzungsband, Frankfurt a. M. 1972, S. 175f.

als Selbstschutz aufgebauten Abwehrmechanismen, die seine Aufnahmefähigkeit behindern, zu tun.[39]

Nun geht aber das, was ein Analytiker »macht«, nicht aus bewussten Überlegungen hervor, ist kein planvolles Unternehmen, sondern es vollzieht sich unbewusst, es unterläuft ihm geradezu. Auch hinterher ist es ihm nicht unbedingt bewusst.

BEGEHREN DES ANALYTIKERS

Lacan hat die Frage gestellt, was Freud zu einem so großen und ausdauernden Arbeiter gemacht haben mag. Und wie sich in ihm wohl das »Analytikerbegehren« gebildet hat.

Jeder beginnende Analytiker steht mit seinem Analytikerbegehren und den historisch-gesellschaftlichen Bedingungen seiner Arbeit in einem Verhältnis zum Ursprung der Psychoanalyse, zu dem, »was dem Begehren Freuds das Privileg verschafft hatte, die Eingangstür zu finden zu jenem Feld der Erfahrung, das er als das Unbewusste bezeichnete«[40]. Bei seiner Arbeit in diesem Feld, die in jeder psychoanalytischen Kur und von da aus in der Bibliothek, im Studierzimmer, in der eigenen (Kontroll-)Analyse und im Gedankenaustausch mit Kollegen stattfindet, setzt er Freuds Werk fort. Doch darüber, wie dieses fortzuführen sei, welche Dinge erforscht werden und wie dabei vorgegangen werden sollte, gibt es unterschiedliche Auffassungen. Ist die psychoanalytische Kur eine Übersetzungsarbeit? Ein Durcharbeiten? Oder eine Beziehungsarbeit? Erschöpft das Tun des Analytikers sich in Gegenübertragungsdeutungen?[41] Die eine Schule sucht im

---

39 | Freud empfiehlt hiergegen bestimmte Wartungsarbeiten: »Jeder Analytiker sollte periodisch, etwa nach Verlauf von fünf Jahren, sich wieder zum Objekt der Analyse machen, ohne sich dieses Schrittes zu schämen.« (Sigmund Freud: Die endliche und die unendliche Analyse (1937), in: Gesammelte Werke (London 1940-1952) Frankfurt a. M. 1960, Bd. XVI, S. 95; oder: *Schriften zur Behandlungstechnik*, Studienausgabe Ergänzungsband, Frankfurt a. M. 1972, S. 388.
40 | Jacques Lacan: Das Seminar. Buch XI: Die vier Grundbegriffe der Psychoanalyse (1964), übers. v. N. Haas, Walter: Olten/Freiburg i.Br. 1978, S. 19.
41 | Vgl. Claus-Dieter Rath: *Traversée* und Zuydersee. Fragen zu dem Ende und der Beendigung einer psychoanalytischen Kur, in: RISS. Zeitschrift für Psychoanalyse Freud-Lacan, Nr. 71, Turia + Kant: Wien 2009, Heft. 1, S. 23-40.

Patienten etwas, das die andere gar nicht interessiert (Gefühl, Affekt, Gedanke, Sinn) oder nicht einmal kennt (Signifikant, *lettre*, Buchstäblichkeit). Der Diskurs ein und desselben Analysanten stellt deshalb nicht jeden Analytiker vor dasselbe *Rätsel*.

Jeder Analytiker hat eine andere Auffassung von dem, was er macht – auch im Hinblick darauf, was die Arbeit des Analysierens mit ihm selbst macht, also im Libidohaushalt und in der Signifikantenbewegung des einzelnen Analytikers.

Kurdirektor?

Trotz der Bilder vom Drängen oder gar Bedrängen des Patienten ist der Analytiker wesentlich passiv. Nicht so sehr, weil er die Position des Hörenden hat. Das Hören ist passiv, aber ist eine bestimmte von ihm ausgeübte aktive Hörkunst. Er ist nicht der Kurdirektor – nur in dem Sinn, dass er dem Diskurs des Patienten folgt, aber nicht ihn verfolgt. Er lässt mit sich machen. Aber auch in diesem Passiven gibt es etwas Aktives.

Grober vereinfachend kann man sagen, dass Lacans Geheimbotschaft lautet: Lassen Sie sich leiten (*se laisser guider*[42]) – vom Diskurs des Unbewussten, des Begehrens. Machen Sie ihm nicht sofort den Prozess.

Das Objekt abgeben

Unter meiner Praxis befindet sich der Eingang zum Müllkeller. Zweimal in der Woche kommen am späteren Vormittag die Müllmänner und ziehen mit Getöse die Mülleimer die Treppen hoch, um sie in den lärmenden

---

42 | »Il faut un peu se laisser guider comme ça surtout quand on n'a pas le temps infini à parler, il faut se laisser un peu guider par la langue.« (Jacques Lacan: Conférence à Louvain, le 13 octobre 1972). Yale-Conference: »L'analyste opère en se laissant guider par les termes verbaux utilisé par la personne qui parle. Si Freud recommande quelque chose, c'est, il le dit explicitement, de ne pas se prémunir de quelque idée que ce soit; vous pouvez rencontrer un jour un cas totalement différent de tout ce que vous avez pu prévoir comme classable. Suivez ce qui vient de la personne que vous êtes en train d'écouter.«

Müll-Lastwagen zu entleeren; danach rumpeln sie die leeren Container wieder hinunter.

Dies gab und gibt Analysanten Anlass zu Kommentaren: Im Keller liegt das Entleerte, der Müll, den die Patienten hier abgeladen haben. Unrat.

Ein Bild der Werbekampagne der Berliner Stadtreinigung unter dem Titel *Mach's rein* zeigt einen bärtigen Psychoanalytiker hinter der Couch sitzen, der ein Blatt Papier in der Hand hält. Auf der Couch liegt eine orangefarbene ovale Straßenmülltonne, wie sie in Berlin an Straßenecken stehen, unter der Couch schaut ein verlorener Schnullerflaschen-Nuckel heraus. Der Bildtitel, der eine Aussage des Couch-Patienten sein soll: »Ich fühl mich so leer.« Zur anderen Seite des Analytikers ragt die Kette einer Klospülung ins Bild, am Boden steht eine Saugglocke aus Gummi, die man zur Beseitigung von Abflussverstopfungen gebraucht. Daneben ein gerahmter, in Fraktur geschriebener Sinnspruch: »Das Leben kann so Scheiße sein!!! ... man muss sich nur Mühe geben!« und am rechten Bildrand, in der Blickrichtung des Analytikers, ein Spiegelei.[43]

Lacan hat hervorgehoben, dass das anale Objekt nicht ausschließlich das Kothäufchen ist, sondern auch die Parameter von »Schmutz, Läuterung und Katharsis«[44] betrifft: Sich etwas von der Seele reden, Seelenreinigung. Ist der Analytiker ein Leerender? Kann der Analytiker selbst Unrat sein/darstellen, selbst in der Tonne landen? Charles Melman hat seine Sicht dieser Frage so dargelegt:

»Eine Frage, ein Paradox, des Begehrens des Analytikers: dass der Analytiker in der Analyse eine Position einnimmt, die aus ihm eine Scheiße macht. [...] Es ist offensichtlich, dass Patienten in der Kur eine Verhaltensweise einbringen wollen, die dem Analytiker bedeuten, dass der Analysant ihn als Abfall behandeln will. Ist es legitim, ihn in dieser Bewegung handeln zu lassen? Wenn der Patient ihm beispielsweise sagt: ›Ich konnte gestern nicht zur Sitzung kommen, weil ich ins Kino musste, um einen Film zu sehen, den ich sei langem sehen wollte‹. Oder ›weil meine Schwiegermutter zu Besuch kam, konnte ich nicht zu Sitzung kommen‹. Was muss die Antwort des Analytikers auf diese Fragen, auf diese Provokationen sein? Man sieht leicht, dass das nicht evident und nicht leicht ist.

---

43 | Berliner Stadtreinigungsbetriebe, vgl.: http://www.bsr-online.de
44 | Jacques Lacan: Das Seminar. Buch XI: Die vier Grundbegriffe der Psychoanalyse (1964), übers. v. N. Haas, Walter: Olten/Freiburg i.Br. 1978, S. 205.

Es ist klar, dass das, was man die Analyse der Gegenübertragung nennt, dass dieses Moment, wo der Analytiker seinem Analysant sagt: ›Auch ich bin ein Subjekt‹, eine Art ist, sich zu verteidigen, gegen diesen Versuch, zum Objekt reduziert zu werden.«[45]

Ich erinnere hier an Lucien Israëls Überzeugung, der Analytiker sei ein Todgeweihter: *celui qui doit mourir* – damit die anderen leben können.[46]

FORSCHUNG, KULTURARBEIT, GESELLUNG

Freuds Vorstellung von Arbeit beschränkt sich nicht auf die Tätigkeit einer arbeitenden Person, also die des Analytikers, die des »mitarbeitenden« Analysanten, sondern umfasst auch eine vor sich gehende Arbeit: Verdrängungsarbeit, Traumarbeit, Trauerarbeit … und das, was im Laufe einer Analyse »arbeitet«, auf Französisch gesagt: *Ce qui est opérant dans la cure*[47], also das, was in einer Analyse (als Veränderung) sich vollzieht. Dieser letztere Gesichtspunkt, der über die Effizienz-Frage »Wie gut wirkt die Psychoanalyse?« hinausgeht, scheint mir von besonderer Aktualität bei der Erforschung und Artikulierung unserer spezifischen Arbeit.

Die Ansprüche ihres Begründers, der die Kur einer Kulturarbeit gleichsetzt,[48] reichen weiter. Freud schreibt 1936 an Romain Rolland:

---

45 | Aus der unveröffentlichten Transkription des Berliner Kongresses der Fondation Européenne pour la Psychoanalyse: »Das Symptom in der Psychoanalyse und die psychoanalytische als Symptom«, Mai 1998.

46 | Lucien Israël: L, in: G. Schillmöller/P. Posch (Hg.): Der Platz des Psychoanalytikers, Eigenverlag: Freiburg i. Br., S. 262f. Dazu auch: Claus-D. Rath: Überraschung. Kritik der Weitergabe, in: Jahrbuch für Klinische Psychoanalyse, Bd 8: Wie ist Psychoanalyse lehrbar? Hg. v. André Michels/Peter Müller/Achim Perner/Claus-Dieter Rath, Edition Diskord: Tübingen 2008, S. 29-58.

47 | Titel des kollektiven Buches von Lina Balestriere, Jacqueline Godfrind/Jean-Pierre Lebrun/Pierre Malengreau: Ce qui est opérant dans la cure. Des psychanalystes en débat, Édition érès: Paris 2008.

48 | Vgl. das Ende der 31. Vorlesung (1932): »Wo Es war, soll Ich werden. Es ist Kulturarbeit, …«, in: Vorlesungen zur Einführung in die Psychoanalyse. Und Neue Folge, Studienausgabe Bd. I, Frankfurt a. M. 1972, S. 516.

»Sie wissen, meine wissenschaftliche Arbeit hatte sich das Ziel gesetzt, ungewöhnliche, abnorme, pathologische Erscheinungen des Seelenlebens aufzuklären, das heißt, sie auf die hinter ihnen wirkenden psychischen Kräfte zurückzuführen und die dabei tätigen Mechanismen aufzuzeigen. Ich versuchte dies zunächst an der eigenen Person, dann auch an anderen und endlich in kühnem Übergriff auch am Menschengeschlecht im ganzen.«[49]

Da die Psychoanalyse eine praktische Theorie und eine theoretische Praxis ist, sind die Verfeinerungen des Wahrnehmungs- und Erschließungsvermögens des Analysanten mit denen des psychoanalytischen Forschers und seiner Gemeinschaft vermittelt. Hierbei ist die Kultur – die allgemeine wie die spezifisch psychoanalytische – nicht nur Gegenstand, sondern auch Instrument der Kulturarbeit des Forschers: Sie eröffnet erst die Möglichkeit, ein unzugängliches Gebiet zu erschließen, das Wahrnehmungsfeld zu erweitern und das Erschlossene in die »Sprache unserer Wahrnehmungen« zu übersetzen.

Dementsprechend begegnen wir zum Schluss – in einem Brief an Karl Abraham – einem weiteren Arbeitsverständnis Freuds: »Die Antwort auf Ihre Frage, wie ich es mache, um neben der Praxis noch zu schreiben, lautet einfach: Ich muss mich von der Psychoanalyse durch Arbeit erholen, sonst halte ich es nicht aus.«[50]

---

49 | Sigmund Freud: Brief an Romain Rolland: Eine Erinnerungsstörung auf der Akropolis (1936), Studienausgabe Bd. IV, Frankfurt a. M. 1972, S. 285.
50 | Am 3. oder 7. März 1912. In: Sigmund Freud/Karl Abraham: Briefwechsel 1907-1925. Vollständige Ausgabe. Turia + Kant: Wien 2009, Bd. 1, S. 259f. (Hervorh. CDR).

Kulturarbeit heute

JOHANNA CADIOT

Allgemein bekannt ist die fast magische Formel Freuds in der 31. Vorlesung der *Neuen Folge der Vorlesungen zur Einführung in die Psychoanalyse* zur Definition der Kulturarbeit: »Wo Es war, soll Ich werden.«[1] Ebenso geläufig ist der Vergleich, den er mit einer in den 1930er Jahren wohl gigantischen technischen Errungenschaft im Kampf gegen die Natur zieht: der Trockenlegung der Zuydersee. Bekannt sind außerdem die Spekulationen über eine zwischen Freud und Fließ diskutierte Möglichkeit der Geburtenkontrolle, die auf Fließ' Idee einer unterschiedlichen Periodizität bei Männern und Frauen beruhen. Sein Vorhaben war es, mit Hilfe von Berechnungen dieser Periodizität die menschliche Fruchtbarkeit durch eine wissenschaftliche Erfindung zu beherrschen. Diese Idee einer Kontrolle der menschlichen Reproduktion ist mittlerweile Wirklichkeit geworden. Zugespitzt könnte man es so formulieren: Im Laufe des 20. Jahrhunderts hat der Begriff der Kultur den Begriff der Natur sozusagen ausgetrocknet. Auch die Geschlechterrollen, die auf einem in jeder sozialen Gruppe vorhandenen »natürlichen« (als von der Natur gegebenen) Unterschied aufgebaut waren, der die Verteilung der Arbeitslast zwischen den Geschlechtern vorschrieb und die Produktion der Vorstellungen von männlich und weiblich beherrschte, sind von diesem Dekonstruktionssog betroffen. Dieser Sog bewegt sich heute, um es nur ganz kurz zu erwähnen, mit der politischen Ökologie wieder in Richtung Natur.

---

1 | Sigmund Freud: Die Zerlegung der psychischen Persönlichkeit. 31. Vorlesung der Neuen Folge der Vorlesungen zur Einführung in die Psychoanalyse, *in: Vorlesungen zur Einführung in die Psychoanalyse. Und neue Folge*, Studienausgabe Bd. I, Frankfurt a. M. 1972, S. 516.

Angefangen hat diese Bewegung, wie Lacan oft betont hat, mit dem »cogito ergo sum« von Descartes. Dieses »ich denke« gab den Anstoß zu einer subjektiven Befragung der Natur, nicht als von Gott gewollter Ordnung, sondern als Möglichkeit eines wissenschaftlichen Diskurses. Bis dahin wurde die ganze europäische Philosophie von der Idee eines Unterschieds oder eher eines Antagonismus zwischen den Vorstellungen von Natur und Kultur, zwischen dem Körper und der Seele, durchzogen, in dem Sinne, dass entweder die Idee der Kultur das Erhabenere, Gute darstellte und die Natur bekämpft werden musste oder dass wie bei Rousseau, Nietzsche oder auch in der deutschen Romantik die Natur das Gute verkörperte und die Kultur eine Entfremdung, eine Entfernung von diesem ursprünglichen Guten darstellte. Der Unterschied zwischen Mann und Frau wurde auch in diesen Kategorien in einer mehr oder weniger großen Nähe zur Natur gedacht. Die Vorstellung der größeren Nähe der Frauen zur Natur, welche mit ihrer Rolle in der menschlichen Fortpflanzung zu tun hat, ist durch eine wissenschaftliche Errungenschaft der Medizin, kurz »die Pille« genannt, vollkommen in Frage gestellt worden. Die sozialen, kulturellen und individuellen Umbrüche, die die Kontrolle der menschlichen Fruchtbarkeit ausgelöst hat, sind schwerwiegend: Sie haben die Fundamente der Familie erschüttert, den Frauen durch die Möglichkeit einer sozial anerkannten Arbeit einen anderen Platz gegeben. Auf der Ebene des individuellen psychischen Erlebens erlaubt ihnen diese Erfindung, mit der Angst, die mit der völligen Unterwerfung ihres Körpers unter die Funktion der Reproduktion und der damit verbundenen sozialen Kontrolle über ihr Leben verbunden war, anders umzugehen, und zwar dadurch, dass sexuelles Begehren und Wunsch nach einem Kind getrennt erlebt werden können. Diese ganzen Veränderungen in der Kultur sind einer Arbeit unterworfen, die es ermöglicht, sie mittels der Produktion von neuen Kategorien, neuen Vorstellungen, neuen Signifikanten zu erfassen.

Aber zuerst soll ein kurzer Rückblick auf den Kontext gegeben werden, in dem Freud den Begriff gebraucht. Was nennt er Kulturarbeit? Weshalb spricht er von einer »Arbeit«, die in der Kultur vor sich geht? Er benutzt das Wort »Arbeit« vor einem kulturellen und sozialen Hintergrund, der mit den allgemeinen, am Anfang des 20. Jahrhunderts begonnenen Umwälzungen zu tun hat, die, wie schon eingangs erwähnt, die Grenzen zwischen Natur und Kultur verschoben haben. Dahin, wo Mutter Natur herrscht, wo es um natürliche Instinkte geht, setzt Freud das Konzept des Triebes und die Entwicklung. Darwins Evolutionstheorie, Freuds *Abhandlungen zur*

Sexualtheorie und Max Webers Untersuchung der protestantischen Ethik, die eine Theorie der Arbeit enthält, welche sich durch die Ersetzung der »Berufung« durch den »Beruf« auszeichnet, haben dazu beigetragen, das, was Weber eine »entzauberte Welt« nannte, theoretisch zu erfassen. Die Familie – im *Manuskript N* an Fließ nennt Freud sie noch, obwohl schon in Anführungsstrichen, »heilig« –, diese heilige, von Gott gewollte Ordnung wird eine von den Menschen geschaffene Struktur, die eine Geschichte hat. Aus der natürlichen Ordnung wird eine kulturelle. Innerhalb dieser kulturellen Ordnung findet die Entwicklung der Sexualtriebe statt: von den verschiedenen Stufen der kindlichen Sexualität über ihre Umgestaltung in der Pubertät bis hin zu ihrer endgültigen Ausprägung beim Erwachsenen in der Genitalorganisation. In dem Augenblick, in dem Freud Sexualstrebungen beim Kind postuliert, die kein natürliches Objekt haben, die keine natürliche Befriedigung finden können, muss er gleichzeitig die Hypothese einer Arbeit aufstellen, einer Unterdrückungs- oder Sublimationsarbeit, um diese Triebe sozial brauchbar zu machen. Und die Folgen dieser Arbeit, dieser sozialen Nutzbarmachung des Triebes, sind es, mit denen Freud sich in seiner Suche nach der Ätiologie der Neurosen befasst. Seine These, die direkt von seiner Klinik beeinflusst wurde, lautet, dass diese Arbeit, diese Triebversagung, krank macht. Die Psychoanalyse wurde also auch erfunden, um sich mit den Folgen dieser Triebversagungen beim einzelnen Individuum zu beschäftigen, und zwar genau in dem historischen Augenblick, in dem laut Eli Zaretzky[2] durch das Aufkommen der Industriegesellschaft die Funktionen der Produktion und der Reproduktion innerhalb der Familie auseinanderfielen, also jenem sozialen Gefüge, in dem die in jeder Agrargesellschaft vorhandene Vorstellung des Kindersegens sich massiv in die eines »Kinderfluchs« verwandelte. Diese »Defamiliarisierung« ermöglichte das Aufkommen eines individuellen Bewusstseins und also auch eines individuellen Begreifens psychischen Leidens und des Symptoms.

Freuds 1908 geschriebener Artikel *Die kulturelle Sexualmoral und die moderne Nervosität*[3] entlehnt den Begriff der kulturellen Sexualmoral einem

---

2 | Eli Zaretzky: *The Secrets of the Soul. A Social and Cultural History of Psychoanalysis*, New York 2004; dt. *Freuds Jahrhundert. Die Geschichte der Psychoanalyse*, Wien 2006.
3 | Sigmund Freud: Die kulturelle Sexualmoral und die moderne Nervosität (1908), in: *Fragen der Gesellschaft, Ursprünge der Religion*, Studienausgabe Bd. IX, Frankfurt a. M. 1972, S. 9-32.

Buch von Christian von Ehrenfeld mit dem Titel *Sexualethik*[4], in dem dieser eine hypothetische »natürliche« (sprich: gesunde) der herrschenden kulturellen Sexualmoral gegenüberstellt. Freud beschäftigt sich ausführlich mit den verheerenden Folgen dieser »kulturellen Sexualmoral«. Vom Gesichtspunkt des Sozialwissenschaftlers und quasi des Hygienikers stellt er die Frage, warum der Sexualverkehr, der in einer legitimen Ehe eine volle Entschädigung für die Einschränkungen vor der Ehe garantieren sollte, das Gegenteil produziert und so zur Ursache der modernen Nervosität wird. Er findet die Antwort in der Forderung der vorehelichen Abstinenz, aber vor allem in der von der Kultur auferlegten Begrenzung der Zahl der Kinder, die nach vier oder fünf Jahren Ehe unweigerlich zu unbefriedigenden Sexualpraktiken führe. Aber während die doppelte Sexualmoral den Männern sexuelle Befriedigung im Rahmen außerehelicher Beziehungen erlaube, werde diese Lösung für die Frauen von der Gesellschaft verurteilt. Er betont ausdrücklich, dass die Sexualität der Frauen von diesen kulturellen Forderungen besonders betroffen sei und dass diese Einschränkungen die Ursache für das häufige Symptom der Frigidität bei Frauen bilden. Ganz allgemein ist ihre Erziehung auf die Werte der Scham und der Zurückhaltung aufgebaut, was eine stärkere Unterdrückung der kindlichen Sexualstrebungen bedeute. Des Weiteren erlege das Ideal der Jungfräulichkeit den Frauen totale sexuelle Abstinenz vor der Ehe auf. Dies habe zur Folge, dass sie schon bei Beginn des Ehelebens »sexuell geschädigt« sind. Dazu komme, dass bei Frauen als den »eigentlichen Trägerinnen der Sexualinteressen« die Arbeit am Trieb in der Form der Sublimierung weniger möglich sei. Der Säugling biete dem weiblichen Geschlecht zwar einen Ersatz für die fehlende sexuelle Befriedigung in der Ehe, dieser werde ihnen im heranwachsenden Kind aber wieder genommen. So seien bei den weiblichen Patienten schwerste psychische Störungen zu beobachten, an denen sie ihr ganzes Leben lang leiden würden.

Diesen frühen Artikel von 1908 muss man vor dem Hintergrund der zu jener Zeit sehr verbreiteten Ideen des Malthusianismus lesen, für den sich die Idee der Bewältigung der Natur durch die Kultur mit der Geburtenkontrolle verband. Nach Malthus sind die Gründe der Massenarmut der angehenden Industriegesellschaft in zu hohen Geburtsraten zu suchen. Malthus selbst trat für eine drastische Kontrolle der Geburten ein, die nur

---

4 | Christian von Ehrenfeld: *Sexualethik. Grenzfragen des Nerven- und Seelenlebens*, hg. v. L. Löwenfeld, Bd. 56, Wiesbaden 1907.

durch die strikteste sexuelle Abstinenz erreicht werden könne. Als überzeugter Malthusianer und als Soziologe liefert Freud hier eine sehr klare Analyse des gesellschaftlichen Mechanismus der Triebunterdrückung. Die von der kulturellen Sexualmoral geforderte Triebbeherrschung stürzt jedoch die große Mehrheit der Bevölkerung, die diese massive Unterdrückung der Sexualtriebe nicht erträgt, in die Neurose. Für Freud ist es diese Forderung der Kultur, die auch den unterschiedlichen Platz von Männern und Frauen in der Kulturarbeit bestimmt. Die Tatsache, dass die Sexualtriebe bei den Frauen notwendigerweise an ihre Mutterrolle gebunden sind, erklärt für ihn ihre »unzweifelhafte intellektuelle Inferiorität«. Diese weniger große Sublimationsfähigkeit sei die Folge der zur Sexualunterdrückung erforderlichen Hemmung des Wissensdrangs, die die Grundlage der Erziehung des kleinen Mädchens ausmache. Im Gegensatz zu Moebius, der sich des konstituellen Argumentes bedient, unterstreicht Freud also den sozialen Faktor der Erziehung, um das Verhältnis der Frauen zur Kulturarbeit zu definieren.

Diese Idee eines unumgehbaren Unbehagens in der Kultur verfolgt Freud weiter und macht dieses Unbehagen 1930 schließlich zum Titel eines seiner Hauptwerke, in dem er sich noch einmal ausführlich mit den gesellschaftlichen und individuellen Aspekten der Kulturfeindlichkeit des Menschen auseinandersetzt.[5] In der Zwischenzeit hat sich der Schwerpunkt seiner Analyse der Ursachen der Neurose vom gesellschaftlichen Aspekt der Unterdrückung der sexuellen Befriedigung auf den individuellen internen Mechanismus der Verdrängung verlegt. Es sind nun die kindlichen Sexualtriebe, die sich in den ödipalen Fantasien ausdrücken, die die Entwicklung der menschlichen Sexualität charakterisieren, deren zentrales Element die Kastrationsangst ist. Freud konzipiert ganz klar den Ödipuskomplex als den universellen Mechanismus der Triebentwicklung jeder Kultur, in dem sich das individuelle Triebschicksal jedes Einzelnen mit der Anerkennung oder der Verleugnung des Geschlechtsunterschiedes verknüpft. Er schwankt jedoch sein ganzes Leben lang zwischen der Idee eines idealen Ausgangs des Komplexes, der Errichtung eines von den Elternfiguren getrennten Über-Ichs, eines Untergangs des Ödipuskomplexes – 1924 noch gibt er einem Aufsatz diesen Titel – und der Unmöglich-

---

5 | Sigmund Freud: *Das Unbehagen in der Kultur* (1930), in: *Fragen der Gesellschaft, Ursprünge der Religion*, Studienausgabe Bd. IX, Frankfurt a. M. 1972, S. 191-270.

keit der Zerstörung der Kastrationsangst. Diese Idee einer idealen Lösung hat er schon vorher postuliert, zum Beispiel in *Die zwei Prinzipien des psychischen Geschehens* von 1911[6], wo er dem Kampf zwischen Lust- und Realitätsprinzip eine normierende Funktion zuschreibt, oder mit dem Begriff der Partialtriebe, die sich in der Genitalorganisation vereinen. Er hat sich jedoch gleichzeitig immer wieder die Frage gestellt, inwieweit dieser normative Prozess wirksam ist. Seine späten Artikel *Die endliche und unendliche Analyse,* der *Abriss der Psychoanalyse* und vor allem sein letzter, nicht beendeter Artikel *Die Ich-Spaltung im Abwehrvorgang* zeugen davon, dass er die Überwindung der Kastrationsangst und also auch der infantilen Sexualtheorien für unmöglich hielt.[7]

In der völligen Überarbeitung seines Konzepts des Triebes ist die zweite wichtige Veränderung zwischen seiner ersten Theorie der Kulturarbeit als Arbeit am Trieb und dem Text von 1930 zu suchen. Mit *Jenseits des Lustprinzips* von 1920[8] hatte Freud den Begriff des Todestriebs eingeführt. Entsprechend verlegt der Text von 1930 den Schwerpunkt dessen, was er hier eher den Kulturprozess nennt, von der Unterdrückung der Sexual- auf die der Aggressionstriebe. In diesem, wie oft unterstrichen wurde, sehr pessimistischen Text, der sich dadurch sehr von der 1927 geschriebenen *Zukunft einer Illusion*[9] unterscheidet, greift Freud noch einmal auf das schon im *Entwurf* (1895) erwähnte hilflose, ohne den hilfreichen Nebenmenschen verlorene Lebewesen, »poor inch of nature«, zurück, das einerseits dieses Gefühl des Ausgeliefertseins und der Abhängigkeit nie völlig über-

---

6 | Sigmund Freud: Formulierungen über die zwei Prinzipien des psychischen Geschehens (1911), in: *Psychologie des Unbewußte*, Studienausgabe Bd. III, Frankfurt a. M. 1972, S. 13-24.

7 | Sigmund Freud: Die endliche und unendliche Analyse (1937), in: *Schriften zur Behandlungstechnik*, Studienausgabe Ergänzungsband, Frankfurt a. M. 1972, S. 351-392; ders.: Abriss der Psychoanalyse (1938/1940), in: *Gesammelte Werke* (London 1940-1952) Frankfurt a. M. 1960, Bd. 17, S. 63-138; ders.: Die Ich-Spaltung im Abwehrvorgang (1938/1940), in: *Psychologie des Unbewußten*, Studienausgabe Bd. III, Frankfurt a. M. 1972, S. 389-394.

8 | Sigmund Freud: *Jenseits des Lustprinzips* (1920), in: *Psychologie des Unbewußten*, Studienausgabe Bd. III, Frankfurt a. M. 1972, S. 273-330.

9 | Sigmund Freud: *Die Zukunft einer Illusion* (1927), in: *Fragen der Gesellschaft, Ursprünge der Religion*, Studienausgabe Bd. IX, Frankfurt a. M. 1972, S. 135-189.

winde und andererseits sich vor dieser Realität durch die Konstruktion des ursprünglichen Lust-Ichs schütze, für das das Schlechte, das dem Ich Fremde und das Außenstehende identisch sind, wie es sein 1925 geschriebener Artikel *Die Verneinung*[10] definiert. Dieses Lust-Ich nun ertrage die Einschränkungen der Kultur nicht und reagiere aggressiv. Im *Unbehagen in der Kultur* sind es der unbeschränkte Narzissmus und der Sadismus, in dem Eros und Thanatos verschmelzen, welche die Unmöglichkeit der Anerkennung des kleinen Unterschieds bedingen und für Freud die strukturellen Hauptelemente jeder Kultur ausmachen.

Einerseits analysiert Freud also die Problematik der neurotischen Symptome vom wissenschaftlichen, allgemeingültigen Standpunkt seiner Triebtheorie aus, wonach jede Kultur an der Forderung der Triebunterdrückung scheitert. Andererseits werden im Kreis seiner engsten Mitarbeiter schon sehr früh Stimmen laut, die eine Prophylaxe der Neurose befürworten und in der Erziehung ein Mittel sehen, um die radikale Unterdrückung der Manifestationen des kindlichen Sexuallebens zu beeinflussen; sie stellen die revolutionäre Hypothese auf, dass die Anerkennung der Existenz eines kindlichen Sexuallebens dazu führen kann, neue Formen und Normen des Umgangs mit dem Trieb zu produzieren. Dies sind die ersten Ansätze der Überlegungen, die im Laufe des 20. Jahrhunderts dazu geführt haben, Kultur und Religion zu trennen und im religiösen Diskurs und in der religiösen Moral ein geschichtlich bedingtes Element zu sehen. Diese Trennung ermöglicht es, sich von den Praktiken einer von der Religion geprägten repressiven Erziehung der kindlichen Sexualtriebe zu distanzieren. Analytiker wie Sandor Ferenczi und Donald Winnicott, Analytikerinnen wie Anna Freud, Melanie Klein und Françoise Dolto haben viel dazu beigetragen, diese äußerst wichtige und komplizierte Verbindung der Erziehung und Psychoanalyse zu theoretisieren.

Das Aufkommen des Strukturalismus in der Anthropologie und der Linguistik geben dem Freudschen Konzept der Kultur in seiner Wechselbeziehung zur Natur – also der Kulturarbeit – eine völlig neue Richtung. Diese neuen Disziplinen verlegen den Schwerpunkt der Gesellschaftsanalyse vom Begriff der Arbeit auf den der Struktur, der gemeinsam mit dem Symbolischen die Unterscheidung von Natur und Kultur im Bereich des menschlichen Zusammenlebens verwirft. Mit der Ausarbeitung des Kon-

---

10 | Sigmund Freud: Die Verneinung (1925), in: *Psychologie des Unbewußten*, Studienausgabe Bd. III, Frankfurt a. M. 1972, S. 371-377.

zepts des Symbolischen ist zweierlei verbunden: einerseits die Idee, dass alle sozialen Organisationen auf der Produktion eines Systems von Symbolen beruhen, das die Verwandtschaftsgrade benennt, womit der Platz jedes Einzelnen innerhalb der Gruppe bestimmt wird; und andererseits, dass das Inzestverbot die Regeln der Allianz festlegt, die den Austausch der Frauen zwischen den Männergruppen als allgemeines Gesetz aufstellt. Dazu kommt die Tatsache, dass die Linguistik als neue Wissenschaft die Sprache selbst zum Studienobjekt macht und so auch die Aktivität des Sprechens und das Wesen der Sprache mit Hilfe der Saussureschen Definition der Willkürlichkeit des linguistischen Zeichens aus jeder Natürlichkeit löst. Lacan hat sich dieses Konzept des Symbolischen zueigen gemacht. Seine Aufnahme des Konzepts kann man mit seinem 1953 geschriebenen Artikel *Das Symbolische, das Imaginäre und das Reale*[11] datieren. Nach einer lang andauernden Beschäftigung mit dem Imaginären/Narzisstischen (in Anlehnung an die biologische Verhaltensforschung und die psychologische Gestalttheorie), die die Frage beinhaltet, wie sich das im Ich (*moi*) entfremdete Subjekt aus der imaginären Gefangenschaft löst, bietet ihm das Konzept des Symbolischen die Möglichkeit, diese Ablösung zu theoretisieren und die spezifisch menschliche Aktivität schlechthin als die des Sprechens zu definieren, die das Subjekt radikal von jedem körperlichen Genießen, von jeder Natur trennt. Die Metapher des Vaters, die Vaterfunktion und der Name/die Namen des Vaters (*nom du père*) sowie später die phallische Funktion sind die Kategorien, die Lacan unermüdlich produziert, um die Idee der Kulturarbeit zu erfassen. Eine radikale Dekonstruktion des Objekts, d.h. des Genitalobjekts und der damit verbundenen sexuellen Befriedigung, führt ihn weiterhin dazu, mit allen Spekulationen über den Einfluss einer mehr oder weniger großen Repression der Sexualtriebe und deren Folgen in der einen oder anderen sozialen Form der Familie zu brechen. Kurz gesagt: Lacan hat die Freudsche Beschreibung des Unbehagens in der Kultur, die dessen Ursachen im Ideal der monogamen bürgerlichen Ehe und der malthusianischen Forderung der Geburtenkontrolle sieht, in eine strukturelle Analyse verwandelt. Diese Analyse führt Lacan seit dem Seminar XIV *Die Logik des Phantasmas* (1966/1967)[12] zur Ausarbeitung der

---

11 | Jacques Lacan: Le Symbolique, L'Imaginaire et le Réel (1953), in: Bulletin de l'Association freudienne, 1, 1982, S. 4-13.

12 | Jacques Lacan: Seminar XIV: *La logique du fantasme* (1966/67) (unveröffentlicht).

viel diskutierten Formel des Seminars XX *Encore* (1972/1973)[13]: »Es gibt kein Geschlechterverhältnis«. Er beschäftigt sich in diesem Seminar noch einmal ganz ausführlich mit der Frage, wie das Subjekt sich als Sprachwesen in seiner Universalität in den Geschlechtsunterschied einschreibt. Und er nimmt die Kategorien der aristotelischen Logik zu Hilfe, um eine der Mathematik entlehnte Schrift zu produzieren, die den Geschlechtsunterschied formalisiert in dem Sinne, dass es nicht zwei Geschlechter gibt, die sich zueinander verhalten, sondern nur eine phallische Funktion, in die sich jedes Subjekt einschreibt oder nicht. Mit Hilfe dieser Schrift löst er das Kriterium des Geschlechtsunterschieds aus jeder Form des Seins, also aus einer essentialistischen, imaginären Position, und definiert ihn durch unterschiedliche Formen des Genießens.

Nach diesem kurzen Überblick über die Entstehung und Entwicklung des Begriffs der Kulturarbeit als der Arbeit am Trieb möchte ich noch einmal auf den eingangs schon skizzierten geschichtlichen Hintergrund zurückkommen, vor dem Freud sein Konzept entwickelt. Zwei Elemente sind wichtig: Einerseits ist der Einfluss des religiösen Diskurses, für den Natur und Kultur unter dem Begriff einer von Gott gewollten natürlichen Ordnung zusammenfallen, noch sehr stark, auch wenn die Philosophie seit drei Jahrhunderten versuchte, die Idee der Natur diesem Diskurs zu entreißen und einen wissenschaftlichen Diskurs in Opposition zum religiösen Diskurs aufzubauen. Schopenhauers Konzept des Willens als Materie, als Naturkraft – einerseits mit dem Körper, andererseits mit den unbewussten Affekten identisch –, zeugt zum Beispiel von diesem Bemühen, für die religiöse Vorstellung des Bösen im Menschen (mehr oder weniger personifiziert in der Gestalt des Teufels, Satans, der Dämonen) neue Übersetzungsmöglichkeiten zu finden und sie in einen wissenschaftlichen Diskurs einzuschreiben. Sowohl für Nietzsche als auch für Freud erlaubt das Wort »Trieb«, radikal mit der religiösen Darstellung des Bösen im jüdischchristlichen Kulturbereich zu brechen und den Bemächtigungs-, Sexual-, Lebens- und Todestrieb als universelle, elementare Kraft jenseits von Gut und Böse zu bezeichnen, die das menschliche Leben gestaltet. Es geht also wieder um die dialektische Beziehung von Natur und Kultur in dem Sinne, dass hier die Natur das positive Element darstellt und der kulturelle Ein-

---

13 | Jacques Lacan: Seminar XX: *Encore* (1972/1973), Paris 1975; dt. übers. u. hg. v. N. Haas/ V. Haas/H.-J. Metzger, Weinheim 1986, hier bes. S. 62.

fluss eher im Nietzscheanischen Sinne eine Verweichlichung, eine Abwertung dieser Triebkraft darstellt.

Wie wir gesehen haben, macht Freud in dem frühen Artikel von 1908 noch die Unterscheidung zwischen einer kulturellen und einer natürlichen Sexualmoral. Woher stammt nun die Idee einer *natürlichen* Sexualmoral in einem vom christlichen Diskurs der Sünde geprägten Umfeld? Die Idee eines Unbehagens in der Kultur kann man in zwei Richtungen weiterverfolgen: Entweder man stellt ihr die Idee eines größeren Behagens in der Kultur entgegen, die mit der Möglichkeit einer Veränderung in den Bedingungen der Sexualunterdrückung verbunden ist, oder die Idee eines Behagens in der Natur. Diese Idee des Behagens ist verbunden mit der seit Mitte des 19. Jahrhunderts im Rahmen des Kolonialismus stattfindenden Eroberung der »Naturvölker«. Aus diesem nicht mehr nur durch den religiösen Anspruch der Bekehrung geprägten Interesse für diese Völker entwickelte sich mit der Ethnologie eine neue Disziplin, welche das Studium der »Naturvölker« betrieb. Diese Studien trugen entweder dazu bei – verbunden mit der Vorstellung eines Mangels an Kultur dieser »Wilden« – dem Begriff der Kulturvölker den der Naturvölker gegenüberzustellen oder aber ein natürliches Sexualverhalten zu postulieren, dies wiederum verbunden mit der Idee der Nähe zur Natur, also einem ungehemmten Ausleben der Sexualtriebe. Freuds Ansichten über die verheerenden Folgen der unbefriedigenden Sexualpraktiken sind zum Teil von dieser Idealisierung des Sexuallebens der Naturvölker geprägt. Die andere Tendenz bestand darin, Natur und Kultur nicht als Antagonismen zu sehen, sondern den Begriff der Kultur zu erweitern und vom universellen Anspruch der christlichen Religion weg hin zu einer Anerkennung unterschiedlicher Kulturen zu gelangen. Die amerikanische Schule der Kulturanthropologie mit Margaret Mead als bekanntester Vertreterin (vgl. bes. *Coming of Age in Samoa* 1928)[14], hat viel dazu beigetragen, vollkommen unterschiedliche Verhaltensweisen, d.h. repressive ebenso wie permissive, auf dem Gebiet der Sexualität auch bei den sogenannten Naturvölkern zu postulieren. In Freuds Texten spiegelt sich auch diese Entwicklung wider. Ganz eindeutig wird in seinen frühen Texten die Kulturarbeit negativ bewertet, weil sie durch die Unterdrückung des Sexualtriebes neurotische Symptome

---

14 | Margaret Mead: *Coming of Age in Samoa*, New York 1928, dt. *Kindheit und Jugend in Samoa*, in: Jugend und Sexualität in primitiven Gesellschaften, Bd. 1, München 1970.

schaffe, wohingegen er in seinen späteren Schriften, wie z.B. in der 31. Vorlesung, die Kulturarbeit als die notwendige Arbeit am Trieb versteht, die dem Ich Spielraum gegenüber dem Es verschafft. Das Verständnis der Kulturarbeit hängt also mit den mehr oder weniger positiven oder negativen Vorstellungen eines Antagonismus zwischen Kultur und Natur zusammen, oder anders gesagt: mit der Fähigkeit, die befreienden und die unterdrückenden Elemente der Kulturarbeit zu artikulieren.

Der allgemeine historische und besonders wissenschaftsgeschichtliche Hintergrund, vor dem Lacan seine Konzepte entwickelt, ist ein ganz anderer. Seine Konzeption des Subjekts des Unbewußten ist, wie schon angedeutet, ohne die moderne Linguistik nicht zu denken: Subjekt ist, was ein Signifikant für einen anderen Signifikanten repräsentiert. Lacan versteht dieses Subjekt radikal als ein Sprachwesen und setzt es in Beziehung zum Objekt »a«, dem Objekt des Begehrens, und zur phallischen Funktion. Ihn hat zuerst die radikale Subjektivität des Surrealismus geprägt. Und auch wenn ihn, wie sein Artikel *Les complexes familiaux* von 1938[15] für die *Encyclopédie française* zeigt, der gesellschaftliche Aspekt der fortschreitenden Individualisierung interessierte, ist doch stets das Subjekt in seiner absoluten Singularität im Zentrum seines Interesses geblieben. Der Horizont des Universellen, vor dem dieses Subjekt artikuliert wurde, war die vom Strukturalismus befreite symbolische Funktion. Die Idee der Universalität verkörperte sich für Lacan nicht in der Wissenschaft mit ihrem Wahrheitsanspruch, sondern in der Produktion eines Systems von Lauten und Zeichen, in dessen unendlichen Möglichkeiten von Kombination und Opposition er die Darstellung eines Systems reiner Unterschiede sah. Die Übertragung dieser Möglichkeit einer rein symbolischen Handhabung des Unterschieds von der Mathematik auf eine Disziplin der Geisteswissenschaften, der Linguistik, ist einer der Gründe für die langandauernde Herrschaft des Strukturalismus in Frankreich. Der zweite bereichernde Einfluss auf Lacans Durcharbeitung der Freudschen Konzepte ist die Philosophie, genauer gesagt Kojèves[16] Vorlesungen über Hegel in den 1930er

---

15 | Jacques Lacan: La famille, in: *Encyclopédie française*, Paris 1938, Bd. 8. 40.3-16 u. 42.1-8; franz. Neuausgabe: *Les complexes familiaux dans la formation de l'individu*, Paris 1984; dt. Die Familie, übers. v. Fr. Kittler, in: *Schriften III*, hg. v. N. Haas/H.-J. Metzger, Weinheim 1986, S. 39-100.

16 | Alexandre Kojève: Hegel. Eine Vergegenwärtigung seines Denkens. Kommentar zur Phänomenologie des Geistes, hg. v. I. Fetscher, Frankfurt a. M. 1975.

Jahren, in denen er sein Konzept *du désir*, des Begehrens, des Subjekts des Begehrens und des strukturellen Mangels findet, das Lacans Denken seither charakterisiert. Seine Begegnung mit Althusser und dessen jungen Schülern, zu denen Jacques-Alain Miller gehörte, bereicherte seine Überlegungen über das Objekt »a«, das vom kleinen imaginären Anderen zum nicht ins Symbolische eingefassten Objekt, Grund des Begehrens, wird, sowie sein Konzept des Genießens.

Dieser strukturelle Ansatz, der die Kultur in ihrem universellen Aspekt als die dem Menschen gegebene Fähigkeit definiert, seine Umwelt in Symbolen mittels der Sprache zu erfassen, verleiht der Frage der Kulturarbeit eine neue Dimension, nämlich die der Artikulierung zwischen strukturellem Mangel bzw. Unbehagen und Geschichtlichkeit. Meiner Ansicht nach besteht die Arbeit, die in einer Kultur stattfindet, darin, dem Faktor der Veränderung Rechnung zu tragen, d.h. Unterschiede, die eine gewisse Kultur als strukturell betrachtet, in die Geschichte einzuschreiben durch die Möglichkeit, Vorstellungen, die zum Beispiel mit dem Geschlechtsunterschied, mit unterschiedlichem sexuellen Genießen, verbunden sind, zu hinterfragen. In diesem Sinne könnte man die Kulturarbeit heute als die Arbeit definieren, die das Sprachwesen in seiner Universalität mit der singulären Anerkennung oder Verleugnung des Geschlechtsunterschieds verbindet. Jedes Subjekt wird bei seiner Geburt durch die Ankündigung: »Es ist ein Junge, es ist ein Mädchen« in die Sprache eingebunden. Die Arbeit jeder einzelnen Kultur zeigt sich daran, wie dieser reale biologische Unterschied sich imaginär und symbolisch verknotet – und zwar in der Weise, dass sie einen Mythos konstruiert, der diesen Unterschied rechtfertigt, wie das Alte Testament es für die jüdisch-christliche Kultur tut. Für diese Tatsache hat die französische Anthropologin Françoise Héritier[17] den Begriff der »valence différentielle du sexe«, der »differentiellen Wertung des Geschlechts« geprägt, eine Wertung, die immer eine Hierarchie ausdrückt, die den Männern die Kontrolle über die soziale Nutzbarmachung der weiblichen Fortpflanzungsfunktion gewährleisten soll.

Die Bedingungen dieser sozialen Nutzbarmachung haben sich radikal geändert in dem kleinen Teil der Welt, den man die abendländische Kultur nennt. Die am Anfang des 20. Jahrhunderts begonnene Infragestellung der Grenze zwischen Natur und Kultur hat seit den 1950er Jahren

---

17 | Françoise Héritier: Hommes, Femmes: La construction de la différence, Paris 2010.

des letzten Jahrhunderts einen neuen Aufschwung erhalten. Einerseits hat das Buch *Le deuxième sexe* von Simone de Beauvoir[18] der Befragung der traditionellen Vorstellungen des Geschlechtsunterschieds einen gewaltigen Denkanstoß gegeben. Der französische Titel und die Übersetzungsoption im Deutschen (*Das andere Geschlecht*) spiegeln das ganze Spektrum der Diskussionen und Theorien wider, die seit dem Ende des 19. Jahrhunderts geführt und aufgestellt worden sind, um die Frau – auf dem Gebiet der Politik sowie der Philosophie – von der Natürlichkeit ihrer Mutterrolle zu befreien und sie in die Kultur einzuführen. Diese Einführung in die Kultur trifft mit einer klaren Trennung von »weiblich« und »mütterlich« zusammen. Simone de Beauvoir verlangt die Anerkennung eines weiblichen Begehrens und hat deshalb eine sehr negative Einstellung zur Mutterrolle, in der sie die Ursache für die Unterdrückung der Frauen sieht.

In den 1970er Jahren ermöglicht es eine andere, eine technische Errungenschaft, diesmal auf dem Gebiet der Medizin, »eine Lücke in unserer ärztlichen Technik auszufüllen, die Unzähligen den Lebensgenuss erhält und die Gesundheit bewahrt«, wie Freud die Erfindung eines sicheren Verhütungsmittels in seinem 1898 geschriebenen Text *Die Sexualität in der Ätiologie der Neurosen* beschwört. Dieses sichere Verhütungsmittel, heutzutage kurz »die Pille« genannt, ist, um es noch einmal mit Freuds Worten zu formulieren, »einer der größten Triumphe der Menschheit, eine der fühlbarsten Befreiungen von Naturzwange, dem unser Geschlecht unterworfen ist«. Freud fügt hinzu, dass damit »eine tief einschneidende Veränderung in unseren gesellschaftlichen Zuständen angebahnt« würde.[19]

Um diese »tief einschneidende Veränderung« geht es mir. Sie hat die Vorstellungen von Kultur und Natur zutiefst erschüttert. Die den Frauen abverlangte und von jeder Gesellschaft organisierte totale Verfügbarkeit ihres Körpers im Dienste dessen, was lange Zeit das Überleben der Menschheit bedeutete, ermöglichte es ihnen nicht, sich als Subjekt zu erleben oder darzustellen, weder auf politischer noch auf intellektueller Ebene in dem Sinn, dass sie politisch unmündig waren und bis zum Anfang des 20. Jahrhunderts keinen Zugang zur höheren Bildung hatten. Und weil sie dieser Funktion der Reproduktion unterworfen waren, die

---

18 | Simone de Beauvoir: *Le deuxième sexe* (1949); dt.: *Das andere Geschlecht. Sitte und Sexus der Frau*, Hamburg 1951.
19 | Sigmund Freud: Die Sexualität in der Ätiologie der Neurosen (1898), in: *Sexualleben*, Studienausgabe, Bd. V, Frankfurt a. M. 1969, S. 11-35.

sie auf die Seite der Natur stellte, hatten sie am Universellen, so wie Descartes es für den Mann definiert hatte, nicht teil, sie waren die anderen, das Heterogene, kurz: der schwarze Kontinent. Diese Idee des schwarzen Kontinents hängt wohl auch mit der Tatsache zusammen, dass der medizinische Diskurs sich im Laufe des 20. Jahrhunderts erst langsam von der aus der griechischen Antike stammenden Vorstellung eines Zusammenhangs zwischen dem Uterus, υστερα, und der Hysterie, als der weiblichen Krankheit überhaupt, lösen konnte – ob es sich nun um die mittelalterlichen Spekulationen der Besessenheit oder die Mitte des 19. Jahrhunderts von den Psychiatern vertretene Idee einer »Fureur utérine«, einer »uterinen Raserei« handelt. Erst durch die Loslösung von diesen Vorstellungen war es möglich, einen Zugang zur rein wissenschaftlichen Erforschung des weiblichen Körpers zu bekommen.

Der amerikanische Biologe und Soziologe Alfred Kinsey erforscht die menschliche Sexualität anhand von Umfragen und Statistiken, sein Werk *Das weibliche Sexualverhalten* erschien 1953 in Amerika,[20] und die Studien von Masters und Johnson, die der langen Nacht über das weibliche Genießen ein Ende machen, indem sie einen weiblichen Orgasmus postulieren, stammen aus den späten 1960er und den 1970er Jahren.[21] Diese Produktion eines wissenschaftlichen Diskurses über den weiblichen Körper, das weibliche Geschlecht, war die Bedingung für die Erfindung eines sicheren Verhütungsmittels. Dabei handelt es sich um eine Eroberung der Kultur, die der totalen Verfügbarkeit des weiblichen Körpers vom biologischen Standpunkt aus ein Ende gemacht hat. Dadurch wurde den Frauen – nicht einzelnen, wie dies früher der Fall sein konnte, sondern als Geschlecht – die von den Feministinnen geforderte Einführung in die Kultur ermöglicht, so dass sexuelles Begehren und Wunsch nach einem Kind getrennt erlebt werden können. Um es anders zu formulieren: Dadurch, dass die von der Gesellschaft auferlegte Kontrolle der Fruchtbarkeit durch die Erfindung der Pille zu einem individuellen Akt geworden ist, können sich die Frauen voll in die am Anfang des 20. Jahrhunderts beginnende Säkularisierung und Individualisierung der sich entwickelnden Industriegesell-

---

20 | Alfred Kinsey: *Sexual Behavior in the Human Female* (1953), dt. *Das sexuelle Verhalten der Frau*, Berlin u.a. 1965.
21 | William H. Masters/Virginia Johnson: *The Human Sexual Response*, Boston 1966; dt.: *Die sexuelle Reaktion*, Frankfurt a. M. 1967; dies.: *The Pleasure Bond. A new Look at Sexuality and Commitment*, Boston 1974.

schaft einschreiben. Die Psychoanalyse hat in dieser historischen Konstellation die Aufgabe zu erforschen und zu theoretisieren, wie sich dieser reale Eingriff in die Bedingungen der menschlichen Fruchtbarkeit auf individueller Ebene in den Vorstellungen, Fantasien und im sexuellen Verhalten ausdrückt – und in einem nicht zu unterschätzenden Maße wird die Arbeit der Psychoanalyse hiervon bestimmt. Die am häufigsten zitierten Folgen im Bereich der Klinik sind der Rückgang der Klage über Frigidität, die Zunahme der Klage über die Spaltung zwischen Liebes- und Sexualobjekt und bei Frauen, die die individuelle Entscheidung treffen, Mutter zu werden, massive Ängste, dass diese Entscheidung sie aus der Kultur wieder in die Natur verstoße, verbunden mit der Vorstellung der *Pondeuse*, der Bruthenne, wie Lacan die Mütter manchmal nennt. Diese Klagen sind vor dem Hintergrund der erst durch die Pille ermöglichten Freiheit des individuellen Erlebens der weiblichen Sexualität zu verstehen. Die Frigidität zum Beispiel kann erst als ein individuelles Symptom psychischen Leidens verstanden werden, wenn die gesellschaftlichen Bedingungen der strukturellen sexuellen Schädigung der Frauen, so wie Freud sie in seinem Artikel von 1908 über die kulturelle Sexualmoral genau beschreibt, sich ändern.

Die Erfindung der Pille hat also schwerwiegende gesellschaftliche Veränderungen herbeigeführt, hat die bis dahin geschlechtlich bestimmte Aufgabenverteilung auf dem Gebiet der Arbeit völlig durcheinandergewirbelt, die weniger große Sublimationsfähigkeit der Frauen durch den Zugang zur allgemeinen Bildung aufgehoben und auch die Familie neu organisiert – kurz gesagt: Sie hat das Ende des Patriarchats herbeigeführt. Wir leben heute in einer koagnativen Familienstruktur[22]. Und sie erschüttert natürlich auch die Vorstellungen und die Signifikanten, die den Geschlechtsunterschied benennen und in jeder Gesellschaft die Produktion der Kategorien von männlich und weiblich bestimmen. Da, wo Anfang des 20. Jahrhunderts die Idee der Bisexualität den starren Antagonismus von männlich und weiblich aufzulockern begann, haben die in den 1980er Jahren in den USA aufkommenden »Gender Studies« diese immer wieder

---

22 | In der mittelalterlichen Genealogie wird zwischen Agnaten, den Nachkommen in männlicher Linie (patrilinear), und Kognaten, Nachkommen in weiblicher Linie, unterschieden (vgl. Glossar, in: André Burguière/Christiane Klapisch-Zuber/Martine Segalen/Françoise Zonabend: *Geschichte der Familie*, Bd. 3: Neuzeit, Frankfurt a. M./New York 1997, S. 477.

auftauchende Versuchung des Essentialismus radikal hinterfragt. Durch die Einführung einer Unterscheidung zwischen biologischem und sozialem Geschlecht haben sie die von der Kulturanthropologie schon formulierte Behauptung der sozialen Produktion der Kategorien von männlich und weiblich zu Ende gedacht und diese Kategorien auf eine von jeder Gesellschaft geforderte Performativität des Geschlechtsverhaltens reduziert. Diese Dekonstruktion der scheinbar natürlichen Einheit von biologischem und sozialem Geschlecht hat die Frage nach dem Unterschied von der radikalen Dualität männlich/weiblich auf die Anerkennung eines rein individuellen Unterschieds heterogener Subjekte verlegt.

Diese Umwälzung hat 2000 Jahre Christentum und die Vorstellungen über die Mutter als Jungfrau, die Mutterliebe und den Mutterinstinkt desakralisiert sowie dem Tabu der Jungfräulichkeit ein Ende gemacht. Um nur ein einziges Beispiel zu nennen: Die mit der Pille verbundene Befreiung des weiblichen Sexualverhaltens hat in Frankreich zum Beispiel ganz massiv den Signifikanten »pute« (Hure) produziert. Alle Reden der Jugendlichen, ob Jungen oder Mädchen, sind von diesem Signifikanten durchzogen, alles ist »putain de«[23], sie zeugen von der Gewalt, die die Desakralisierung der Vorstellung eines weiblichen Genießens auslöst. Andererseits ist eben diese Banalisierung das Zeichen dafür, dass aus der Bezeichnung Hure für eine ganz bestimmte sozial definierte Kategorie von Frauen ein Signifikant geworden ist, der mit der Benennung einer Tatsache nichts mehr zu tun hat. Solange der Begriff Hure überwiegend eine soziale Tatsache ausdrückt, ist er mit ganz konkreten Diskriminierungen verbunden. In dem Augenblick, wo für junge Frauen die Möglichkeit besteht, sich dieser Benennung nicht zu unterwerfen, wird der Begriff zum Signifikanten. Die heutige Kulturarbeit besteht für mich in dieser Möglichkeit eines singulären Umgangs mit der Normativität desjenigen Unterschieds, der zwischen den kulturellen Positionen von Mann und Frau existiert und der von den Kategorien jeder Sprache und jeden Sprechens (re-)produziert wird. Eine Bewegung junger Frauen aus der Emigration, die sich »Ni putes ni soumises« (Weder Huren noch unterworfen) nennt und in den ersten Jahren des 21. Jahrhunderts gegründet wurde, versucht sich mit der Unterwerfung unter diesen Signifikanten auseinanderzusetzen,

---

23 | Vergleichbar der weitverbreiteten vulgärsprachlichen Rede im Englischen: »fuck you«, »fucking weather« etc., allerdings ohne die geschlechtsspezifische Konnotation.

indem sie den Slogan: »Une petite fille qui grandit devient une jeune fille et non une pute« (Ein kleines Mädchen, das erwachsen wird, wird eine junge Frau, keine Hure) geprägt hat. Ihr Kampf demonstriert den Unterschied zwischen dem Moment, wo diese Beschimpfung noch tiefgreifende soziale Folgen hat, die das ganze soziale Verhalten der jungen Mädchen in den Vorstädten zum Teil heute noch bestimmt, und dem Augenblick, wo eine soziale Ordnung, eine Kultur, es den Jugendlichen erlaubt, sich des Wortes zu bemächtigen, um es zu hinterfragen, wo die Wahrnehmung des Geschlechtsunterschieds sich aus dem radikalen Antagonismus von männlich/mütterlich lösen kann, um eine individuelle, subjektive Handhabung der Sprache zu ermöglichen.

Zum Schluss möchte ich noch einmal zusammenfassend die Frage der Kulturarbeit so formulieren: Seit dem Zeitalter der Aufklärung versucht die Philosophie der Religion einen universellen Diskurs gegenüberzustellen, einen Diskurs, der alle Menschen umfasst. Dieser Universalismus, von dem die Französische Revolution ein bedeutender politischer Ausdruck ist, beruhte auf dem Anspruch auf Rationalität, der sich am Anfang des 20. Jahrhunderts in den Anspruch der Wissenschaft auf Allgemeingültigkeit verwandelte. Die Frauen als irrationale, von der Natur abhängige Wesen, als Objekt des Tausches, hatten an dieser Konstitution des Universellen nicht teil. Die am Anfang des 20. Jahrhunderts sich verstärkenden Säkularisierungs- und Individualisierungsprozesse des menschlichen Daseins waren die Bedingungen für das Aufkommen der Psychoanalyse. Die Psychoanalyse dehnte diese Individualisierung auch auf die Frauen aus, indem sie sie aus ihrem Status eines Objekts der Wissenschaft, wie noch bei Charcot, erlöste und in Subjekte eines individuellen psychischen Leidens verwandelte, das sich in der Sprache ausdrückte. Aber der eigentliche Zugang zum Universellen wurde ihnen erst mit der Möglichkeit gegeben, das, was Freud im *Kleinen Hans*[24] ihre Schicksalsrolle nennt, nämlich: die Mutterrolle, selbst zu wählen. Freuds Begriff der Kulturarbeit ist alles andere als idealistisch. Vielmehr ist psychoanalytische Kulturarbeit im Realen ihrer Zeit, im Falle Freuds der Problematik der repressiven Normen des Sexualverhaltens, verankert und analysiert diese sozial bedingte Unterdrückung der Sexualtriebe im individuellen Mechanismus der Verdrängung. Die durch die Pille ermöglichte massive Liberalisierung

---

24 | Sigmund Freud: Analyse der Phobie eines fünfjährigen Knaben (1909), in: *Studienausgabe Bd. I*, Frankfurt a. M. 1969, S. 9-123.

des Sexualverhaltens der Frauen hat die Problematik der Kulturarbeit von der Produktion normativer sexueller Verhaltensweisen verschoben auf die Möglichkeit einer Lockerung oder Auflösung der Hierarchien, d. h. den unterschiedlichen Wertungen des Geschlechtsunterschieds. Dieses Postulat der Dekonstruktion im Sinne Derridas, einer Dekonstruktion nicht des Unterschieds als solchem, sondern der damit verbundenen Hierarchie, beschränkt sich nicht auf den Geschlechterunterschied. Diese Dekonstruktion ist ein gesellschaftliches Phänomen, das auch die Idee des Rassenunterschieds, der nationalen Charaktere, der verschiedenen Religionen und – gerade heute wieder – die Gegenüberstellung einer unterdrückten, zerstörten Natur umschließt. Die Arbeit der Kultur betrifft sowohl die Gesellschaft als solches als auch jedes einzelne Subjekt. Dabei geht es immer auch um die Erarbeitung von Vorstellungen und Signifikanten, die den »Narzißmus der kleinen Differenzen«[25] und des großen Unterschieds nicht in einem radikalen Antagonismus darstellen. Diese Erarbeitung ist Bestandteil jeder Kulturarbeit.

---

25 | Sigmund Freud: *Das Unbehagen in der Kultur* (1930), in: *Fragen der Gesellschaft, Ursprünge der Religion*, Studienausgabe Bd. IX, Frankfurt a. M. 1972, S. 243.

Trauerarbeit oder Krieg

Annemarie Hamad

Die Idee einer Gegenüberstellung von Arbeit und Krieg ergab sich aus zwei Quellen: Freuds Artikel von 1915/1917 über *Trauer und Melancholie* und Shakespeares Stück *Coriolan*, die Tragödie des erfolgreichen römischen Feldherrn, Heldensohn einer ehrgeizigen Mutter, für den es außer Kriegführen bis zum Tod keine Lebensalternative gab. Ich hätte auch den zwischen mörderischem Rasen und melancholischem Brüten schwankenden Ajax nennen können oder gar den vom jugendlichen Freud bewunderten Hannibal. Freud selbst hat seinen Feldzug mit der Feder geführt: Schreiben (seine Analyse besteht ja eigentlich aus der Niederschrift der Briefe an Fließ) tritt an die Stelle der schmerzlindernden Kokaineinnahme, die nicht nur in Euphorie versetzt, sondern auch Geniales verspricht, dabei aber zerstörerisch wirkt.

Der Weg vom Thema »Arbeit« zum Text über *Trauer und Melancholie* war für mich ein unmittelbarer, eine direkte Assoziation, die sich wohl unter anderem aus einer schon länger verfolgten Fragestellung darüber ergab, dass sich der Ausdruck »Trauerarbeit« (*travail de deuil*) im Französischen stark banalisiert hat, und zwar in einer Weise, die auch bei etlichen Patienten den Ansatz der analytischen Arbeit nicht unbedingt vorteilhaft beeinflusst. Es scheint mir, dass der Begriff Arbeit heute in der Ideologie des Wettbewerbs und des Leistungsdrangs überwiegend als ein bewusstes, aktives Müssen erlebt wird. Man muss eine Trauerarbeit leisten (*faire son deuil*) – bezogen auf irgendetwas, auf Gegenstände wie etwa ein kaputtes Fahrrad oder eine intensive Leidenschaft, die verlorene Liebe. Man will auch möglichst schnell mit der Trauer fertig werden, mit dem Ziel, einen gleichwertigen Ersatz zu finden. Es geht also um die völlige Verkennung dessen, worauf Freud den Akzent der Trauerarbeit setzt, nämlich deren notwendige Dauer und Schwierigkeit. Freud weist darauf hin, dass die Realitätsprüfung, erst nachdem sie gezeigt hat, dass das geliebte Objekt nicht mehr besteht, »nun die Aufforderung [erlässt], alle Libido aus ihren Verknüpfungen mit diesem Objekt abzuziehen«[1].

Und Freud fährt fort: »Dagegen erhebt sich ein begreifliches Sträuben, – es ist allgemein zu beobachten, dass der Mensch eine Libidoposition nicht gern verlässt, selbst dann nicht, wenn ihm ein Ersatz bereits winkt.«[2] Was heißt es denn nun, die Libido vom Objekt abzuziehen? Es heißt, den ganzen schmerzlichen Weg der ursprünglichen Subjektivierung des Objekts des Anderen, das wir einst waren, erneut einzuschlagen. Wir werden auf den Stand der Hilflosigkeit des ersten Lebensjahres zurückgeworfen, wo die notgedrungene Abhängigkeit vom Nebenmensch genauso viel feindliche wie anhängliche Regungen auslöst. Das von Freud verwendete Vokabular in diesem Text bezeugt einerseits die Idee der Arbeit, andererseits den wütenden Kampf um die Vernichtung des Schmerzobjekts in der Melancholie.

Oft ist der Prokreationsakt als eine Abwehr oder eine mögliche Reinszenierung dieser Urproblematik zu verstehen. Lacan sagt in seinem Seminar über die Angst: »Es genügt uns, aus unserer Erfahrung der Übertragung und aus dem Wissen zu welchem Zeitpunkt in der Analyse unsere Analysantinnen schwanger werden und wozu es ihnen dient, um genau zu erkennen, dass es immer der Schutzwall einer Rückkehr zum tiefsten Narzissmus ist.«[3] Dazu fällt mir als beredtes Beispiel von Trauerarbeit aus meiner Praxis die Schwangerschaftsunterbrechung eines jungen Mädchens ein: Es geht dabei um deren Verknüpfungen mit Erfahrungen der vorangegangenen Generationen, verschwiegenen oder verstorbenen Kin-

---

1 | Sigmund Freud: *Trauer und Melancholie* (1915/17), in: *Gesammelte Werke* (London 1940-1952) Frankfurt a. M. 1960, Bd. X, S. 428; oder in: *Psychologie des Unbewußte*, Studienausgabe Bd. III, Frankfurt a. M. 1972, S. 199. Freud besteht auf dem Zeitaufwand: »Der Auftrag der Realität wird nun im einzelnen und unter großem Aufwand von Zeit und Besetzungsenergie durchgeführt und unterdes die Existenz des verlorenen Objekts psychisch fortgesetzt. Jede einzelne der Erinnerungen und Erwartungen, in denen die Libido an das Objekt geknüpft war, wird eingestellt, übersetzt und an ihr die Lösung der Libido vollzogen.«
2 | Ebd.
3 | Jacques Lacan: Seminar X: *Die Angst*, 23.01.1963 (édition ALI, S. 140).

dern der Eltern und Großeltern, mit deren enttäuschten Wünschen, einen Jungen zu haben. Die ganze Problematik der Einstellung der Vorfahren zu ihrer Geschlechterrolle tritt damit natürlich unablässig zutage und beansprucht die Libido der Analysantin. Im Französischen sagt man: »Ça la travaille«, was stärker ist als etwa: »Das beschäftigt sie«. Es heißt eher: »Das bedrängt sie«.

Damit bin ich bei der Etymologie des Wortes »Arbeit«, die mich sowohl im Deutschen als auch im Französischen überrascht und im Zusammenhang mit dem melancholischen Leiden interessiert hat. Im althochdeutschen wie noch im mittelhochdeutschen Sprachgebrauch überwiegen die Bedeutungen Plage, Mühsal, Not, also das (mehr oder weniger) passive Erleiden. Die germanische Wurzel ist das Verb *arbejo*, »verwaistes und daher aus Not zu harter Arbeit gezwungenes Kind«,[4] was uns zur ursprünglichen Hilflosigkeit und der Not des Lebens in Freuds Texten führt. Die positive Bewertung der Arbeit als aktive Tätigkeit soll erstmals bei Luther erschienen sein und sich unter dem Einfluss des aufsteigenden Bürgertums und der kapitalistischen Produktionsverhältnisse vollzogen haben.[5] Das französische Wort *travail* erscheint im elften Jahrhundert in der Ableitung vom lateinischen *tripaliare*[6], was buchstäblich »quälen«, »foltern« bedeutet. Der klassische Sinn des Verbs *travailler* ist *faire souffrir*, (körperlich oder psychisch) »leiden machen«, und auch »leiden«. Im Mittelfranzösischen gewinnt die Idee der Verwandlung, der Veränderung an Bedeutung,

---

4 | Etymologisches Wörterbuch des Deutschen, unter der Leitung von Wolfgang Pfeifer, DTV. 1999. Dort wird auch die Verbindung zum indoeurpäischen *orbh* = Waise, verwaist hergestellt.

5 | Vgl. hierzu: Jacques Lacan: Seminar XVII: *L'envers de la psychanalyse* [Die Kehrseite der Psychoanalyse] (1969-1970), Seuil: Paris 1991, S. 195: »Niemals in der Geschichte der Menschheit ist die Arbeit so hoch eingeschätzt worden. Es ist sogar ausgeschlossen, dass man nicht arbeitet. Das ist immerhin der Erfolg dessen, was ich den Diskurs des Herren nenne [...] dazu gehört, dieser entscheidende Umbruch, der ebenfalls dem Diskurs des Herren seinen kapitalistischen Stil verleiht«.

6 | Vgl.: *trepalium*: Gerät aus drei Pfosten, um Ochsen und Pferde beim Behufen zum Stillhalten zu zwingen.

und zwar nicht unbedingt in Verbindung mit menschlichen Tätigkeiten. So spricht man von »travail de la nature«, »travail du temps«.[7]

Es ist offensichtlich, dass die geschichtliche Sinnveränderung des Wortes mit der gesellschaftlichen Entwicklung eng verknüpft ist. Weniger auffällig ist vielleicht deren Anwendung im Bereich des psychischen Geschehens. Wie gelangt man von Qual, Plage, Folterung zur Arbeit im Sinne einer Veränderung? Jedenfalls eröffnet uns dieser kurze Rückblick eine gewisse Einsicht darüber, weshalb Freud auf die für uns anfänglich erstaunliche Idee der Trauer als Arbeit gekommen ist.[8] Diese Betrachtungsweise mindert wohl auch die radikale Kritik am Konzept der Trauerarbeit, die Jean Allouch in seinem umfangreichen Buch *Erotik der Trauer zur Zeit des trockenen Todes*[9] geübt hat, indem er den Terminus als historisch bedingt und gewissermaßen als Ablösung für die Idee der Katharsis gewertet hat. Seiner Meinung nach tendiere die Psychoanalyse dazu, die Trauer auf eine Arbeit zu reduzieren.[10] Stattdessen handele es sich darum, die Trauer auf den Status des Akts zu erheben, denn seiner Meinung nach »besteht ein Abgrund zwischen Arbeit und der Subjektivierung eines Verlusts. Der Akt hat es in sich, im Subjekt einen Verlust ohne jegliche Entschädigung zu bewirken, einen glatten, reinen Verlust, der das Opfer eines Stückes seiner selbst erfordert.«

Diese Gegenüberstellung von Akt und Arbeit finden wir in Lacans Seminar *Der analytische Akt*[11]: Er besteht darin, dass der Analytiker als »sujet supposé savoir«, als Subjekt, dem ein Wissen unterstellt wird, vortäuscht, vergessen zu haben (jedoch nicht wirklich vergisst), dass er als solches zu Fall gebracht wird, wie zuvor sein eigener Analytiker von ihm als Objekt

---

7 | Im schweizerischen Sprachgebrauch sagt man nicht »arbeiten«, sondern »schaffe«, was dem schöpferischen Aspekt der Arbeit den Vorrang gibt.

8 | Dies ergibt sich natürlich auch klar daraus, dass Freud sich nicht nur das ganze psychische Geschehen als ein der psychoanalytischen Arbeit zugängliches vorgenommen hatte, sondern auch theoretisch-begrifflich jegliche »Seelentätigkeit« mit »psychischer Arbeit« gleichsetzte.

9 | Jean Allouch: *Erotique du deuil au temps de la mort sèche*, EPEL: Paris 1995, S. 110.

10 | Vielleicht hat er insofern recht, als der Begriff durch seine Verbreitung im allgemeinen Sprachgebrauch tatsächlich in seiner Tragweite reduziert worden ist. Jedoch ist es wohl eher die gesellschaftliche Entwicklung als die Psychoanalyse selbst, die diese Auffassung bewirkt.

11 | Jacques Lacan: Séminaire XV: *L'acte analytique* (1967-1968).

abgefallen ist.¹² Durch diesen Akt ermöglicht er dem Analysanten, den er gewissermaßen vor die Aufgabe stellt (»mettre à la tâche« hat einen Anklang an Schuftarbeit), auf dieses Ziel, d.h. auf das Ziel der Wahrheit – anders gesagt: auf seine Kastration – hinzuarbeiten, nicht (der Phallus) zu sein. Auf diese Weise sieht man klar, dass der analytische Akt eigentlich das Ende der (Trauer-)Arbeit bedeutet, und zwar einerseits in dem Sinne, dass der glatte, reine Verlust in der Form des Nichtseins anerkannt worden ist, und anderseits auch im Sinne dessen, dass der Analysant mit der Wahl, als Analytiker zu arbeiten, den Ersatz für diesen Verlust darin findet, für andere das Objekt a zu verkörpern. Wie wir wissen, hat Lacan einzig das Objekt a und die Kategorie des Realen als seine eigenen Erfindungen beansprucht.¹³ Durch seine unablässige Neubearbeitung der Konzepte hat Lacan auch von diesem Anspruch Abstand genommen. So erklärt er, dass im Diskurs, der ihn bestimmt, schon enthalten war, was er als seine Entdeckung beansprucht hatte: »Wenn ich eines Tags erfunden habe, was das Objekt a ist, dann eben, weil es in *Trauer und Melancholie* geschrieben steht.«¹⁴ Diese Aussage kann als beispielhaft für eine Trauerarbeit gelten, insofern es sich um eine Verzichtserklärung auf Originalität, auf die Einzigartigkeit als Erfinder handelt, und zwar durch Anerkennung der Schuld gegenüber dem geschichtlich Ererbten.

Eine solche Verzichtserklärung und symbolische Schuldanerkennung heißt Kastration (weder der Phallus sein noch ihn haben wollen). Um sich jedoch zur Formulierung dieser Dialektik hindurchzuringen, muss man eine Zeit lang die Überzeugung gehegt haben, einzigartig und vollkommen originell zu sein. Genauso wie das Kleinkind, *his majesty the baby*, es für seine Eltern ist. Trauerarbeit ist, von dieser Stellung und dem narzißtischen Genießen, das damit einhergeht, Abschied zu nehmen. Falls aus irgendwelchen Gründen¹⁵ diese narzißtische Grundlage, die das Selbstgefühl eines jeden Menschenwesens bildet, allzu prekär ist, kann

---

12 | Ebd., ed. ALI, S. 58, Lektion des 29.11.1967.

13 | Zum ersten Mal am 16.11.1966, im Seminar: *Die Logik des Fantasmas*. Vgl. hierzu Eric Porge: Jacques Lacan. Un psychanalyste, Eres: Paris 2000, S. 173-174.

14 | Ebd., Zitat aus: Quarto, 1981, no. 5. Conférence à Louvain le 13 octobre 1972.

15 | Krankheit oder Depression der Mutter, Frühgeburt mit medizinischen Komplikationen, Todesfall in der Familie um die Zeit der Geburt, materielle Schwie-

man sich fragen, wovon es sich zu trennen gilt, was es zu betrauern gäbe. »Wir trauern nur um jemanden, von dem wir sagen können: Ich war sein Mangel.«[16] Wir können das so verstehen, dass die Trauerarbeit möglich ist unter der Bedingung, dass ich einstmals Objekt des Begehrens des Anderen (durch die Mutter verkörpert) gewesen bin und allmählich darauf verzichtet habe, wobei »a«, Genussverlust und somit Ursache des Begehrens, sich als Urmangel gebildet hat. Bei Personen, die einen melancholischen Zustand entwickeln, ist die Funktion von »a« prekär, weshalb denn der Verlust einer geliebten Person oder auch einer narzißtisch für sie grundlegenden Position die Trauerarbeit in einen bitteren Kampf zwischen dem Ich und dem ambivalent besetzten Objekt verwandelt. Während es in der Trauerarbeit um eine Wiederholung des Subjektivierungsprozesses im Symbolischen geht, kämpft sich das Ich des Melancholikers im Imaginären ab, es sei denn, aus der Destruktion ergebe sich ein neues Objekt in Form eines Sinthoms, welches die drei Register RSI wieder verknüpft. Um solche Sinthom-Arbeit geht es im folgenden klinischen Beispiel.

Um die in meinem Titel angedeutete Alternative zwischen Trauerarbeit und Krieg anzugehen, möchte ich mit einem klinischen Beispiel beginnen: Ein 18 Monate altes Mädchen aus einem Säuglingsheim, wo es zehn Tage nach der Geburt untergebracht wurde (weil seine psychotische Mutter ihm gefährlich war), verfällt in trostloses, verzweifeltes Schluchzen vor Eifersucht, sobald ihre Betreuerin sich um ein anderes Kind kümmert. Die typisch damit einhergehenden »Symptome« wie Neid auf die Spielzeuge in der Hand anderer und heftige Reaktionen auf jegliche Frustration erschweren den Umgang mit ihr.

Was mich bei der Arbeit mit ihr sofort interessiert hat, ist die Tatsache, dass sie kein Interesse für die Spielkiste, sondern bloß für einen Filzstift, meine Aktenmappen und mein Adressbüchlein zeigte.[17] »Schreiben«, Seiten umblättern, »Lesen«, darum ging es ihr in der Übertragungssituation. Andererseits wurde der Filzstift zur Waffe gegen mich oder meine Möbel,

---

rigkeiten und dergleichen die Aufmerksamkeit der Eltern absorbierende Geschehnisse.

16 | Jacques Lacan: Séminaire X: *L'Angoisse* [Die Angst] (1962/63), Lektion vom 30.01.1963.

17 | Dazu soll gesagt sein, dass ich ihr bei der ersten Begegnung, wie üblich bei solchen Fällen, aus ihren Akten die Namen ihrer Eltern, Geburtsdatum usw. vorgelesen hatte.

sobald ich ihr etwas untersagte, d.h. wenn ich ihr den Unterschied zwischen »Dein« und »Mein« klarzumachen versuchte, was ihr zunächst als ein Unmögliches erschien, und zwar dermaßen, dass sie sich verzweifelt schreiend zu Boden warf. Dieses Agieren im Angriff und sich Hinwerfen repräsentiert den Schmerz ihrer ersten Lebenstage. Ich erlebe es als eine Inszenierung, einen Schreibversuch um das Loch des Geburtstraumas herum.

Dadurch, dass ich sie als sich im Schmerz empfindendes Subjekt anerkenne, kommt sie zur Beruhigung und geht schnurstracks zum Versteckspiel mit mir über. Darin sublimieren sich spielerisch und sprachlich Sein und Nichtsein im Bereich des Anderen. Die Trauerarbeit setzt ein, geopfert wird ein Stück Schmerz am eigenen Körper oder am Körper des Anderen. Freud spricht von der »primären Feindseligkeit der Menschen gegeneinander, deretwegen die Kulturgesellschaft beständig vom Zerfall bedroht ist«.[18] In diesem Fallbeispiel sieht man sie am Werk, die Feindseligkeit, und zwar in dieser höchst wichtigen Lebensphase, in der sich die Subjektivierung und damit das Selbstgefühl (dessen Zerfall Freud als kennzeichnend für die Melancholie hervorhebt) im Zusammenwirken der drei Register des Symbolischen, des Imaginären und des Realen ausdrückt. Dieses Selbstgefühl, vom Anderen geschieden und verschieden zu sein, kann man als Ausdruck der Verknüpfung der drei Register auf der Ebene des Empfindens verstehen: das Reale des Leibes; das Imaginäre des Körpers (so wie er betrachtet, besprochen, d.h. von den Eltern nach ihrem eigenen Körperbild projiziert wird); und das Symbolische, wodurch das Subjekt als gespalten, als nichtganz, nicht-alles für den Anderen markiert wird, so wie der Andere sich als gespalten, nicht-alles, nicht-ganz für es erweist.

Lacan ist wiederholt auf die von Augustinus beschriebene Szene des Infans, des der Sprache noch nicht mächtigen Kindes zurückgekommen, das beim Anblick seines Milchbruders an der Brust der Amme vor Eifersucht erblasst. »Amaro aspectu«, schreibt Augustinus, bitter ist der Anblick, verbittert, gar vergiftet (*empoisonné*) ist der Blick, todesbleich das Kind im Moment der Wahrnehmung des Objektes, das sich ihm entzieht.

Lacan sieht hier den zentralen Punkt der ursprünglichen ambivalenten Aggressivität, die wir im Kulturleben als Ressentiment, Triebfeder von

---

18 | Sigmund Freud: *Das Unbehagen in der Kultur*, in: Gesammelte Werke (London 1940-1952), Frankfurt a. M. 1960, Bd. XIV, S. 471; oder in: *Fragen der Gesellschaft, Ursprünge der Religion*, Studienausgabe Bd. IX, Frankfurt a. M. 1972, S. 241.

Zwisten und Kriegen ständig wiederfinden. Gleichzeitig zeigt sich hier aber auch eine Subjektivierung des Objektverlusts, jedoch, so scheint mir, erfordert diese mehr als einen stummen, faszinierten Betrachter (wie Augustinus und wohl eine Zeit lang auch Lacan). Wie in meinem klinischen Beispiel geht es darum, dass ein Dritter das im Schmerz erblasste Kind durch Zusprache als Subjekt anerkennt. Nur das ermöglicht die notwendige Trauerarbeit im Bereich des Symbolischen. Schmerz *(douleur)* soll in Trauer *(deuil)* verwandelt werden. Vielleicht ist es erlaubt, sich zu fragen, ob Lacan selbst in seinem langen Kampf gegen die Egopsychologie und in der immer wieder aufgenommenen Verarbeitung dieser augustinschen Szene die Arbeit einer Trauer nachzuholen gedrängt wurde, die er früh im Leben allein getragen hatte. Aus dem, was aus dem Folgendem hervorgeht, eventuell auch mit Bezug auf die Identifizierung mit Joyce, ist man berechtigt, diese Frage zu stellen.[19] Einen Hinweis darauf sehe ich in der Tatsache, dass er im Jahre 1978 erfreut den Vorschlag einer neuen Übersetzung für »amaro aspectu« übernahm:

»*Empoisonné* (vergiftet) gehört einer Zeit an, in der ich von Augustinus's Text mehr belastet war *(plus écrasé)*. Das Wort *endeuillé*, ›von Trauer überschattet‹, weist darauf hin, was man klar gesprochen *deuil*, ›Trauer‹ nennt, d.h. schlussendlich auf ein Symptom. Darum bin ich optimistisch, denn ein Symptom, das verfliegt, das geht vorbei.«[20]

---

19 | Einerseits war seine Mutter sofort nach seiner Geburt wieder schwanger, andererseits, was noch bedeutender ist, starb der im folgenden Jahr geborene Bruder Raymond mit zwei Jahren an Hepatitis, als Jacques Lacan also drei war. (Elisabeth Roudinesco: Jacques Lacan. Esquisse d'une vie, histoire d'un système de pensée, Fayard: Paris 1993, S. 24/25; dt.: Jacques Lacan. Bericht über ein Leben, Geschichte eines Denksystems, übers. v. H.-D. Gondek, Köln 1996, 30). Man vergleiche damit den von Freud vollkommen verdrängten Tod seines kleinen Bruders Julius, als er selbst erst zwei Jahre alt war (Max Schur: La mort dans la vie de Freud, Gallimard: Paris 1982, S. 39; dt.: Sigmund Freud: Leben und Sterben, Frankfurt a. M. 1973, 35 u. 186).
20 | Jacques Lacan: »Ouverture du séminaire de Deniker à Sainte-Anne «, 10. November 1978, Bulletin de l'Association freudienne, 1984, no.7. (Zitat in: Erik Porge: Jacques Lacan. Un psychanalyste, Erès: Paris 2000, S. 182. Dort befindet sich auch die detaillierte Beschreibung der verschiedenen Stufen von Lacans Bearbeitung der augustinischen Szene.)

Die Witzarbeit
Aus dem unbekannten Vokabular der Psychoanalyse

ANNA TUSCHLING

DIE HERKUNFT DER WITZARBEIT

Bei der Witzarbeit handelt es sich um einen vergleichsweise unbekannten Begriff, der Sigmund Freuds Werk *Der Witz und seine Beziehung zum Unbewussten*[1] entstammt. Erinnert die *Witzarbeit* auch sogleich an die bekanntere *Traumarbeit*, so gehört sie doch anders als diese nicht zum festen Vokabular der Psychoanalyse. Da Freud das Witzbuch fünf Jahre nach der *Traumdeutung*[2] von 1900 und seiner eigenen Aussage zufolge als »Seitensprung« derselben veröffentlicht hat, steht dennoch zu vermuten, dass die Witzarbeit in enger Beziehung zum berühmten Mechanismus der Traumarbeit einzuordnen sei.[3] Die hier unternommene Suche nach der Witzarbeit kommt zum Ergebnis, dass diese Einschätzung ebenso zutrifft, wie sie fehlgeht. Einerseits öffnet die Witzarbeit tragende, an der Traumerzählung erprobte Theorieelemente in Richtung Sprachwitz. Andererseits setzt der *Witz* die Traumdeutung nicht einfach fort. Überhaupt scheint die *Witzarbeit* das Schicksal des gesamten Buches über den Witz zu teilen, nämlich einerseits ein ungeliebter Ableger der *Traumdeutung* zu sein und andererseits deren theoretischen Rahmen ansatzweise zu überschreiten. Der Begriff einer spezifischen Witzarbeit wird also von derselben Spannung

---

[1] | Freud, Sigmund: Der Witz und seine Beziehung zum Unbewußten, Gesammelte Werke, VI, Frankfurt a.M.: Fischer Taschenbuch 1999.
[2] | Freud, Sigmund: Die Traumdeutung, Gesammelte Werke, II/III, Frankfurt a.M.: Fischer Taschenbuch 1999.
[3] | Freud, Sigmund: »Selbstdarstellung«, Gesammelte Werke, XIV, Frankfurt a.M.: Fischer Taschenbuch 1999, S. 31-96, hier S. 91.

getragen, wie sie das ungewöhnliche Buch im Ganzen charakterisiert. Es erscheint darum notwendig, kurz den Aufbau der Witzschrift sowie ihre Funktion in Freuds Denksystem zu erläutern.

DER AUFBAU DER WITZSCHRIFT UND IHRE STELLUNG IM GESAMTWERK

Vielfach wurde betont, der dreigliedrige Aufbau des Witzbuches orientiere sich eng an der Komposition philosophischer Werke, bei denen auf die Analyse die Synthese folgt, um schließlich in die Theorie zu münden.[4] Diese Systematik erweist sich für den widersprüchlichen Witz jedoch als inadäquat, so dass Freud mit seiner Argumentation vielfach scheitert, wie neben Sarah Kofman insbesondere Jacques Lacan und Samuel Weber gezeigt haben.[5] Allem voran trägt das ökonomische Modell der psychischen Ersparnis nicht, mit dem Freud das Problem des Witzigen in wiederholten Anläufen penibel aufschlüsseln möchte (vgl. auch Derridas Kritik daran). Diesen Schwierigkeiten zum Trotz bietet das Buch beiläufig und hauptsächlich auf Nebenschauplätzen einige der ungewöhnlichsten Passagen des freudschen Werkes. Es sind dies vor allem jene Fragmente über den lachenden Dritten, der zugleich als untätiger Nutznießer und Garant der witzigen Erzählung auftritt. Das Buch ist aber nicht nur wegen der Figur des Dritten, sondern auch wegen seiner kostbaren Beispiele zu würdigen, legen sie doch Zeugnis von der überragenden Bedeutung klassisch jüdischer Witze ab (Der Kück von Krakau nach Lemberg, der löchrige Kessel etc.). Seit 1896 sammelte Freud jüdische Witze und Erzählungen, wie er Wilhelm Fließ brieflich mitteilt. Da es sich um das Todesjahr seines Vaters handelt, der die alten jüdischen Geschichten besonders liebte, hat Elliott Oring in seiner biographisierenden Lesart Freuds die beiden Ereignisse in Verbindung gebracht – zumal viele Witze väterlich konnotierte Autoritäten

---

4 | Kofman, Sarah: Die lachenden Dritten. Freud und der Witz, Verlag Internationale Psychoanalyse: München-Wien 1990, S. 3.

5 | Lacan, Jacques: Das Seminar Buch V. Die Bildungen des Unbewussten, hg von. Jacques-Alain Miller, übers. von Hans-Dieter Gondek, Wien: Turia + Kant 2006; Weber, Samuel: Freud-Legende. Vier Studien zum psychoanalytischen Denken, Wien: Passagen 2002.

angreifen.[6] Will man diese Perspektive einnehmen, so stellt der *Witz* auch ein Stück Trauerarbeit dar. Freuds Witzsammlung bildete jedenfalls den Fundus für die Beispiele des späteren Buches. Die Sammlung gilt leider als verschollen, da Freud sie aller Wahrscheinlichkeit nach im Zuge eines seiner so genannten Autodafés verbrannt hat.[7] Aus einem weiteren Grund ist das Witzbuch mit zerstörerischen oder wenigstens aggressiven Tendenzen verbunden: So weist Samuel Weber auf den Umstand hin, dass erst ein Angriff auf Freuds eigene Autorität als Wissenschaftler zur Entstehung der Witzschrift geführt habe.[8] Wilhelm Fließ, so Weber, konnte seine Kritik an Freuds Traumtheorie nämlich am ›witzigen‹ Eindruck der Deutungen festmachen. Damit ließ Fließ zugleich offen, ob die gedeuteten Träume oder ihr Interpret eigentümlich witzig seien. Weber legt seiner Lesart des Witzbuches diese aggressive Dynamik zwischen Fließ und Freud zugrunde und versteht das Werk in gewissem Sinne als Verteidigungsschrift der Traumdeutung.[9] Das ambivalente Verhältnis von *Traumdeutung* und *Witz* bestimmt auch die Prägung und Verwendung der ›Geschwisterbegriffe‹ Traumarbeit und Witzarbeit.

SPURENSUCHE NACH EINEM UNBEKANNTEN BEGRIFF

Jacques Lacan ist voll des Lobes für den *Witz*, da er neben der *Psychopathologie des Alltagslebens* und der *Traumdeutung* zu denjenigen Arbeiten Freuds gehört, die sich am Ausführlichsten mit dem Begehren und der Logik des Signifikanten auseinandersetzen. Er hebt das Werk über den *Witz* sogar im Superlativ als das durchsichtigste des freudschen Oeuvres hervor.[10] Vielleicht sollte diese Charakterisierung des Buches ironisch sein, haben doch viele Leserinnen und Leser eher seine Unübersichtlichkeit als seine Durchsichtigkeit erfahren, die auch das Nachdenken über die Witzarbeit

---

6 | Oring, Elliott: The jokes of Sigmund Freud. A study in humor and jewish identity, Philadelphia: University of Pennsylvania 1984.
7 | Ebd.
8 | Weber: Freud-Legende, S. 105f.
9 | Ebd.
10 | Lacan, Jacques: »Funktion und Feld des Sprechens und der Sprache in der Psychoanalyse«, Schriften I, 4. Aufl., Weinheim-Berlin: Quadriga 1996, S. 71-169, hier S. 110.

betrifft. Zwar kommt der Ausdruck Witzarbeit mehrfach zur Anwendung, bleibt aber auch nach intensiver Spurensuche noch schwer greifbar. Freud behandelt ihn meist nebenbei. Der Witzarbeit soll nun ein stückweit bei ihrem Auf- und Abtauchen im Verlauf des Buches gefolgt werden. Ist bei der Besprechung dieses geradezu überbilderten Buches auch sicherlich mit bildlicher Rede Vorsicht geboten, so möchte der Beitrag doch vorschlagen, den Begriff der Witzarbeit als blinden Passagier unter den Termini des Witzbuches zu betrachten, weil nichts passender erscheint. Die Witzarbeit wird bei der Lektüre wie ein blinder Passagier an unerwarteten Stellen gesichtet, tritt aber immer wieder in den Hintergrund. Es soll festgehalten werden, dass sie zugleich in enger Beziehung zur Traumarbeit zu sehen und wiederum nicht mit ihr gleichzusetzen ist. Im Folgenden wird Freuds Behandlung der Witzarbeit anhand dreier Stationen weiter herausgearbeitet. Erstens ist hier die bereits im Begriff selbst mitschwingende Analogie von Traum und Witz zu nennen, die Freud entwirft und welche die Traumarbeit und Witzarbeit eng zu verknüpfen trachtet. Zweitens die damit verbundene ›Lokalisation‹ der Witzarbeit in der so genannten ersten Person oder dem Erzähler des Witzes. Und drittens die *Überprüfung* der Witzarbeit durch den Zuhörer des Witzes, um Freuds eigene Formulierung zu gebrauchen. Insbesondere der letzte Punkt verbietet die Gleichsetzung der Witzarbeit mit der Traumarbeit.

TRAUM, WITZ UND ERZÄHLER

Am Traum entwickelt Freud den ersten großen und publizierten Entwurf seiner Seelenlehre, die er in den kommenden Jahren nach 1900 gerade auch dadurch verteidigt und ausbaut, dass er sie auf andere Phänomene als die Traumerzählung anwendet. Eine Analogisierung von Traum und Witz liegt allein deshalb nahe, weil die Witzschrift gewissermaßen eine Anwendung psychoanalytischer (Traum-)Theorie darstellt. Da die Abhandlung über den Witz mit der Analyse eines Beispiels witziger Verdichtung beginnt, ist der Weg zurück zu den Mechanismen des Traumes ebenfalls nicht weit. Freud wählt als Einstieg in die Witzanalyse eine berühmte Anekdote Heinrich Heines. In den *Bädern von Lucca* präsentiert Heine die Figur des Lotteriekollekteurs und Hühneraugenoperateurs Hirsch-Hyacinth, der sich gegenüber dem Autor Heine mit seiner Beziehung zum reichen Baron Rothschild rühmt. Dieser behandle ihn ganz wie seinesgleichen, ganz *famillionär*. Der Platz reicht hier nicht aus, um näher auf das ausgezeichnete erste Witzbeispiel und dessen Rezeptionsgeschichte u.a. in Lacans Seminar einzugehen (so verweist der Witz nicht nur auf das Signorelli-Beispiel aus der *Psychopathologie des Alltagslebens*, sondern auch auf die Familie und neben anderem auch auf monetären Reichtum). An dieser Stelle dient er vor allem der Illustration jener dominanten Gleichsetzung von Traum und Witz und damit von Traumarbeit und Witzarbeit, weil die witzige Verkürzung von Millionär und familiär zur Wortneuschöpfung famillionär mit der Verdichtung analog derjenigen in Träumen erklärt wird. Wären auch besonders im Rahmen der famillionär-Lektüre Erläuterungen zum Äquivalent der Traumarbeit im Witz zu vermuten, so bleibt die Suche nach der Witzarbeit fürs Erste vergebens und man stößt an ihrer Statt auf die Witz*techniken*, welche dem großen ersten Kapitel des Buches seinen Namen geben. Als Gegenstück zur Traumarbeit im Witz führt Freud damit zunächst nicht die Witzarbeit an, sondern die Witztechnik, und spricht gar von einer Analogie der beiden: »Eine so weitgehende Analogie der Witztechnik mit der Traumarbeit wird gewiß unser Interesse für die erstere steigern ...«.[11]

Der Begriff Witzarbeit hat – allerdings noch in Klammern gesetzt – dann aber doch kurz darauf seinen ersten Auftritt: Er wird reserviert als Bezeichnung für die psychischen Vorgänge bei der Bildung des Witzes, die Freud streng von den Vorgängen bei der Aufnahme des Witzes zu sondern wünscht.[12] Die Witzarbeit ist eine des Witzbildners, sie ist Bedingung seines Auftritts als erste Person und Erzähler. Diese ›Lokalisation‹ der Witzarbeit in der ersten Person bildet dasjenige Merkmal, welches der Text als ihr einziges Charakteristikum durchgängig beibehält. Vor diesem Hintergrund sind alle weiteren Erwähnungen der Witzarbeit zu verstehen, wenn sie ganz anders als die Traumarbeit im Sinne einer psychischen Kraft behandelt wird, die sich – so Freuds Wortwahl – der Abweichungen vom normalen Denken, der Verschiebung und des Widersinnes als technischer Mittel zur Herstellung des witzigen Ausdrucks bedient.[13] Gleich der Traumarbeit ist die Witzarbeit dennoch als Kompromissleistung zwischen vernünftiger Kritik und alter Lust am Unsinn aufzufassen.[14] Obwohl die

---

11 | Freud: GW VI, S. 29.
12 | Ebd., S. 56.
13 | Ebd., S. 63, 75, 82.
14 | Ebd., S. 200, 232.

Beschreibungen überzeugen, bleibt ein Problem bestehen, weil der Witz gerade nicht als Ein-Personen-Phänomen charakterisiert werden kann. Als entscheidenden (»durchgreifenden«) Unterschied zwischen Witz und Traum hält Freud fest, dass die Zensur von beiden anders umgangen werden muss.[15] Denn der Witz hat für den Hörer verständlich zu bleiben bzw. entzifferbar zu sein. Die Witzarbeit erhält sogar die Ehre, Freuds Interesse am Witz fast ganz abzuschließen, wobei er sich mit dem Grad ihrer Aufklärung unzufrieden zeigt: »Mit diesem letzten Beitrag, der wenn auch hypothetisch gebliebenen Aufklärung der Witzarbeit bei der ersten Person, ist aber unser Interesse am Witz strenggenommen erledigt«.[16] Selbst an eine solche Schlussbemerkung muss er noch Ausführungen über das Lachen anfügen und drängt derart die Witzarbeit einmal mehr in den Hintergrund. Nach allen Versuchen der Analogisierung von Traum und Witz endet Freud mit dem fragwürdigen Gegenteil, eben der Trennung beider Phänomene: während der Traum ein vollkommen asoziales seelisches Produkt sei, handele es sich beim Witz um die sozialste aller auf Lustgewinn zielenden seelischen Leistungen, da er zu seiner Vollendung drei Personen benötige.[17]

Die Überprüfung des Witzes

Die ›Überprüfung‹ des Witzes durch den Dritten soll als letzter Aspekt der Witzarbeit untersucht werden. Zuweilen fällt der »Hauptcharakter der Witzarbeit« ganz mit dem des Witzes zusammen, wenn er dadurch bestimmt wird, Lust durch Beseitigung von Hemmungen freizumachen.[18] Auch ist die Witzarbeit für Freud eine »Kunst«[19] und »ein vortrefflicher Weg, um aus den psychischen Vorgängen Lust zu gewinnen«.[20] Genau darin aber liegt das Problem, denn mit der Witzarbeit sei der Drang zur Mitteilung des Witzes unabtrennbar verbunden, eben weil mit dem Einfallen des Witzes der Vorgang der Witzbildung noch nicht abgeschlossen

---

15 | Ebd., S. 195-196.
16 | Ebd., S. 204.
17 | Ebd.
18 | Ebd., S. 151.
19 | Ebd., S. 144.
20 | Ebd., S. 156.

zu sein scheint.[21] Es bleibe etwas übrig, mutmaßt Freud, das den Erzähler gleichsam zur Mitteilung zwingt. Sogar von Trieb oder Bedürfnis nach Mitteilung des Witzes ist die Rede.[22] Man kann schließlich nicht über seinen eigenen Witz lachen, sondern nur per Umweg über den eingeschobenen Dritten, den Zuhörer. Der somit zur Hauptperson avancierte Dritte, an dem sich der Witz vollendet, darf aber gerade nicht ›arbeiten‹, sondern muss den Witz geschenkt bekommen. Er ›überprüft‹ nach Freud den Witz: der Bildner und damit auch die Witzarbeit sind grundsätzlich abhängig vom Anderen. Freud vermutet, dass der anderen Person die Entscheidung übertragen wird, ob die Witzarbeit ihre Aufgabe erfüllt hat – ganz so, als ob das Ich sich seines Urteils darüber nicht sicher wüsste.[23] Genau diese Funktion kommt jedoch dem Unbewussten als solchem zu: Dass man sich seines Urteils nicht sicher ist und dass man nicht klarsieht, macht es aus; man kann das Unbewusste nicht erkennen, es sei denn, man schaut ein bisschen daneben.[24]

WITZTECHNIK STATT WITZARBEIT

Die Witzarbeit bezeichnet in erster Linie die unbewussten Vorgänge beim Witzbildner, wie die bisherige Spurensuche ergibt. Insofern der Witz mit Verdichtung und Verschiebung arbeitet, ist die Nähe sowohl zum Traum wie zum Versprecher gegeben. Im Gegensatz zur Traumarbeit, die für Freud den Traum wesentlich zu charakterisieren vermag, gelingt es der Witzarbeit nicht, den Witz ausreichend zu repräsentieren – zumindest nicht, wenn sie als ›Ein-Personen-Stück‹ konzipiert wird. Grund hierfür ist die besondere und notwendige Sozialität des Witzes. Für Weber leistet der soziale Witz sogar dasjenige Stück Vermittlung zwischen Gesellschaftstheorie und Psychoanalyse, nach dem man so lange gesucht hat. Während es bei Webers Andeutung zur Struktur des Sozialen im Witz bleibt, setzt sich die Sozialität bei Freud im Witzbuch gleichsam unter der Hand durch und begrenzt die Witzarbeit. Deswegen auch glückt Freud die Gleichsetzung des Traumes mit dem Witz nicht und deswegen zieht er wahrscheinlich auch den Begriff

---

21 | Ebd.
22 | Ebd.
23 | Ebd., S. 161.
24 | Lacan: Seminar V.

der Witztechnik dem der Witzarbeit als Ordnungskategorie für das Buch vor. Vielleicht spielt hier auch die Assoziation der Arbeit mit Unlust hinein, denn die Arbeit und der Witz scheinen sich auszuschließen: Das Lachen nach einem guten Witz muss ungeplant sein; es soll überraschen, ja überrumpeln und dadurch geistige Spannung aufheben. Ein Witz hat demnach leicht und fein zu sein. Spielerisch soll er daherkommen. Jean Paul setzt ihn mit einer »leicht spielende[n] Tätigkeit« gleich.[25] Oder noch deutlicher findet sich bei Freud der Gegensatz von Witz und Arbeit formuliert: Das ästhetische Verhalten werde von der Witztheorie im Gegensatz zur Arbeit als »*spielend*« eingeschätzt.[26] Ob nun Gedankenspiel oder direktes Wortspiel: das Spiel und nicht die Arbeit scheint den Witz zu markieren, sofern diese jedenfalls mit andauernder Mühe, Planbarkeit und Organisation assoziiert wird. Der so überstark geforderten Leichtigkeit des Witzes ist allerdings selbst ein gewisses Maß an Anstrengung nicht abzusprechen; und auch Freud verband mit seiner Arbeit über den Witz keine Erleichterung, sondern eher Mühe, wenn man seinen Ausführungen in Briefen und der Selbstdarstellung Glauben schenken will. Ebenso sagt man von berühmten Komikern, ihr Geschäft sei keinesfalls ein spontanes, gar leichtes. Stattdessen sind ihre Leistungen meist minutiös geplant und hart erarbeitet. Die Motive des Witzes sowie die Rede *über* den Witz strafen die behauptete Ferne von Arbeit und Ökonomie einerseits sowie der Domäne des Witzigen andererseits ebenfalls Lügen. *Der Witz und seine Beziehung zum Unbewussten* ist voller Gegensätze, Spitzfindigkeiten, wahrer Unwahrheiten und verquerer Logik, die sich einem Denken in Zweck-Mittel-Relationen und regulärer Ökonomie zu entziehen scheinen. Bezüge zu Arbeit, Gesellschaft und Ökonomie prägen sowohl Freuds Rhetorik im Witzbuch als auch zahlreiche der gewählten Beispiele. Viele Geschichten werden etwa vom Antagonismus zwischen arm und reich getragen. Die Kluft zwischen Armen und Reichen wird besonders an der so genannten Figur des Schnorrers (des Lumpenproletariats) in den klassischen jüdischen Witzen verhandelt. Als ein besonders schönes Beispiel sei folgendes angeführt: »Der Schnorrer bettelt beim Baron um das Geld für eine Badereise nach Ostende; der Arzt hat ihm wegen seiner Beschwerden ein Seebad empfohlen. Der Baron findet, Ostende sei ein besonders kostspieliger Aufenthalt; ein wohlfeilerer

---

25 | Paul, Jean: Vorschule der Ästhetik, Sämtliche Werke Band 5, Darmstadt: Wissenschaftliche Buchgesellschaft 2000, S. 175.
26 | Freud: GW VI, S. 7.

würde es auch tun. Aber der Schnorrer lehnt den Vorschlag mit den Worten ab: Herr Baron, für meine Gesundheit ist mir nichts zu teuer«.[27] Einerseits kommt den Schnorrern laut Freud die wichtige Funktion zu, eine im wahrsten Sinne des Wortes gnadenlose Logik vorzuführen, andererseits geben sie dadurch etwas, nicht zuletzt geben sie zu lachen. Wider Willen werden die Schadchen und Schnorrer selbst zu allgemeinen Gesellschaftskritikern oder auch ›Witzarbeitern‹, könnte man sagen. Vor allem das Lachen findet sich in der Position des Schnorrens an der Gegenposition zum Arbeiten wieder, denn das Lachen muss vom Untätigen ausgehen, der damit unabsichtlich zum Richter über den Witz wird. Es kann darum keinen Zufall darstellen, wie viele der Witzerzählungen von Personen handeln, die nicht regulär arbeiten, die schnorren und gegen Regeln der herrschenden Ökonomie verstoßen. Schließlich schnorrt der Witz selbst der Sprache Lust ab und verweigert sich damit der klaren Rechnung, die Freud aufzumachen sucht, wenn er im Witz die Seele mit einem Arbeitsbetrieb oder Wirtschaftsunternehmen vergleicht: »Wir dürfen uns wohl den Vergleich der psychischen Ökonomie mit einem Geschäftsbetrieb gestatten«.[28] Doch der Witz gehorcht einer anderen Ökonomie, die eher an ein Potlatsch erinnert, bei dem alle sich verschwenderisch ausschütten können vor Lachen (vgl. auch Bataille).

Ein überreiches Buch

Das Zeitalter schlechter Vermittlungsversuche der Psychoanalyse scheint vergangen, ohne dass Freudomarxismus, Tiefenhermeneutik oder Ethnopsychoanalyse eine ›Erweiterung‹ psychoanalytischer Theorie in Richtung Gesellschaftsanalyse gelungen ist. Auch Lacan kommt in seiner Theorie des Geistes, die er in Seminar V entwickelt, neben dem freudschen Witz auf den marxschen Wertbegriff zu sprechen. Lacan räumt sogar ein, dass Marx‹ vorläufige Skizzen zu dem von ihm selbst für die Psychoanalyse entdeckten Spiegelstadium geliefert hat. Ganz am Schluss der vierten Seminarsitzung, abgehalten am 27. November 1957, verbindet Lacan eines der Hauptthemen dieser Sitzung, die Metonymie, mit der Dimension des Wertes. Die Metonymie stelle im eigentlichen Sinne denjenigen Ort dar,

---

27 | Ebd., S. 124; 58.
28 | Ebd., S. 175.

an welchem in der menschlichen Sprache die primordiale Dimension siedelt. Diese Dimension sei diejenige des Wertes und stehe der Dimension des Sinns entgegen.[29] Schon de Saussure sah die Parallele zwischen seiner Wissenschaft und der »Nationalökonomie«, weil es die Sprach- wie die Wirtschaftswissenschaft mit einem »System von Gleichwertigkeiten zwischen Dingen verschiedener Ordnung: in der einen eine Arbeit und ein Lohn, in der andern ein Bezeichnetes und ein Bezeichnendes« zu tun hätte.[30] Ohne auf die Mängel dieser Analogie bei Saussure eingehen zu können, sei hier lediglich hervorgehoben, wie Lacan transformierend an diese Analogisierung anknüpft. Jenes andere Register, welches der Wert im Verhältnis zum Sinn verkörpere, beziehe sich auf die Verschiedenartigkeit der bereits durch die Sprache konstituierten Objekte.

Die Theorie des besonderen Waren- bzw. Tauschwerts hat nach Lacan deshalb aufs Engste mit psychoanalytischen Kernkonzepten wie dem Spiegelstadium zu tun, weil es sowohl bei der Errichtung der symbolischen Struktur im Spiegelstadium wie bei der Konzeption des Tausches um die »vorausgehende Errichtung einer allgemeinen Äquivalenz« geht.[31] Allerdings bringt auch Lacan die Vorsicht zum Ausdruck, mit der er Marx begegnet: Einige seiner Seminarhörer würden mit dem Kapital vertraut sein, so lässt er ironisch verlauten – also eigentlich mehr mit ihm zu tun haben als er. Ihm gehe es wegen der Gleichheit von Spiegelstadium und relativer Wertform nur um den ersten Band des Kapitals: »Außergewöhnliches Buch, überreich (surabondant)« nennt er es.[32] Nicht nur bemerkt Lacan etwas, das die Marx'sche Werttheorie und Derrida erst in den 1990er Jahren wieder aufgreifen – nämlich die Bedeutung der Nachträglichkeit für den Wert – sondern er charakterisiert das Kapital mit einem Wort: überreich. Überreich und hinüberreichend so müssen der Mehrwert und der Witz sein, da sie übertragen werden müssen. Sie verbreiten sich nach gar nicht unähnlichen Gesetzen, um jedoch ganz anderes zu bewirken. Grundlegend ist dabei jeweils die Arbeit: das eine Mal die verborgene Witzarbeit, das andere Mal die unübersehbare wertschaffende Lohnarbeit.

---

29 | Lacan: Seminar V, S. 94.
30 | Saussure de, Ferdinand: Grundfragen der allgemeinen Sprachwissenschaft, hg. von Charles Bally und Albert Sechehaye, 3. Aufl., Berlin-New York: Walter de Gruyter 2001, S. 94.
31 | Lacan: Seminar V, S. 94.
32 | Ebd.

Bewusstloses Produzieren
Zur Pathologie des Arbeitslebens bei Marx und Freud

Falko Schmieder

Exposition

Gegen Ende seiner Schrift *Das Unbehagen in der Kultur* (1930) hat Sigmund Freud die Erwartung ausgedrückt, »dass jemand eines Tages das Wagnis einer [...] Pathologie der kulturellen Gemeinschaften unternehmen wird«[1]. Vorangegangen waren Überlegungen zur Ambivalenz des Kulturbegriffs, die in der Diagnose mündeten, »dass manche Kulturen, oder Kulturepochen, – möglicherweise die ganze Menschheit – unter dem Einfluss der Kulturstrebungen ›neurotisch‹ geworden sind«[2]. Interessant an der These der Pathologie der Kultur ist, dass sie sich nicht mehr auf einzelne Aspekte, sondern auf die gesamte Kultur bezieht. Dieser Unterschied ist bedeutsam, da Freud sich vorher über das Verhältnis der religiösen zur wissenschaftlichen Weltanschauung geäußert und in modifizierter Form seine These aus *Die Zukunft einer Illusion* (1927) wiederholt hat, dass die Religion als eine kollektive Form infantilen Verhaltens anzusehen ist, die in eklatantem Widerspruch zu den Bestimmungen der wissenschaftlichen Kultur steht. Freud spricht in diesem Zusammenhang die Hoffnung aus, dass die weitere Entwicklung der wissenschaftlichen Kultur diese Form des irrationalen Verhaltens dereinst – zum Wohle der Menschheit – überwinden wird. Das Konstrukt einer Kulturneurose fasst demgegenüber *alle* Kulturbereiche unter den Vorzeichen der Vernunftwidrigkeit auf. Im letzten Absatz der Arbeit verweist Freud auf den zeithistorischen Index, der

---

1 | Sigmund Freud, Das Unbehagen in der Kultur, in: ders., Gesammelte Werke, Frankfurt a.M. 1999 [im Folgenden abgekürzt: GW], Bd. XIV, S. 505.
2 | Ebd., S. 504.

dieser These Plausibilität verschaffen soll. Die Naturwissenschaften nämlich, die in den letzten Jahrhunderten die märchenhaften Vorstellungen der Menschen vergangener Epochen haben Wirklichkeit werden lassen, kehrten nun zugleich ihre potentiell destruktive Seite heraus: »Die Menschen haben es jetzt in der Beherrschung der Naturkräfte so weit gebracht, dass sie es mit deren Hilfe leicht haben, einander bis auf den letzten Mann auszurotten.«[3] Und auch wenn diese reale Möglichkeit, die die Zeitgenossen in eine »Angststimmung« versetze, nicht Wirklichkeit wird, so gesteht Freud doch zu, einen Kritiker »wenigstens ohne Entrüstung« anhören zu können, »der meint, wenn man die Ziele der Kultur und die Mittel, deren sie sich bedient, ins Auge fasst, müsse man zu dem Schluss kommen, die ganze Anstrengung sei nicht der Mühe wert, und das Ergebnis könne nur ein Zustand sein, den der Einzelne unerträglich finden muss«[4]. Vom Ideal der Aufklärung, der Errichtung einer vernunftgemäßen Welt, die den Menschen wenn nicht ein glückliches Dasein, dann doch ein Leben in Sicherheit und Wohlstand ermöglicht, ist nicht mehr viel übrig geblieben. Hatte Hegel den Gang der Geschichte als fortschreitende Realisation der Vernunft gefasst, so artikuliert Freud, der dem »Gott Λόγος«[5] die Treue hält und den Idealen der Aufklärung verpflichtet bleibt, ein tief sitzendes Unbehagen, das ihn zur Konstruktion einer neurotischen Kultur treibt und eine Theorie anvisieren lässt, die das Wagnis einer Pathologie der kulturellen Gemeinschaft eingeht.

Freud kann schwerlich entgangen sein, dass bereits eine solche Unternehmung zumindest ansatzweise gewagt worden ist, und zwar in Karl Marx' *Kapital*, dessen erster Band 1867 erschienen ist und im Untertitel lautet: *Kritik der politischen Ökonomie*. Georg Simmel, der sich in seiner *Philosophie des Geldes* intensiv mit Marx auseinandergesetzt hat, führt nach seiner lebensphilosophischen Wende die kulturtheoretischen Implikationen von dessen Arbeit in seinem berühmten Aufsatz *Der Begriff und die Tragödie der Kultur* näher aus. Darin heißt es:

»Dies ist die eigentliche Tragödie der Kultur. Denn als ein tragisches Verhängnis – im Unterschied gegen ein trauriges oder von außen her zerstörendes – bezeich-

---

3 | Ebd., S. 506.
4 | Ebd., S. 505.
5 | Sigmund Freud, Die Zukunft einer Illusion, in: GW, Bd. XIV, S. 378.

nen wir doch wohl dies: dass die gegen ein Wesen gerichteten vernichtenden Kräfte aus den tiefsten Schichten eben dieses Wesens selbst entspringen.«[6]

Simmel reformuliert damit die Marx'sche These, dass die kapitalistische Produktionsweise »die Springquellen alles Reichtums untergräbt«[7] und »die Zukunft [...] verwüstet«[8].

Freud hat sich in seinen Schriften nur einmal explizit mit Marx auseinandergesetzt, nämlich in der *Neuen Folge der Vorlesungen zur Einführung in die Psychoanalyse*. Im bibliografischen Register zu den Gesammelten Werken Freuds ist keine einzige Schrift von Marx aufgeführt, so dass nur gemutmaßt werden kann, aus welcher Quelle Freud sein Wissen geschöpft haben mag. Seine Ausführungen zu Marx jedenfalls treffen wesentliche Gehalte, ebenso wie ihm wesentliche Gehalte entgehen. Freud sieht sehr scharf das große Verdienst der Marx'schen Theorie, den zwingenden Einfluss dargetan zu haben, »den die ökonomischen Verhältnisse der Menschen auf ihre intellektuellen, ethischen und künstlerischen Einstellungen haben«. Zu Recht moniert er aber auch, dass eine Analyse der Gesellschaft, die sich nur dem ökonomischen Strukturzusammenhang widmet, einseitig und deshalb unzureichend ist:

»Man versteht überhaupt nicht, wie man psychologische Faktoren übergehen kann, wo es sich um die Reaktionen lebendiger Menschenwesen handelt, denn nicht nur, dass solche bereits an der Herstellung jener ökonomischen Verhältnisse beteiligt waren, auch unter deren Herrschaft können Menschen nicht anders als ihre ursprünglichen Triebregungen ins Spiel bringen [...].«[9]

Drängt Freud in dieser Perspektive auf eine psychologische »Ergänzung« der Gesellschaftstheorie, so erscheint ihm diese selbst in der Form, wie sie von Marx begründet worden ist, in einem zwiespältigen Licht. Aus zweiter Hand hat er gehört, dass ein Verständnis der Schriften von Marx auch

---

6 | Georg Simmel, Der Begriff und die Tragödie der Kultur, in: ders., Philosophische Kultur, Berlin 1983, S. 203.

7 | Karl Marx, Das Kapital. Kritik der politischen Ökonomie, in: Marx-Engels-Werke [im Folgenden abgekürzt: MEW], Berlin 1986, Bd. 23, S. 529f.

8 | Karl Marx, Theorien über den Mehrwert, in: MEW, Bd. 26.3, S. 303.

9 | Sigmund Freud, Neue Folge der Vorlesungen zur Einführung in die Psychoanalyse, in: GW, Bd. XV, S. 193f.

dem gut Unterrichteten keine leichte Aufgabe ist. Ihn selbst haben in der Marx'schen Theorie Sätze befremdet wie

»dass die Entwicklung der Gesellschaftsformen ein naturgeschichtlicher Prozess sei, oder dass die Wandlungen in der sozialen Schichtung auf dem Weg eines dialektischen Prozesses auseinander hervorgehen. Ich bin gar nicht sicher, dass ich diese Behauptungen richtig verstehe, sie klingen auch nicht ›materialistisch‹, sondern eher wie ein Niederschlag jener dunklen *Hegel*schen Philosophie, durch deren Schule auch *Marx* gegangen ist.«[10]

Zeigt sich Freud hier noch befremdet über eine Konzeption, welche die Entwicklung der Gesellschaft als einen naturgeschichtlichen Prozess begreift, so stellt er nur kurz darauf selbst ein Kulturkonzept vor, das von Marx stammen könnte, wenn er schreibt, »dass über die Menschenmasse, die den ökonomischen Notwendigkeiten unterworfen ist, auch der Prozess der Kulturentwicklung – Zivilisation sagen andere – abläuft, [...] einem organischen Vorgang vergleichbar«[11]. Wie Marx den Prozess der Entwicklung der Gesellschaft, so fasst Freud den Prozess der Entwicklung der Kultur als einen naturwüchsigen, »verhängnisvollen« Prozess auf, der »über die Menschheit abläuft«[12] und dem die Menschen wie einem »Schicksal« ausgeliefert sind.

Wie Freuds Ausführungen zu Marx zeigen, ist ihm nicht nur die kritische Pointe der Konzeption von der Entwicklung der Gesellschaft als eines naturgeschichtlichen Prozesses entgangen, sondern darüber hinaus auch die strukturelle Parallelität zwischen der Marx'schen Kritik und seinem eigenen Ansatz. Nur unter dieser Voraussetzung war es möglich, die Forderung einer Pathologie der Kultur zu erheben, zu der die ersten Fundamente doch schon gelegt waren. Dem ökonomischen Ansatz misstrauend, war Freud von der Überzeugung erfüllt, dass erst die Psychoanalyse die geeigneten Denkmittel bereitstellen würde, um ein solches Unternehmen mit Aussicht auf Erfolg angehen zu können. Heinz Dieter Kittsteiner hat im Hinblick auf diese Problemlage von einer »Urverdrängung« des 19. Jahrhunderts gesprochen, die »im Nicht-Wahrhabenwollen des Unterworfenseins unter einen nicht verfügbaren Prozess [d.i. der Geschichte; F.S.]«

---

10 | Ebd., S. 191f.
11 | Ebd., S. 194.
12 | Freud, Das Unbehagen in der Kultur, S. 459; vgl. auch S. 456, 481.

besteht. »Es ist eine Beleidigung des Homo Faber, die vor dem Hintergrund seiner wachsenden technischen Kompetenz nur desto schmerzlicher erfahren wird.«[13] Freuds Theorie hat an dieser Urverdrängung ebenso Anteil, wie sie die Aufklärung dieser Verdrängung vorantreibt. Am deutlichsten tritt dieser Widerspruch an der Konzeption des Todestriebs hervor, die man vielleicht als den Höhe- und Umschlagpunkt dieser historischen Urverdrängung ansehen kann. Als einen Höhepunkt, weil Freud hier den fundamentalen Widerspruch, der die Entwicklung der Kultur vorantreibt, als Ausdruck der biologischen Grundverfassung ansieht; als einen Umschlagpunkt dagegen, weil hier der spezifische historische Index dieses Konzepts so offenkundig wird, dass er Versuche provoziert, den rationellen Gehalt des Konzepts im Sinne der Erfahrung eines historisch neuartigen gesellschaftlichen Naturverhältnisses herauszuarbeiten. Es ist dann auch kein Zufall, dass das Konzept in dieser Bestimmung bis heute im Rahmen einer Pathologie der Kultur im Dienst der Aufklärung von Formen gesellschaftlicher Unfreiheit verwendet wird.

Im Hinblick auf eine Pathologie der Kultur stellt sich das Verhältnis Marx-Freud demnach als recht verwickelt dar. Im Folgenden sollen verschiedene Aspekte dieses Verhältnisses beleuchtet werden. Bezogen auf die oben bezeichnete erstaunliche Konkordanz von Formulierungen Marxens und Freuds über die Naturwüchsigkeit des Gesellschafts- und Kulturprozesses sollen im ersten Teil zentrale Einsichten der Marx'schen Theorie vergegenwärtigt werden. Den Ausgangspunkt bildet das Fetischismuskonzept; die Schwerpunktsetzung bei der Auswahl einzelner Elemente orientiert sich an verwandten Konzepten und Motiven der Freud'schen Theorie. Das Ziel ist es, die epistemologische Parallelität der beiden wissenschaftlichen Revolutionen von Marx und Freud hervortreten zu lassen. Mit der These einer epistemologischen Parallelität ist zugleich die Frage nach der Verbindung beider Ansätze aufgeworfen, die im zweiten Teil interessieren und anhand von Freuds Konzept des Todestriebs näher diskutiert werden soll.

---

13 | Heinz Dieter Kittsteiner, Wir werden gelebt. Über Analogien zwischen dem Unbewussten in der Geschichte und im »Ich«, in: ders., Wir werden gelebt. Formprobleme der Moderne, Hamburg 2006, S. 129-167, hier S. 151.

Zur Kritik der politischen Ökonomie

In seinem Hauptwerk *Das Kapital* (1867) stellt sich Marx die Aufgabe, die kapitalistische Produktionsweise und die ihr entsprechenden Produktions- und Verkehrsverhältnisse zu erforschen. Der Endzweck des Werkes sollte es sein, das ökonomische Bewegungsgesetz der modernen Gesellschaft zu enthüllen.[14] Der Untertitel: *Kritik der politischen Ökonomie* verweist auf eine doppelte Frontstellung. Zum einen versteht Marx sein Unternehmen als kritische Auseinandersetzung mit den Verhältnissen der kapitalistischen Gesellschaft; zum anderen ist es aber auch als Kritik an der Wissenschaft der politischen Ökonomie zu sehen, die sich mit diesen Verhältnissen bisher auseinandergesetzt hat. Zwar hat diese Wissenschaft wichtige Begriffe zum Verständnis der modernen Produktionsweise erarbeitet, ohne die das Marx'sche Werk nicht denkbar wäre. Marxens Kritik zufolge ist es den bürgerlichen Ökonomen aber nicht gelungen, ein Bewusstsein von der Historizität und Formspezifik des von ihr untersuchten Gegenstandes zu entwickeln. Die fundamentale Differenz zur gesamten Wissenschaft der politischen Ökonomie, die in dem Untertitel zum Ausdruck kommt, ergibt sich aus Marxens Entdeckung der von der bürgerlichen Ökonomie nicht gesehenen qualitativen Besonderheit bzw. historischen Formiertheit der untersuchten ökonomischen Verhältnisse.[15]

---

14 | Vgl. Karl Marx. Das Kapital, in: MEW, Bd. 23, S. 15f.

15 | Louis Althusser, Für Marx, Frankfurt a.M. 1968, S. 12f. hat in diesem Zusammenhang davon gesprochen, »daß Marx eine neue *Wissenschaft* begründet hat: Die Wissenschaft von der Geschichte der Gesellschaftsformationen. Um genauer zu sein, würde ich sagen, daß Marx der wissenschaftlichen Erkenntnis einen neuen ›Kontinent‹ ›eröffnet‹ hat, den der *Geschichte*.« – Genauer noch hat Helmut Brentel, Soziale Form und ökonomisches Objekt. Studien zum Gegenstands- und Methodenverständnis der Kritik der politischen Ökonomie, Opladen 1989, S. 12 von der Marx'schen Entdeckung »des eigentümlichen *Objekttypus*, des eigentümlichen *Gegenstandes* der bürgerlichen Ökonomie« gesprochen. »Entgegen dem Selbstverständnis der klassischen politischen Ökonomen beansprucht Marx ein gänzlich neues Gegenstandsgebiet – das der ökonomischsozialen Objekte und Formen – entdeckt zu haben, den Zugang zur eigentlichen Grundlagenforschung der politischen Ökonomie überhaupt erst freigelegt zu haben.« Vergleichbares ließe sich im Hinblick auf Freuds Entdeckung des Verdrängt-Unbewussten sagen.

»Die politische Ökonomie hat nun zwar, wenn auch unvollkommen Wert und Wertgröße analysiert und den in diesen Formen versteckten Inhalt entdeckt. Sie hat niemals auch nur die Frage gestellt, warum dieser Inhalt jene Form annimmt, warum sich also die Arbeit im Wert und das Maß der Arbeit durch ihre Zeitdauer in der Wertgröße des Arbeitsprodukts darstellt?«[16]

Die kapitalistischen Produktions- und Verkehrsverhältnisse werden von den politischen Ökonomen als natürliche – und damit als unhintergehbare, ewige – Verhältnisse angesehen. Weil sie aber als Produkt der Weltgeschichte das Resultat unendlich vieler Vermittlungen sind, müssen sich für die naturalistische Einstellung gravierende Probleme ergeben. Ein typischer Reflex der Theorie ist Marx zufolge darin zu sehen, dass bestimmte vorkapitalistische Verhältnisse, die im offenbaren Kontrast zu spezifisch modernen stehen, »als unentwickelte, unvollkommene und verkleidete, nicht auf ihren reinsten Ausdruck und ihre höchste Gestalt reduzierte, anders gefärbte Weisen« jener naturgemäßen bürgerlichen Verhältnisse gedeutet werden.[17] Die früheren Formen der Produktion und des Verkehrs werden also so begriffen, als handele es sich um Abweichungen von einer Norm, um infantile (oder künstliche) Gebilde, die erst mit ihrem Eintritt in die bürgerliche Gesellschaft ihre reife, natürliche Gestalt erhalten. Diese Sicht anerkennt zwar die Gewordenheit der bürgerlichen Verhältnisse und auch die Differenz zwischen den historischen Epochen, aber mit dem Eintritt in die bürgerliche Gesellschaft soll der Prozess der Geschichte an sein Ende gelangt sein. »Es hat eine Geschichte gegeben, aber es gibt keine mehr.«[18]

DER FETISCHCHARAKTER DER WARE

Marx beansprucht nun zu zeigen, dass die naturalisierenden Vorstellungen der politischen Ökonomie aus einem falschen Begriff von der Natur ihres Gegenstandes folgen. Eine Pointe seiner Kritik besteht in dem Nachweis, dass dieser falsche Begriff aus den Formen der kapitalistischen Gesellschaft selbst entspringt, da diese naturwüchsig ein mystifiziertes

---

16 | Marx, Das Kapital, MEW, Bd. 23, S. 94f.
17 | Marx, Das Kapital, MEW, Bd. 25, S. 884.
18 | Marx, Das Elend der Philosophie, in: MEW, Bd. 4, S. 139.

Selbstbild erzeugen. In dem berühmten Abschnitt *Der Fetischcharakter der Ware und sein Geheimnis* wird diese Mystifizierung offengelegt:

»Eine Ware scheint auf den ersten Blick ein selbstverständliches, triviales Ding. Ihre Analyse ergibt, dass sie ein sehr vertracktes Ding ist, voll metaphysischer Spitzfindigkeit und theologischer Mucken. [...] Das Geheimnisvolle der Warenform besteht [...] darin, dass sie den Menschen die gesellschaftlichen Charaktere ihrer eignen Arbeit als gegenständliche Charaktere der Arbeitsprodukte selbst, als gesellschaftliche Natureigenschaften dieser Dinge zurückspiegelt, daher auch das gesellschaftliche Verhältnis der Produzenten zur Gesamtarbeit als ein außer ihnen existierendes gesellschaftliches Verhältnis von Gegenständen. Durch dies Quidproquo werden die Arbeitsprodukte Waren, sinnlich übersinnliche oder gesellschaftliche Dinge.«[19]

Das Fetischtheorem wurde mit guten Gründen als »Herzstück«[20] der Marx'schen Kritik der politischen Ökonomie angesehen. In ihm verdichten sich Einsichten, die im Folgenden schlaglichtartig im Hinblick auf zentrale Motive der Freud'schen Psychoanalyse und Kulturtheorie rekapituliert werden sollen.[21]

»VERRÜCKTE FORM«, »VERZAUBERTE WELT«

Wenn Marx vom Fetischismus spricht, dann handelt es sich dabei nicht lediglich um eine Form falschen Bewusstseins, welches die »wirklichen Ver-

---

19 | Marx, Das Kapital, MEW, Bd. 23, S. 85f.

20 | Detlev Claussen, Grenzen der Aufklärung. Die gesellschaftliche Genese des modernen Antisemitismus, Frankfurt a.M. 1994, Seite 145. Karl Korsch hat schon 1938 das Fetischkapitel als »den Kern der Marxschen Kritik der politischen Ökonomie« bezeichnet, in: Karl Marx, Frankfurt a.M. 1967, S. 101.

21 | Dass für Freud der Fetischismus ebenfalls »ein zentrales Konzept darstellt«, das »auf Augenhöhe [...] zu Marx« steht, hat Hartmut Böhme, Fetischismus und Kultur. Eine andere Theorie der Moderne, Reinbek 2006 herausgestellt; vgl. ebd., S. 396-411, hier S. 396. Da Freuds Kulturtheorie aber weit umfassender als das Fetischkonzept ist und sich auf dieses nicht reduzieren lässt, kann sich der Versuch der Rekonstruktion der epistemologischen Parallelität der kritischen Theorien von Marx und Freud nicht mit Freuds Fetischkonzept begnügen.

hältnisse« bloß verschleiert.²² Der rationale Kern des Fetischismus besteht darin, dass unter den Bedingungen der Warenproduktion die gesellschaftlichen Beziehungen tatsächlich als Eigenschaften von Dingen erscheinen. Das von Marx fokussierte Problem besteht vielmehr in dem Schein, als ob den Dingen ihr Charakter als Wertgegenständlichkeit von Natur aus, also unabhängig von der spezifischen Form der gesellschaftlichen Arbeit zukommt. Marx hat die Voraussetzungen dieser objektiven Mystifikation als eine »verzauberte, verkehrte, auf den Kopf gestellte Welt« bezeichnet, »wo Monsieur le Capital und Madame la Terre als soziale Charaktere und zugleich unmittelbar als bloße Dinge ihren Spuk treiben«.²³ Weil der Fetischismus aus den objektiven Formen der Gesellschaft herauswächst, unterliegt ihm nicht nur das Bewusstsein des Alltagsverstandes, sondern auch das wissenschaftliche Denken. Wenn Freud etwa im Zusammenhang seiner Ausführungen zum Gegensatz des wissenschaftlichen Geistes zur religiösen Weltanschauung als das Credo des wissenschaftlichen Wahrheitsbegriffs die »Übereinstimmung mit der realen Außenwelt«²⁴ ansieht, dann erweist sich diese Übereinstimmung im Lichte von Marx als prekär, da sie dem objektiven Schein der ökonomischen Formen erliegt. Handgreiflich wird der Fetischismus der politischen Ökonomie in deren Bestimmung des Verhältnisses der Arbeit zum Geld. Da die Arbeit instrumentalistisch verkürzt als zweckgerichtete Tätigkeit oder rein technischer Prozess verstanden wurde, konnte das Geld nur als ein (neutrales) Medium erscheinen, dem die Aufgabe zufällt, die Vermittlung der – vermeintlich unter einer natürlichen Form der Produktion zustande gekommenen – Arbeiten und Produkte zu regeln. Unter dieser Voraussetzung konnte sich die Auffassung des Geldes nur zwischen den Alternativen Natur (Ding, Physis) und kultureller Konvention (Zeichen) bewegen. Von der Klassik wurde die Wertgegenständlichkeit als Ausdruck der unmittelbar verausgabten Arbeit gefasst, von der subjektiven Wertlehre unter dem Aspekt des Nutzens begriffen. Marx zeigt nun, dass sich beide Auffassungen des Geldes in Widersprüche verwickeln müssen, solange nicht begriffen

---

22 | Vgl. Michael Heinrich, Kritik der politischen Ökonomie. Eine Einführung, Stuttgart 2004, S. 69.
23 | Marx, Das Kapital, MEW, Bd. 25, S. 838.
24 | Freud, Neue Folge, GW, Bd. XV, S. 184.

wird, dass das Geld »ein gesellschaftliches Produktionsverhältnis darstellt, aber in der Form eines Naturdings von bestimmten Eigenschaften«.[25]

DIE PRODUKTION GESELLSCHAFTLICHER UNBEWUSSTHEIT

Mit dem Fetischtheorem verbunden ist die Behauptung einer Dissoziation zwischen planvollem Handeln und der Bewusstheit über den Sinn und Status dieses Handelns. »Jeder kann Geld als Geld brauchen, ohne zu wissen, was Geld ist.«[26] Die Warenproduzenten sind primär an den Werten ihrer Waren interessiert. Diese Werte sind in der Geldform der handgreifliche Ausdruck einer spezifischen Form der Gesellschaftlichkeit, die in den täglichen Handlungen produziert und reproduziert, aber als solche nicht durchschaut wird.

»Die Menschen beziehen also ihre Arbeitsprodukte nicht aufeinander als Werte, weil diese Sachen ihnen als bloß sachliche Hüllen gleichartig menschlicher Arbeit gelten. Umgekehrt. Indem sie ihre verschiedenartigen Produkte einander im Austausch als Werte gleichsetzen, setzen sie ihre verschiedenen Arbeiten einander als menschliche Arbeit gleich. Sie wissen das nicht, aber sie tun es.«[27]

Die spezifischen Bedingungen des Handelns bleiben also unbewusst, der gesellschaftliche Zusammenhang stellt sich naturwüchsig her.

»FREMDE MACHT«, »OBJEKTIVER ZWANG«

Die Fundiertheit des Fetischismus in den gesellschaftlichen Formen bedingt zugleich seine »materielle Gewalt«[28]. Ob die privat verausgabte Arbeit auch wirklich als gesellschaftliche anerkannt wird, zeigt sich unter den Bedingungen der modernen Gesellschaft erst post festum auf dem Markt. Dessen Bestimmungen aber, so Marx, »wechseln beständig, unabhängig vom Willen, Vorwissen und Tun der Austauschenden. Ihre eigne

---

25 | Vgl. Marx, Kritik der politischen Ökonomie, in: MEW, Bd. 13, S. 22.
26 | Marx, Theorien über den Mehrwert, in: MEW, Bd. 26.3., S. 163.
27 | Marx, Das Kapital, MEW, Bd. 23, S. 95f.
28 | Vgl. Heinrich, Kritik der politischen Ökonomie, S. 73.

gesellschaftliche Bewegung besitzt für sie die Form einer Bewegung von Sachen, unter deren Kontrolle sie stehen, statt sie zu kontrollieren.«[29] Die Bedingungen der Konkurrenz zwingen jedem Marktteilnehmer »die immanenten Gesetze der kapitalistischen Produktionsweise als äußere Zwangsgesetze«[30] auf. Bei diesem »Sachzwang« handelt es sich nicht um eine Ideologie, sondern um eine reale Verselbstständigung der Produktionsbedingungen gegenüber den Produzenten; dies ist auch der Grund, warum Marx die empirischen Menschen nur als »Personifikation ökonomischer Kategorien«[31] behandelt.[32] Andererseits ist festzuhalten, dass nach Marx dieser »Sachzwang« nicht den Eigenschaften bestimmter Dinge, sondern den gesellschaftlichen Verhältnissen der Produktion entspringt, was aber seiner »Objektivität« keinen Abbruch tut.

Wiederverzauberung, Wiederkehr des Verdrängten

In einer kulturgeschichtlichen Betrachtungsweise fällt auf, dass Marx' notorische Verwendung des Vokabulars der klassischen Religionskritik im Zusammenhang der Kritik der politischen Ökonomie eine Umkehrung der zeitgenössischen Fortschrittstheorie bedeutet, die von einer sukzessiven Abtragung der religiösen Weltanschauung aufgrund der Durchsetzung der wissenschaftlichen Vernunft ausgeht. Noch Freud folgt diesem Schema, wenn er in *Die Zukunft einer Illusion* davon ausgeht, »dass sich die Abwendung von der Religion mit der schicksalsmäßigen Unerbittlichkeit eines Wachstumsvorganges vollziehen muss«[33]. Marx dagegen beschreibt komplementär zum fetischistischen Bewusstsein das ökonomische Han-

---

29 | Marx, Das Kapital, MEW, Bd. 23, S. 89.
30 | Ebd., S. 618.
31 | Ebd., S. 16.
32 | Einen ähnlichen Stellenwert hat der Mensch in der Systemtheorie von Niklas Luhmann, wo er nur als ›Umwelt‹ des ›Systems‹ erscheint, ansonsten immer nur als Akteur eines spezifischen Handlungssystems, als Jurist, als Unternehmer, als Journalist, als Wissenschaftler usw.
33 | Freud, Die Zukunft einer Illusion, S. 367. In der Neuen Folge ist ganz vergleichbar von einer »allmähliche[n] Abbröckelung der religiösen Weltanschauung« die Rede, vgl. GW, Bd. XV, S. 181.

deln als eine »Religion des Alltagslebens«[34], die zu einer Wiederkehr irrationaler Anschauungsweisen unter den Bedingungen der wissenschaftlichen Zivilisation führt. »Der Wunderglaube scheint sich nur aus einer Sphäre zurückzuziehen, um sich in einer anderen anzusiedeln. Vertreibt man ihn aus der Natur, so ersteht er nun in der Politik.«[35] Dem positivistischen Bewusstsein mag diese Form der Gesellschaftsanalyse selber als Mystifizierung erscheinen – auch Freud sah sich vergleichbarem Spott ausgesetzt, weil er das Konzept eines Geistigen, das nicht bewusst ist, vertreten hat. Die Relevanz der Fetischkritik zeigt sich indes rasch im Hinblick auf ein Phänomen, das Marx aus lokalen und historischen Gründen noch nicht ernst genommen, Freud jedoch tief erschüttert hat: der moderne Antisemitismus. Moishe Postone hat im Rückgriff auf die Fetischtheorie von Marx den modernen Antisemitismus als »eine besonders gefährliche Form des Fetischs«[36] dargestellt, in der die Juden als Personifikationen der unfassbaren Herrschaft des Kapitals angesehen wurden.

»Bestimmte Formen antikapitalistischer Unzufriedenheit richteten sich gegen die in Erscheinung tretende abstrakte Dimension des Kapitals in Gestalt des Juden, und zwar nicht etwa, weil die Juden bewusst mit der Wertdimension identifiziert worden waren, sondern vielmehr deshalb, weil durch den Gegensatz seiner konkreten und abstrakten Dimensionen der Kapitalismus selbst so erscheinen konnte. Deshalb geriet die ›antikapitalistische‹ Revolte zur Revolte gegen die Juden. Die Überwindung des Kapitalismus und seiner negativen Auswirkungen wurde mit der Überwindung der Juden gleichgesetzt.«[37]

Dass der Vernichtungswillen auf die Juden zielte, gründet kulturhistorisch auf dem Erbe des christlichen Antijudaismus sowie der Ausschließung der Juden von der Produktion, die gleichbedeutend war mit ihrer Verbannung in die Zirkulationssphäre. Die Verantwortlichkeit der Zirkulationssphäre

---

34 | Marx, Das Kapital, MEW, Bd. 25, S. 838.
35 | Marx, Französischer Nachrichtenhumbug – ökonomische Kriegskonsequenzen, in: MEW, Bd. 15, S. 434.
36 | Moishe Postone, Antisemitismus und Nationalsozialismus. Ein theoretischer Versuch, in: Michael Werz (Hg.), Antisemitismus und Gesellschaft. Zur Diskussion um Auschwitz, Kulturindustrie und Gewalt, Frankfurt a.M. 1995, S. 40.
37 | Ebd., S. 38.

für die Ausbeutung aber »ist gesellschaftlich notwendiger Schein«[38]. Die Trennung von »schaffendem« und »raffendem« Kapital erliegt der objektiven Mystifikation, deren irrationale Gehalte im modernen Antisemitismus politisch ausagiert werden.[39] Der Vernichtungswahn der Nationalsozialisten, der auf eine totale Auslöschung des mit der abstrakten Herrschaft identifizierten und zur Gegenrasse erklärten jüdischen Volkes abzielte, wirft so rückwirkend ein Licht auf das von Marx im Rückgriff auf Bilder aus der Mythologie illustrierte Fortwirken archaischer Bestimmungen inmitten der verwissenschaftlichten Moderne, die als Prozess der Entzauberung zugleich auch einer der Wiederverzauberung ist.[40]

HISTORISCHES LEID, HISTORISCHE TENDENZ

Die Auseinandersetzung mit dem Fetischismus der ökonomischen Kategorien steht im Zusammenhang der Darstellung der ökonomischen Dynamik und der historischen Entwicklungstendenzen der modernen Gesellschaft. Der historisch spezifische Charakter der Arbeit im Kapitalismus wird für Marx daran kenntlich, dass der Produktionsprozess nicht nach Maßgabe menschlicher Bedürfnisse organisiert ist, sondern dem systemischen Imperativ der Wertvermehrung folgt. Das Kapital erscheint als eine verselbstständigte Form der Gesellschaftlichkeit und in der dyna-

---

38 | Max Horkheimer, Theodor W. Adorno, Dialektik der Aufklärung, Frankfurt a.M. 1986, S. 183.

39 | Es ist wichtig festzuhalten, dass diese ökonomische Erklärung nicht gleichbedeutend mit einer Rechtfertigung oder gar Entlastung des einzelnen Subjekts bzw. des nationalsozialistischen Vernichtungsfurors ist; vgl. dazu Lars Rensmann, Kritische Theorie über den Antisemitismus. Studien zu Struktur, Erklärungspotenzial und Aktualität, Berlin, Hamburg 1998, bes. S. 174; darüber hinaus versteht es sich von selbst, dass zur Erklärung des Phänomens der Einbezug weiterer Wissensfelder erforderlich ist. Postone hat in seinem Aufsatz allerdings überzeugend zeigen können, dass der ökonomische Ansatz Probleme erhellen kann, die in konkurrierenden Deutungen des modernen Antisemitismus nicht erklärt werden können.

40 | Walter Benjamin hat deshalb nicht zufällig Marxens Fetischanalyse zum Ausgangspunkt seines *Passagenwerks* als einer »Urgeschichte des 19. Jahrhunderts« gemacht.

mischen Betrachtung als eine »fremde Macht« und ein »maßlos blinder Trieb«[41], dessen »Triebräder«[42] die Menschen sind. Einer der von Marx beleuchteten Widersprüche ist der zwischen dem Drang des Kapitals, ins Unendliche zu wachsen, und der notwendigen Begrenztheit der natürlichen Voraussetzungen der Mehrwertproduktion. Die Dechiffrierung der Selbstverwertung des Werts als der treibenden ökonomischen Kraft in der modernen Gesellschaft führt so zu der Einsicht in die systemisch bedingte (und insofern »notwendige«) Zerstörung ihrer naturalen Voraussetzungen, was Marx – lange vor der Entstehung des Ökologiediskurses – in allgemeiner Form festgehalten hat: »Die kapitalistische Produktion entwickelt daher nur die Technik und Kombination des gesellschaftlichen Produktionsprozesses, indem sie zugleich die Springquellen alles Reichtums untergräbt: die Erde und den Arbeiter.«[43] Während Freud wie die politische Ökonomie die Arbeit unter dem Aspekt der wachsenden Naturbeherrschung begreifen, so dass systematische Fehlentwicklungen ausgeschlossen sind, wird sie von Marx in ihrem historischen Doppelcharakter als Einheit von Arbeits- und Wertbildungsprozess, und das heißt immer auch: als Einheit von Produktiv- und Destruktivkräften, begriffen.[44] Marx will im *Kapital* den Nachweis führen, dass die kapitalistische Produktion aufgrund der ihr immanenten Widersprüchlichkeit und Dynamik »mit der Notwendigkeit eines Naturprozesses ihre eigene Negation«[45] erzeugt. Das Kapital wird als ein prozessierender Widerspruch begriffen, der sich historisch verschärft und in periodischen Krisen eklatiert, so dass die historischen Grenzen der kapitalistischen Produktionsweise aufscheinen. In

---

41 | Marx, Das Kapital, MEW, Bd. 23, S. 280.

42 | Ebd., S. 618.

43 | Ebd., S. 529f.

44 | Damit ist nicht behauptet, dass Freud nicht um die Dialektik der Kultur beziehungsweise der Naturbeherrschung weiss; vgl. ders., Das Unbehagen in der Kultur, GW, Bd. XIV, S. 444ff. sowie zu Freuds Einsicht in die Vorbildlosigkeit der Technik Erik Porath, Medien-Symptome. Symptome der Technik und Techniken des Symptoms – als Medien der Artikulation, in: Riss. Zeitschrift für Psychoanalyse, hg. v. E. Ammann u.a., Wien 2001, Heft 52 (2001/III), S. 47-61, hier S. 61. Aufgrund seines formunspezifisch konzipierten Arbeitsbegriffs kann ihm aber der von Marx diskutierte systematische Zusammenhang von Reproduktion und Destruktivität nicht ins Bewusstsein treten.

45 | Marx, Das Kapital, MEW, Bd. 23, S. 791.

welcher Weise die stets neu sich erzeugenden Widersprüche subjektiv und politisch ausgetragen werden, ist von der Theorie nicht vorherzusagen. Auf der abstrakt-logischen Ebene des *Kapital* ist mit der Rede von der historischen Negation allerdings behauptet, dass der Widerspruch zwischen dem Drang des Kapitals, ins Unendliche zu wachsen, und der Endlichkeit seiner Voraussetzungen nicht auf Dauer gestellt werden kann.

KRITIK VON PSEUDONATUR

In den Schriften von Freud taucht der Name Marx nur an zwei Stellen auf. In Bezug auf die von Marx erhellte Sphäre der Ökonomie hat Freud seine eigene Unzuständigkeit offen eingeräumt, und wer seine knappen Ausführungen zur gesellschaftlichen Erscheinung von Arbeit liest, wird hier keinen Grund zur Widerrede finden.[46] Die Befremdung, mit der Freud die Ausführungen von Marx aufgenommen hat, ist insofern überraschend, als sich bei Marx nicht nur viele Motive finden, die bei Freud in veränderten Zusammenhängen wiederkehren, sondern vor allem auch deshalb, weil die wissenschaftliche Revolution, die der Durchbruch zur Psychoanalyse bedeutet, auffällige sachliche Parallelen zu derjenigen von Marx aufweist.

Als junger Mediziner ist Freud zunächst auf dem Gebiet der Hirnphysiologie tätig. Sein Interesse gilt dem Aufbau und der Funktionsweise des menschlichen Denkorgans. Der ihn leitende streng naturwissenschaftliche Anspruch kommt prägnant in seinem berühmten *Entwurf einer Psychologie* aus dem Jahre 1895 zum Ausdruck. »[Es ist die] Absicht, eine naturwissenschaftliche Psychologie zu liefern, das heißt psychische Vorgänge darzustellen als quantitativ bestimmte Zustände aufzeigbarer materieller Teile [und sie] damit anschaulich und widerspruchsfrei zu machen.«[47] Freud formuliert hier ein Erkenntnisideal, das für die etablierte Psychologie seiner Zeit Verbindlichkeit besaß. Ein vorherrschendes Krankheitsbild, die Hysterie, entzog sich allerdings einem solchen objektivistischen Zugriff. Das Erscheinungsbild der Hysterie verweist auf eine Vielzahl organischer

---

46 | Anders verhält es sich in Bezug auf Freuds Einschätzung der Bedeutung seines religionskritischen Ansatzes, wo er weit mehr geleistet hat, als »bloß« das, »der Kritik meiner großen Vorgänger etwas psychologische Begründung hinzugefügt« zu haben; vgl. Freud, Die Zukunft einer Illusion, GW, Bd. XIV, S. 358.
47 | Freud, Entwurf einer Psychologie, in: GW, Nachtragsband, S. 387.

Störungen, die Variabilität der Symptome aber ließ keinen Rückschluss auf eine lokalisierbare materielle Schädigung zu. Da die hysterischen Störungen keinen Zusammenhang mit dem anatomischen Aufbau des Nervensystems erkennen ließen, war es nur konsequent, dass die naturwissenschaftliche Psychologie die »Objektivität« dieser Leiden leugnete. Sie konnte in ihnen nur Simulationen sehen, die eine »wirkliche« Krankheit vortäuschen sollten. Die Erfahrungen aus der Hypnose der Kranken und aus dem neu entwickelten Therapieverfahren der »talking cure« ließen Freud zur Einsicht in die psychogene und damit kulturell-soziale Bedingtheit der Störungen durchdringen. Die Symptome der Hysterie wurden nun kenntlich als körperlich chiffrierter, auf dem Wege der »Konversion« zustande gekommener Ausdruck eines psychischen Konfliktes, der den Betroffenen selbst nicht bewusst war. Als Produkte einer Verdrängung verweisen sie auf ein Vergangenes zurück, das Spuren im Unbewussten hinterlassen hat und in der chiffrierten Gestalt von Symptomen wiederkehrt; Freud nennt die hysterischen Symptome deshalb auch »Erinnerungssymbole«.

Freuds Entdeckung des (verdrängt-)Unbewussten und seine Überwindung des Denkhorizonts der traditionellen Psychologie weisen damit auffällige Parallelen zu Marxens Entdeckung des Doppelcharakters der Arbeit und der Kritik der traditionellen Ökonomie auf. Beide Wissenschaftler erarbeiten neue Begriffe für Gegenstandsfelder, die sich mit den traditionellen Denkmitteln empirischer Forschung nicht erkennen, geschweige theoretisch erschließen lassen. Der Wert als ein gesellschaftliches Verhältnis, das in der Form eines Dinges erscheint, entzieht sich dem rein naturwissenschaftlichen Zugriff.[48] Als Form sozialer Gegenständlichkeit steht er jenseits der Gegensätze sinnlich/unsinnlich, real/ideal, materialistisch/idealistisch, die für das Paradigma der klassischen Ökonomie verbindlich sind. In ganz vergleichbarer Weise wie der Wert entzieht sich das Symptom des Neurotikers als Verkörperung eines Geistigen dem empirischen Zugriff der Physiologie. Als *verkörpertes* Geistiges ist es *anatomisch nicht greifbar*, als verkörpertes *Geistiges* ein *unbewusstes Wissen*, das sich der Iden-

---

48 | Im Vorwort zur ersten Auflage des *Kapitals* hält Marx fest: »Bei der Analyse der ökonomischen Formen kann außerdem weder das Mikroskop dienen noch chemische Reagenzien. Die Abstraktionskraft muss beide ersetzen.« MEW, Bd. 23, S. 12. Im Haupttext wird dann gespöttelt: »Bisher hat noch kein Chemiker Tauschwert in Perle oder Diamant entdeckt.« S. 98.

titätslogik und den Methoden der traditionellen Hermeneutik nicht fügt. Für Helmut Dahmer kommen Marxens Kritik der politischen Ökonomie und Freuds Psychoanalyse in ihrer Kritik an Pseudonatur überein.[49] Was den klassischen Theorien als »Natur« imponierte, wird von Marx und Freud in seiner praktischen und sozial-symbolischen Konstituiertheit als eine »zweite Natur« begriffen. Von einer zweiten *Natur* ist zu sprechen, weil die durch den ökonomischen Konkurrenzkampf vorangetriebene Entwicklung der modernen Gesellschaft und die Dialektik des Erinnerungssymbols eigenen Gesetzmäßigkeiten unterliegen, die einen objektiven Zwang konstituieren, der einer autonomen Selbstbestimmung hinderlich ist. Von einer *zweiten* Natur dagegen ist zu sprechen, weil es sich bei diesen wissenschaftlichen Gegenständen um historisch und lebensgeschichtlich konstituierte »Tatsachen« handelt, die als entstandene auch revidierbar sind. Das praktische Erkenntnisinteresse beider Formen einer Kritik an Pseudonatur zielt darauf, den etablierten Naturzwang aufzulösen, die Verdinglichungen rückgängig zu machen und damit die Spielräume für bewusste Entscheidungen zu vergrößern.

ÜBERTRAGUNGEN, SYNTHESEN

In seiner Kritik der politischen Ökonomie hat Marx zeigen können, dass und warum mit dem Umfang der Produktivkräfte auch die Widersprüche im Rahmen der modernen Produktionsweise anwachsen müssen. Der optimistische Grundton, der sich bei Marx, vor allem aber bei seinem theoretischen Wegbegleiter Friedrich Engels findet, resultiert wohl aus der Überzeugung, dass in der Zeit der prognostizierten Krise die »Vorgeschichte«[50] der Menschheit durch das emanzipatorische Handeln der theoretisch geschulten Arbeiterbewegung[51] beendet werden würde. Marx hat die antizipierten großen gesellschaftlichen und politischen Krisen nicht mehr er-

---

49 | Helmut Dahmer, Pseudonatur und Kritik. Freud, Marx und die Gegenwart, Frankfurt a.M. 1994, bes. S. 9-36.
50 | Marx, Kritik der politischen Ökonomie, MEW, Bd. 13, S. 9.
51 | Friedrich Engels hat in seinem marxistischen Klassiker *Ludwig Feuerbach und der Ausgang der klassischen deutschen Philosophie* die deutsche Arbeiterklasse als »Erbin der klassischen deutschen Philosophie« angesehen, vgl. MEW, Bd. 21, S. 307.

lebt. Freud jedoch haben sie tief erschüttert, was mit gravierenden Folgen für seine theoretische Produktion verbunden war. Einige der Schlüsselfragen, die sich seit dem Ersten Weltkrieg für alle der Aufklärung verpflichteten Theoretiker gestellt haben, hat Albert Einstein in seinem Brief an Freud vom 30.7.1932 formuliert:

»Gibt es einen Weg, die Menschen vom Verhängnis des Krieges zu befreien? [...] Wie ist es möglich, dass die soeben genannte Minderheit [sc. der Herrschenden] die Masse des Volkes ihren Gelüsten dienstbar machen kann, die durch einen Krieg nur zu leiden und zu verlieren hat? [...] Gibt es eine Möglichkeit, die psychische Entwicklung der Menschen so zu leiten, dass sie den Psychosen des Hasses und des Vernichtens gegenüber widerstandsfähiger werden?«[52]

Allgemein lässt sich beobachten, dass Freud unter dem Eindruck der wachsenden gesellschaftlichen Irrationalität sein Interesse vermehrt kulturtheoretischen Fragen zugewandt hat. Komplementär dazu haben sich Theoretiker, die sich zunächst an der Marx'schen Theorie orientiert hatten, der Psychoanalyse zugewandt, von der sie sich Aufklärung über Phänomene erhofften, die im Horizont der Marx'schen Theorie ein Rätsel bleiben mussten, nämlich »die blinde Loyalität, mit der die Arbeiterschaft an Organisationen festhielt, deren Untauglichkeit in Krisenzeiten drastisch zu Tage trat«[53]. Theodor W. Adorno hat dieses Interesse an der Psychoanalyse rückblickend so dargestellt:

»Anders als durch die Psychologie hindurch, in der die objektiven Zwänge stets aufs neue sich verinnerlichen, wäre weder zu verstehen, dass die Menschen einen Zustand unverändert destruktiver Irrationalität passiv sich gefallen lassen, noch dass sie sich in Bewegungen einreihen, deren Widerspruch zu ihren Interessen keineswegs schwer zu durchschauen wäre.«[54]

Damit ist die Frage nach möglichen Formen der Vermittlung der beiden theoretischen Ansätze aufgeworfen. Freud selbst hat sich in seinen kulturtheoretischen Arbeiten der Methode der Anwendung des individual-

---

52 | Albert Einstein, zit.n. Freud, Warum Krieg?, GW, Bd. XVI, S. 12.
53 | Dahmer, Pseudonatur und Kritik, S. 84.
54 | Theodor W. Adorno, Marginalien zu Theorie und Praxis, in: ders. Gesammelte Schriften, Bd. 10.2., Frankfurt 1977, S. 773.

psychologischen Wissens auf gesellschaftliche und kulturelle Phänomene bedient, und auch im Hinblick auf das von ihm als »Wagnis« dargestellte Projekt einer Pathologie der kulturellen Gemeinschaften hat er die Anwendung dieser Methode für sinnvoll erachtet. »Ich könnte nicht sagen, dass ein solcher Versuch zur Übertragung der Psychoanalyse auf die Kulturgemeinschaft unsinnig oder zur Unfruchtbarkeit verurteilt wäre.«[55] Mit dieser Form der Anwendung psychoanalytischer Erkenntnisse ist die doppelte Gefahr des Psychozentrismus und des Anthropozentrismus verbunden.[56] Wie Freud wohl weiß, gehört das von ihm untersuchte und zum Ausgangspunkt aller weiteren Überlegungen gemachte Individuum »einer bestimmten Kultur«[57] an, die, auch das ist Freud klar, dem Einzelnen stets schon vorausgesetzt ist und dessen Weltbild in maßgeblicher Weise bestimmt.

»Es ist auch besonders zutreffend zu sagen, daß die Kultur dem Einzelnen diese Vorstellungen schenkt, denn er findet sie vor, sie werden ihm fertig entgegengebracht, er wäre nicht imstande, sie allein zu finden. Es ist die Erbschaft vieler Generationen, in die er eintritt, die er übernimmt wie das Einmaleins, die Geometrie u.a.«[58]

Wenn der Einzelne derart maßgeblich von der Kultur – und zwar einer jeweils historisch »bestimmten« – geprägt wird, dann erscheint es unplausibel, ihn zum Ausgangspunkt gesellschaftstheoretischer Untersuchungen zu machen. Das Einmaleins, die Geometrie – oder etwa das Geld[59] – können vom Einzelnen her nicht verständlich gemacht werden. Freud hat sich einer solchen Soziologisierung allerdings bewusst entgegengestellt. Von Hans Kelsen darauf aufmerksam gemacht, »daß das Charakteristikum der sog. stabilen Massen die ›Organisation‹ sei und daß sie sich in ›Institutio-

---

55 | Freud, Das Unbehagen in der Kultur, GW, Bd. XIV, S. 504
56 | Vgl. Reimut Reiche, Einleitung in: Sigmund Freud, Massenpsychologie und Ich-Analyse. Die Zukunft einer Illusion, Frankfurt a.M. 1995, S. 21.
57 | Freud, Die Zukunft einer Illusion, S. 325.
58 | Ebd., S. 343.
59 | Vgl. die kritischen Ausführungen zur psychoanalytischen Geldtheorie von Bornemann (1973), die allerdings oft selbst noch den Beschränkungen der von ihm kritisierten psychologistischen Auffassungsweise unterliegen (vgl. ebd., S. 453f.).

nen‹ verkörpern«, die »schließlich und endlich sich jeder Soziologie als ihre eigentlichen Objekte aufdrängen«[60], fügt Freud der 1923 erschienenen zweiten Auflage seiner Schrift *Massenpsychologie und Ich-Analyse* die folgende Anmerkung an:

> »Ich kann im Gegensatz zu einer sonst verständnisvollen und scharfsinnigen Kritik von Hans Kelsen nicht zugeben, daß eine solche Ausstattung der ›Massenseele‹ mit Organisation eine Hypostasierung derselben, d.h. die Zuerkennung einer Unabhängigkeit von den seelischen Vorgängen im Individuum bedeute.«[61]

Eine vergleichbare Abgrenzung vom Primat der Gesellschaft vollzieht Freud in *Die Zukunft einer Illusion*, wo er sogleich »in eiliger Flucht vor der zu großen Aufgabe« einer Auseinandersetzung mit den Verhältnissen der materiellen Produktion »das Schwergewicht vom Materiellen weg aufs Seelische verlegt« – dem »kleine[n] Teilgebiet [...], dem auch bisher meine Aufmerksamkeit gegolten hat« –, um dann feststellen zu können: »Wir sind unversehens aus dem Ökonomischen ins Psychologische hinübergeglitten.«[62]

Lässt man sich auf Freuds Methode ein, die Entwicklung der menschlichen Kultur vom »Seelenende dieser Welt« aus in den Blick zu nehmen, dann eröffnen sich ungeachtet aller Beschränkungen auch neue Erkenntnismöglichkeiten in Bezug auf die Gesellschaft, weil diese der menschlichen Psyche nicht rein äußerlich ist, sondern in dieser ihre Spuren hinterlassen hat. Freuds Unerschrockenheit und Unbefangenheit, psychoanalytische Erkenntnisse über Aufbau und Funktion des Individuums zur Erhellung der Strukturen von Gesellschaft anzuwenden, sind deshalb auch als »ein Glücksfall«[63] anzusehen. An seinem Konstrukt des Todestriebs soll dies verdeutlicht werden.

---

60 | Hans Kelsen, Der Begriff des Staates und die Sozialpsychologie, in: Imago, Zeitschrift für Anwendung der Psychoanalyse auf die Geisteswissenschaften, herausgegeben von Sigmund Freud, Jahrgang VIII, 1922, Bd. 2, S. 124, 103.
61 | Freud, Massenpsychologie und Ich-Analyse, in: GW, Bd. XIII, S. 94, Fn.
62 | Freud, Die Zukunft einer Illusion, S. 326, 328, 326, 330.
63 | Reiche, Einleitung, S. 7.

TODESTRIEB ALS SEIN ZUM TODE

Karl Kraus, ein dezidierter Gegner der Psychoanalyse, hat in Reaktion auf den Ersten Weltkrieg ein Drama verfasst, das den Titel *Die letzten Tage der Menschheit* trägt. In dem Titel artikuliert Kraus die Erfahrung einer historischen Zäsur, die sich in vielen Texten zeitgenössischer politischer Intellektueller ausdrückt. Ihren wohl irritierendsten theoretischen Niederschlag hat sie in Freuds Revision seiner Triebtheorie und der Einführung des Konzepts des Todestriebs gefunden. Bei den allermeisten Psychoanalytikern der Zeit ist dieses Konzept, das Freud erstmals in der 1920 erschienenen Schrift *Jenseits des Lustprinzips* präsentiert, auf Widerstand gestoßen. Freud wusste um den prekären Status dieses Konzepts, aber ungeachtet der von ihm selbst vorgetragenen Einwände dagegen hat er an ihm auch später festgehalten und es als eine Art unverzichtbare wissenschaftliche Hypothese angesehen, die »theoretisch ungleich brauchbarer als alle möglichen anderen«[64] sei.

Den unmittelbaren Ausgangspunkt, der zur Revision der Trieblehre führte, bildet die Beobachtung der Folgen der so genannten »Kriegsneurose«. Freud war hier zum ersten Mal mit dem Phänomen eines »dämonischen« Wiederholungszwangs und immanenten Masochismus als Massenerscheinung konfrontiert, die nicht in das zuvor von Freud vertretene Triebkonzept passten. In diesem wurden die Sexualtriebe den Ich-Trieben (Selbsterhaltungstrieben) gegenübergestellt. Da Letzteren aber auch eine libidinöse Natur zugeschrieben wurde, konnten beide unter dem übergreifenden Konstrukt des »Eros« subsumiert werden. Die neuen klinischen Befunde gaben Freud nun Anlass, zu vermuten, dass im Ich noch andere als die libidinösen Selbsterhaltungstriebe wirksam sind, denn gerade im Hinblick auf den Sadismus, der auf die Schädigung eines Objektes abzielte, schien eine Ableitung aus dem lebenserhaltenden Eros nicht mehr sinnvoll zu sein. Unter diesen Bedingungen sah sich Freud zur Einführung des hypothetischen Konstrukts des Todestriebs genötigt, der nun als eigene Triebform und als Gegenstück zum Lebenstrieb angesehen wurde. Freud verselbstständigt und totalisiert damit das überkommene »Nirwanaprinzip«, welches das Streben nach Herabsetzung einer inneren

---

64 | Freud, Das Unbehagen in der Kultur, GW, Bd. XIV, S. 479. Die Gegenauffassung vertrat u.a. Otto Fenichel, Zur Kritik des Todestriebes [1935], in: ders. Aufsätze, Frankfurt a.M., Berlin, Wien 1985, Bd. 1, S. 361-371.

Reizspannung bezeichnet und bisher dem Lustprinzip untergeordnet war. »Das Ziel alles Lebens ist der Tod.«[65] Im Rückblick fiel es Freud schwer, zu verstehen, »dass wir die Ubiquität der nicht erotischen Aggression und Destruktion übersehen und versäumen konnten, ihr die gebührende Stellung in der Deutung des Lebens einzuräumen«[66]. In dieser Charakterisierung seines Unternehmens als Deutung »des Lebens« scheint allerdings eine biologistische Vereinseitigung des Konzepts vorzuliegen, mit dem Freud einen Urgegensatz zweier Grundtriebe zu fassen sucht, der das Schicksal der gesamten Kulturentwicklung bestimmen soll: »Sie muss uns den Kampf zwischen Eros und Tod, Lebenstrieb und Destruktionstrieb zeigen, wie er sich an der Menschenart vollzieht.«[67] Der Einbruch des historischen Schreckens, der an den Grundbestand der bürgerlichen Anthropologie rührt, wird also beantwortet mit einer Konzeption, die ihren Gegenstand ohne Bezug auf vermittelnde Instanzen als biologisches Faktum, als Naturgegebenheit präsentiert; der Todestrieb als Quelle für Gewalt wird jenseits von Gesellschaft konzeptualisiert.[68] Freud verarbeitet damit den Widerspruch ganz im Sinne des traditionellen anthropologistischen Paradigmas: Es hat damit »eine Geschichte gegeben, aber es gibt keine mehr«[69]. Freud bringt sich mit seiner Konzeption aber in einen Gegensatz zu seiner eigenen Einsicht, der zufolge sich der Ich-Trieb nur unter dem Einfluss der Außenwelt gegen den Sexualtrieb wendet. Die triebhaften Impulse, die in der Selbstzerstörung oder der Vernichtung des Anderen kulminieren können, sind demnach als Resultat einer Versagung nicht ohne Rekurs auf gesellschaftliche Instanzen zu bestimmen. Dieser historisch-soziale Index ist nun nicht nur am Entstehungsdatum und -motiv der Schrift zu greifen, in der das Konzept des Todestriebs zuerst eingeführt wird, sondern darüber hinaus auch am Argumentationsgang und den einzelnen Formulierungen selbst, die auf den Widerspruch der historischen Vermittlung von Natur und Gesellschaft hinführen. Freuds Konzept konnte so zum Anknüpfungspunkt für kulturtheoretische Einsichten werden,

---

65 | Freud, Jenseits des Lustprinzips, GW, Bd. XIII, S. 40.
66 | Freud, Das Unbehagen in der Kultur, GW, Bd. XIV, S. 479.
67 | Ebd., S. 481.
68 | Vgl. Elisabeth Timm, Jenseits der Gesellschaft – Freud, Todestrieb und der Konflikt mit Wilhelm Reich, in: Tel Aviver Jahrbuch für deutsche Geschichte XXXII (2004), hg. v. Moshe Zuckermann, Göttingen 2004, S. 29-55, hier S. 47.
69 | Vgl. Fußnote 15.

die auf eine Anthropologie nach dem Ende der bürgerlichen Anthropologie zielten. In diesem Sinne etwa hat Gerhard Scheit im Anschluss an Herbert Marcuse den rationellen Kern von Freuds »extremem Gedankengang«[70] festgehalten. Freud war, so Scheit, nach dem Ersten Weltkrieg auf der Suche nach einer theoretischen Möglichkeit gewesen, Regression in ihrer Totalisierung zu denken. Mit dem Todestrieb war eine Metapher für die Universalisierung von Negativität gefunden, die zu erfassen versucht, »dass die Zerstörung aus dem Ganzen kommen muss«[71]. Wenn Freud also später unbeschadet seiner Einsicht in die Unzulänglichkeiten an dem Konzept festgehalten und seine Brauchbarkeit hervorgehoben hat, dann lässt sich das damit begründen, dass dieses Konzept wie kein zweites die Möglichkeit bot, die gesellschaftlichen Widersprüche, die die psychischen Regressionen hervortreiben, in ihrer Schrankenlosigkeit zu erfassen.

»Soweit das Leiden sozial produziert wird und sobald der Kampf gegen dieses Leid wie gegen alles Leid mit den Mitteln der gesellschaftlichen Produktivkräfte geführt wird, ist der Todestrieb die biologische Verlaufsform der Niederlagen in diesem Kampf. Das trennt ihn von den anderen Trieben, bei denen sich gesellschaftlich immer nur entscheidet, ob und in welchem Maß sie gestillt werden können. Eben die Antwort auf diese Entscheidung fällt Thanatos zu, und somit verkörpert er realiter die gesellschaftliche Totalität in der Natur. Er ist das, was der Gesellschaft blüht, wenn die Triebe unbefriedigt bleiben, das Leid maßlos wird.«[72]

Anders etwa als das Gros der zeitgenössischen marxistischen Theoretiker, die den Faschismus nicht anders als in Kategorien der Bestechung und Manipulation der Massen und als Terrorherrschaft einer reaktionären Klasse zu denken vermochten, war es für Freud ausgemacht, dass die millionenfache Zustimmung zum eigenen Tod und zum Massenmord ohne das geheime Einverständnis der Massen undenkbar wäre.[73] Die biologis-

---

70 | Vgl. Freud, Jenseits des Lustprinzips, GW, Bd. XIII, S. 39.
71 | Gerhard Scheit, Jargon der Demokratie. Über den neuen Behemoth, Freiburg 2007, S. 152.
72 | Ebd., S. 159.
73 | Vgl. C. Neubaur, Todestrieb, in: Historisches Wörterbuch der Philosophie, hg. von Joachim Ritter und Karlfried Gründer, Darmstadt 1998, Bd. 10, S. 1249-1251.

tischen Spekulationen Freuds erweisen sich damit gerade dort, wo sie am verzweifeltsten und extremsten anmuten, als bedrückend realistisch. Am Ende ist die Frage zu stellen, ob sich nicht noch der Versuch, den historischen Index von Freuds Konzeption freizulegen, selbst einem Bedürfnis nach Entlastung verdankt und als Form einer Abwehr dargestellt werden muss? Besteht nicht Freuds Radikalität in Bezug auf das Verhältnis zum Tod eben darin, dass er in ihm eine mögliche Ursache für gesellschaftliche Zerstörungsprozesse sieht? Eine Anthropologie nach dem Tode des Menschen hätte diese Möglichkeit in ihre Kalküle zu ziehen.

Ausblick

Freud ist in seiner Arbeit *Das Unbehagen in der Kultur* auf eine kulturelle Zäsur aufmerksam geworden, die darin besteht, dass die gewachsene Beherrschung der Naturkräfte zugleich die Möglichkeiten der Entfaltung destruktiver Energien so weit gesteigert hat, dass eine Ausrottung der Gattung »bis auf den letzten Mann« antizipierbar wurde. Darüber hinaus hat Freud die Dialektik fokussiert, dass trotz der fantastischen Errungenschaften der Naturwissenschaften der Kulturprozess, »der über die Menschheit abläuft«, nicht zu einem Abbau der Antagonismen zwischen Individuum und Gesellschaft geführt, sondern Verhältnisse hervorgebracht hat, die »der Einzelne unerträglich finden muss«[74]. Das Konzept des Todestriebs wurde von Freud eingeführt, um die Ubiquität der nicht-erotischen Destruktivkräfte zu erfassen. Freud hat dieses Konzept als eine spekulative Idee verstanden, die auf einen in der Natur angelegten Urgegensatz zweier Grundkräfte zielt. Es gibt gute Gründe dafür, gegen diese Naturalisierung im Rahmen einer »Pathologie der Kultur« den spezifischen historischen Erfahrungsgehalt dieses Konzepts herauszuarbeiten; andererseits ist die Vorstellung eines »somatischen Entgegenkommens« des Triebs nicht rundweg abzuweisen. Dass Freuds Konzept in unserer Gegenwart reaktiviert und neu diskutiert wird, kann zugleich als ein Indiz für eine neue Stufe der historischen Dialektik verstanden werden, die noch außerhalb des Denkhorizonts von Freud lag, denn die Gefährdung der Überlebensbedingungen erwächst heute nicht mehr nur aus der Anwendung der »neugewonnenen Machtmittel« im Rahmen von Kriegen, sondern aus der

---

74 | Freud, Das Unbehagen in der Kultur, GW, Bd. XIV, S. 505.

vorherrschenden Form der ökonomischen *Reproduktion* der Gesellschaft selbst. Im Aufstieg des Begriffs der Nachhaltigkeit zu einem kulturellen Schlüsselkonzept der »Nachgeschichte« titulierten Spätmoderne drückt sich die Verallgemeinerung des Bewusstseins davon aus, dass die Entwicklung der Gesellschaft in ihrer bisherigen Form nicht zukunftsfähig ist. Es wäre töricht, diese Entwicklung [allein] aus der menschlichen Psyche heraus zu begründen, zumal der philosophische Diskurs der Moderne Theorien hervorgebracht hat, die uns Einsichten über die historisch spezifischen Ursachen dieser Entwicklungen liefern. Zur Beantwortung der Frage allerdings, wie die gegenwärtigen und kommenden Krisen von den Subjekten bewältigt werden, ist die Psychoanalyse unerlässlich.

»Triebschicksal« und »Arbeitsanforderung«
Zur Bestimmung des Arbeitsbegriffs in der Psychoanalyse

André Michels

Was unterscheidet den Arbeitsbegriff bei Freud von dem bei Marx? Was unterscheidet die Psychoanalyse von der Philosophie? Es ist der Trieb, der feste Anker, der die Psychoanalyse vor jeder Form von »Psychologismus« bewahrt. Ich möchte deshalb in diesem Beitrag vom Trieb ausgehen, vorwiegend von seiner Definition in *Triebe und Triebschicksale*: Freud bezeichnet ihn »als ein Grenzbegriff zwischen Seelischem und Somatischem, als psychischer Repräsentant der aus dem Körperinnern stammenden, in die Seele gelangenden Reize, als ein Maß der Arbeitsanforderung, die dem Seelischen infolge seines Zusammenhanges mit dem Körperlichen auferlegt ist«[1]. Bei dieser dreifachen Bestimmung kommt Letztere meistens zu kurz. Dies soll hier nachgeholt werden.

Arbeitswertlehre

Was meinen wir, wenn wir von Arbeit sprechen? Nichts ist unklarer. Über nichts klagen wir mehr als über die Arbeit. Aber noch größer ist die Klage derjenigen, die ihrer entbehren. Sie bedeutet sowohl Fluch, Schicksal als auch Geschenk, Wohltat. Sie zeichnet jedenfalls den Menschen gegenüber anderen Lebewesen aus, ebenso wie ihre Teilung – Aufteilung, Verteilung

---

[1] | Sigmund Freud: Triebe und Triebschicksale (1915), in: *Gesammelte Werke* (London 1940-1952), Frankfurt a. M. 1960, Bd. X, S. 214; oder in: *Psychologie des Unbewußten*, Studienausgabe Bd. III, Frankfurt a. M. 1972, S. 75-102, hier: S. 85.

– die Struktur der Gesellschaft bestimmt, in der wir leben. Für die Alten war sie weniger ein Thema, weil die Arbeit vorwiegend von Sklaven oder einer unterjochten Klasse verrichtet wurde. Allerdings darf man fragen, inwiefern es dann überhaupt berechtigt ist, von Arbeit zu sprechen. Der Sinneswandel, den sie im Industriezeitalter erfährt, erhebt sie erst auf eine – auch heute noch gültige – begriffliche Ebene.

Die Etymologie weist auf Mühsal, Plage, Sklaverei, Knechtschaft hin, der die Arbeit – im modernen Sinn – als »Gabe« erst abgewonnen, abgerungen werden muss. Sie ist auch, oder erst recht, für uns Heutigen beides: Knechtschaft und ihre Überwindung. Sie trägt wesentlich zur Gestaltung der gesellschaftlichen Verhältnisse und zu ihrer Umgestaltung, manchmal sogar zu ihrem Umsturz bei. Sie ist sowohl bindend als auch entbindend, sowohl konstruktiv als auch destruktiv. Die ihr innewohnende Kraft war in den beiden letzten Jahrhunderten bestimmend für die Zerstörung der bestehenden politischen Strukturen und für ihren Wiederaufbau. Sie zeigt stets beide Seiten auf: Destruktion und Konstruktion.

Die Arbeit schafft eine soziale Wirklichkeit, die der junge Marx, in Anlehnung an die Nationalökonomie seiner Zeit, zu untersuchen beginnt. Von Adam Smith übernimmt er die »Arbeitswertlehre«, die er zum Basisaxiom erhebt. Allein die Arbeit, nimmt er an, ist produktiv, d. h. schafft Werte; nicht das Kapital oder die Grundrente, die beide eigentlich nur Derivate der Arbeit sind. Ihr entspricht zugleich ein Prozess der Entfremdung, insofern dem Arbeiter das, was er produziert, als fremde Macht entgegentritt.

In den »Ökonomisch-philosophischen Manuskripten« schreibt er, 26-jährig, im Pariser Exil:

»Wenn das Produkt der Arbeit mir fremd ist, mir als fremde Macht gegenübertritt, wem gehört es dann? Wenn meine eigene Tätigkeit nicht mir gehört, eine fremde, eine erzwungene Tätigkeit ist, wem gehört sie dann? Einem anderen Wesen als mir. Wer ist dieses Wesen? Die Götter?«[2]

Die Arbeit steht im Dienst einer übergeordneten Macht, die auch über ihre Produkte, über das von ihr Geleistete verfügt. Sind es die Götter? Ist es die Natur? »[...] in den ersten Zeiten [erscheint] die Hauptproduktion, wie z.

---

2 | Karl Marx: Ökonomisch-philosophische Manuskripte (1844), Meiner: Hamburg 2005, S. 64-65.

B. der Tempelbau etc. in Ägypten, Indien, Mexiko, sowohl im Dienst der Götter, wie auch das Produkt den Göttern gehört.«

Marx weist auf die Entstehung der ersten Hochkulturen hin, die eine Versklavung eines beträchtlichen Teils der Menschheit mit sich brachten – im Namen eines übergeordneten Prinzips, um das sich eine Kaste von Privilegierten scharte, die am Genuss der Produktion teilhatten. Diese galt aber an erster Stelle den Göttern, deren widersprüchliche Position man etwa folgendermaßen darstellen kann: Einerseits legitimieren sie eine gesellschaftliche und religiöse Konstellation, d. h. ein Kastensystem, sowie die ihm eigene Arbeitsteilung und Güterverteilung; andererseits sind sie auf die Produktion der untersten Klasse angewiesen. Diese stellt die ökonomische Basis des Genusses dar, der den Göttern erst eine Existenz verleiht. Was wären in der Tat die heidnischen Götter ohne das Genießen, das sie auszeichnet? Sie erscheinen somit als Produkt einer Triebstruktur, deren Legitimation sie selbst sind. Ich will hier nicht darauf eingehen, was sich mit dem Übergang zum Monotheismus auf der Ebene der Triebökonomie verändert hat, obwohl diese Frage von höchster Bedeutung ist.

Jedoch »die Götter allein waren nie die Arbeitsherrn. Ebensowenig die Natur«. Marx verweist auf das Bestreben einiger, das man auch bei Marquis de Sade vorfindet, das höchste Wesen durch die Natur zu ersetzen. Diese gilt auch vielen Zeitgenossen, die den Dienst an der Natur sozusagen in einen Götzendienst verwandeln, als das höchste Gut schlechthin. Die Natur spielt insofern eine tragende Rolle, als es ihrer Verwandlung in ein Naturgut bedarf, das eigentlich ein Kulturgut ist, um in ihren Genuss zu gelangen. Dieser Prozess beschleunigt sich im Zeitalter der Industrialisierung in einem nie dagewesenen Maß. Die »Wunder der Industrie«, nimmt Marx an, machen die »Wunder der Götter« überflüssig. Der wesentliche Unterschied besteht allerdings im Verlust der Transzendenz.

Die große Frage bleibt, aus welchem Grund denn der Einzelne, der Arbeiter, »auf die Freude an der Produktion und auf den Genuss des Produktes verzichten sollte«[3]. Sicherlich nicht »diesen Mächten zuliebe«, als welche er die Götter und die Natur versteht. Es kann also nur eine Folge der bestehenden gesellschaftlichen Verhältnisse, d. h. der Herrschafts- oder Machtstruktur, sein, die wir aufgrund der von Marx verwendeten, Freud sehr ähnlichen Terminologie als Triebstruktur deuten. »Das fremde Wesen, dem die Arbeit und das Produkt der Arbeit gehört, in dessen Dienst

---

3 | Ebd., S. 65.

die Arbeit, und zu dessen Genuss das Produkt der Arbeit steht, kann nur der Mensch selbst sein.«[4] Wichtig in dieser Konstruktion ist der Begriff des »fremden Wesens«, wer oder was auch immer an dessen Stelle tritt.

Die Analogie mit dem Triebgeschehen ist nicht zu übersehen. Marx führt den Körper in das ökonomische Denken ein, allerdings um den Preis einer gewissen Geistesfeindlichkeit, die bei Freud nirgendwo vorzufinden ist. Durch seine Arbeit schafft der Mensch die Mächte – sowohl gesellschaftliche als auch psychische Instanzen –, denen er sich unterwirft. Dazu gehört das Fremde, die Entfremdung, die sowohl das »Produkt der Arbeit« als auch den »Akt der Produktion«[5] selbst betrifft. Indem er das Fremde schafft, wird der Arbeiter sich selbst fremd. Der extremen »Entäußerung«[6], der er sich aussetzt, die Marx als äußerste Verelendung, als Verlust seines Produkts und seiner selbst versteht, setzt er die Anhäufung des Kapitals entgegen. Dem Genuss des Kapitalisten entspricht die Entblößung und Verknechtung des Arbeiters, für den es – im angehenden Industriezeitalter – kein Entrinnen zu geben schien.

Ausschlaggebend ist die hier vollzogene Einführung des ökonomischen Standpunktes. Es macht jedoch einen fundamentalen Unterschied, ob ich die nur sehr grob beschriebene Situation als tatsächlich, d. h. als »real-existierend«, oder als Konstrukt, d. h. als Deutungsmodell, ansehe. Man darf fragen, ob nicht Marx selbst den metaphorischen Gehalt des von ihm produzierten Diskurses verkannt hat? Die Arbeit verwandelt nicht nur die Materie und die gesellschaftlichen Verhältnisse – der Schritt, den er vollzogen hat –, sondern auch die diskursive Ebene. Der das Industriezeitalter begleitende diskursive Umbruch ist die Frage, die uns hier beschäftigt.

Mit Lacan würden wir vom »Diskurs des Kapitalisten« sprechen. Auch er interessiert sich für die Produktionsverhältnisse, dem »eigentlichen Subjekt der Geschichte«[7], die er jedoch, mit Foucault, diskursiv versteht. Letzterer beschäftigt sich mit den Folgen der gesellschaftlichen Gewalt, die Marx durch seine Analyse der ökonomischen Verhältnisse legitimiert. »Was bei Hegel die Bewegung des Weltgeistes gewesen ist, wird bei Marx

---

4 | Ebd.
5 | Ebd., S. 60.
6 | Ebd., S. 59.
7 | Ebd., Einleitung, S. XLVIII.

zur Bewegung des Kapitals.«[8] Den Folgen der veränderten Arbeits- und Produktionsverhältnisse, die Marx auf der Ebene der Gesellschaft ausmacht, geht Freud auf jener des Unbewussten nach. Er orientiert sich dabei am Trieb, der jede traditionelle Auffassung des Seelischen unterwandert. Die Triebökonomie ist der Punkt, an dem sich Freud und Marx sowohl begegnen als auch trennen.

Arbeit am Trieb

Die Arbeit ist gattungsspezifisch. Sie zeichnet den Menschen gegenüber allen anderen Lebewesen aus. Sie schafft die höchsten Kulturgüter und ist selber das höchste Kulturgut, das dem Menschen seine Würde verleiht. Kultur ist aber auch an »Unbehagen« gebunden, insofern sie Arbeit am Trieb oder vom Trieb aufgezwungene Arbeit ist. Er wird von Freud als »Grenze« verstanden, die das Seelische und Somatische zugleich trennt und verbindet, sowie als »Maß der Arbeitsanforderung«, die aus dieser trennenden Verbindung hervorgeht. Dieselbe Konstellation lässt sich auf die Ebenen von Gesellschaft und Kultur übertragen. Für beide gilt es, die Triebe von den Bedürfnissen zu unterscheiden, wobei die Befriedigung der Ersteren dem Individuum als das weitaus Anspruchsvollere, Erstrebenswertere vorkommt. Der Trieb bestimmt sowohl den Ort als auch das Ziel der Arbeit. Nur wenn sie den Trieb selbst betrifft, ist sie auch wertschaffend: Der Wert wird dem Trieb sozusagen abgerungen und an dem gemessen, was dabei – an Genießen (*jouissance*) – verlorengeht. Er ist sowohl »Unterbau« als auch »Überbau«.

Der Trieb ist das Schibboleth der Psychoanalyse. Er wirft die Frage nach ihren Grundlagen auf, nach ihrem Ausgangspunkt und dem, was sie von allen anderen diskursiven Praktiken unterscheidet. Zunächst gilt es, jede Verwechslung mit dem Instinkt zu vermeiden. Dieser gehorcht seinen eigenen, von der Natur auferlegten Gesetzen, während der Trieb die Schnittstelle zwischen Mensch und Natur darstellt, d. h. jenen sozusagen dem Naturgeschehen entreißt. Es ist eine der Haupterrungenschaften Freuds und die Ursache, weshalb die Psychoanalyse nie auf eine »Biologie des Geistes« reduziert werden kann, wie es von führenden Neurowissenschaftlern gefordert wird. Eric Kandel geht davon aus, »dass die Biologie

---

8 | Ebd.

die Psychoanalyse in eine wissenschaftlich begründete Disziplin verwandeln kann«[9].

Der Trieb zeichnet sich durch eine konstante Kraft aus, die sich jedem biologischen Rhythmus entzieht oder widersetzt und den Menschen sogar im Schlaf nicht ruhen lässt. Er fordert ihn zur Arbeit auf – an der Natur, die er selbst ist. Erst die Arbeit macht ihn zu einem kulturellen und – sogar unter dem Diktat des Tyrannen – nie ganz angepassten Wesen. Die Kulturarbeit wiederholt sich in der Erziehung der Kinder, die – wie auch immer die Eltern sich anstrengen – nie ganz anpassungsfähig sind. Die so geschaffene Basis ist für das spätere Leben ausschlaggebend. Eine Form von Psychotherapie, die sich keinen Begriff vom Trieb zu machen weiß, kann nicht anders, als eine Anpassungsstrategie zu verfolgen und auf eine »Normalisierung« hinauszulaufen. Letztere hat Foucault zurecht angeprangert.

Den Übergang von Natur zu Kultur versteht Freud als Arbeit am Trieb, als eine Folge dessen, was ich seine »Denaturalisierung« nennen möchte. In »Das Unbehagen in der Kultur« charakterisiert er den Prozess der Kultur »durch die Veränderungen [...], die er mit den bekannten menschlichen Triebanlagen vornimmt, deren Befriedigung doch die ökonomische Aufgabe unseres Lebens ist«[10]. Das Thema der Arbeit legt uns nahe, dem ökonomischen Gesichtspunkt in der Psychoanalyse größeres Gewicht zu verleihen und diese von jenem aus zu betrachten. Aus *oikos* (Haus, Familie) und *nomos* (Gesetz) zusammengesetzt, beschäftigt sich Ökonomie mit den Gesetzen, Regeln, Gebräuchen, denen selbst die kleinste menschliche Gemeinschaft unterworfen ist. Ökonomie, am besten mit »Haushalt« übersetzt, gilt gleichermaßen für Staat und Familie. Der ökonomische Gesichtspunkt ist eine Funktion der Triebbegrenzung, d. h. der Regeln, die dem Trieb erst aufgezwungen oder abgerungen werden müssen.

Die Aneignung solcher Regeln kann sich unter Umständen in eine »Charaktereigenschaft« verwandeln. Freud denkt dabei zunächst an die Analerotik. »Einige dieser Triebe werden in solcher Weise aufgezehrt, dass an ihrer Stelle etwas auftritt, was wir beim Einzelindividuum als Charak-

---

9 | Eric R. Kandel: Psychiatrie, Psychoanalyse und die neue Biologie des Geistes, Suhrkamp: Frankfurt a. M. 2006, S. 32.

10 | Sigmund Freud: *Das Unbehagen in der Kultur* (1930), in: *Gesammelte Werke* (London 1940-1952) Frankfurt a. M. 1960, Bd. XIV, S. 456; oder in: *Fragen der Gesellschaft, Ursprünge der Religion*, Studienausgabe Bd. IX, Frankfurt a. M. 1972, S. 226/227.

tereigenschaft beschreiben.«[11] Diese Fähigkeit zur Umwandlung verweist auf die Plastizität der Triebe, die Bahnungen und Spuren, die sie hinterlassen, und sich beim Einzelnen sozusagen eingravieren. Der Begriff des »Charakters«, als Eigenart oder Eigensinn verstanden, hat in einigen Sprachen (im Französischen, Englischen usw.) auch die Bedeutung von Schriftzeichen, Letter, Druckbuchstabe. Er entspricht dem intimen Verhältnis von Trieb und Schrift und erlaubt es, von einer »Grammatik« der Triebe zu sprechen. Diese liegt sowohl der »Logik« des Phantasmas als auch der »Ethik« des Unbewussten zugrunde.

Die von Freud angedeutete Analogie zwischen Kulturprozess und Libidoentwicklung des Einzelnen gilt es zunächst zu erläutern. Ökonomie wird politisch immer wieder als Befriedigung der Bedürfnisse verkannt, wahrscheinlich ein bevorzugtes Mittel der Manipulation des Staatsbürgers, sogar in einer »fortgeschrittenen« Demokratie. Versteht man ihre Hauptaufgabe jedoch als Triebökonomie, so hat diese auch die Bedeutung einer »Ökonomie« an Befriedigung, d. h. sowohl einer Ersparnis als auch einer inneren Begrenzung. Befriedigung ist demnach nie vollständig, sondern stets an Unbefriedigtheit gebunden, die als solche in den wirtschaftlichen Umlauf kommt, ja diesen erst ankurbelt. Bedürfnisse werden leichter ausgeschaltet, unterdrückt, gar aufgehoben, während es dem Individuum viel schwerer fällt, sich dem »Drang«, der »konstanten Kraft« des Triebes und der daran gebundenen »Arbeitsanforderung« zu entziehen.

Unter der Voraussetzung der Kultur wird der Trieb dazu angehalten, die »Bedingungen der Befriedigung« zu verschieben, sie »auf andere Wege« als ihre bisherige Bahnung zu verlegen. Die derart vorbereitete Sublimierung vollzieht sich am Trieb selbst: an seinem »Ziel«, nicht an seinem »Objekt«. Die »Triebsublimierung ist ein besonders hervorstechender Zug der Kulturentwicklung, sie macht es möglich, dass höhere psychische Tätigkeiten, wissenschaftliche, künstlerische, ideologische, eine so bedeutsame Rolle im Kulturleben spielen«[12]. Freud warnt jedoch davor, die Sublimierung als ein »von der Kultur erzwungenes Triebschicksal« schlechthin zu betrachten: »[...] man tut besser, sich das noch länger zu überlegen.« In Frage stehen insbesondere der Nutzen und der Erfolg des Zwangs in Familie, Staat und Gesellschaft. Was kann er bewirken? Unter welchen Bedingungen ist er gerechtfertigt? Kultur ist ein gewaltsamer Vorgang, der

---

11 | Ebd.
12 | Ebd., S. 457.

einerseits mit Gewalt einen »Triebverzicht«, d. h. vom Individuum eine »Nichtbefriedigung« der Triebe verlangt und der andererseits die Gewalt nie ganz überwunden hat, mit der die Triebe nach Befriedigung suchen.

»Diese ›Kulturversagung‹ beherrscht das große Gebiet der sozialen Beziehungen der Menschen; [...] sie ist die Ursache der Feindseligkeit, gegen die alle Kulturen zu kämpfen haben.« Es ist demnach nicht ungefährlich, »einem Trieb die Befriedigung zu entziehen«. Die dabei freigesetzte Gewalt wird durch diejenige, welche die Gemeinschaft ausübt, nur zum Teil aufgewogen. Die Gewaltenteilung, die dem Gesellschaftsvertrag im Sinne Rousseaus zugrunde liegt, darf die Triebstruktur, von der sie ausgeht, nie aus den Augen verlieren. Mit der Schaffung eines Rechtssystems wird dem Staat das Monopol der Gewalt übertragen. Welche Instanz aber ist in der Lage, die Übergriffe des Staates zu begrenzen?

Mit dem Thema Kultur und Triebbefriedigung beschäftigt sich Freud bereits in der 1927 erschienenen Schrift *Die Zukunft einer Illusion*. Kultur »umfasst, einerseits, all das Wissen und Können, das die Menschen erworben haben, um die Kräfte der Natur zu beherrschen und ihr Güter zur Befriedigung der menschlichen Bedürfnisse abzugewinnen, andererseits, alle die Einrichtungen, die notwendig sind, um die Beziehungen der Menschen zueinander, und besonders die Verteilung der erreichbaren Güter zu regeln«.[13]

Naturbeherrschung, d. h. die Verwandlung der – sowohl eigenen als auch fremden – Natur, ist ein biblisches Gebot und ein wesentlicher Aspekt der Arbeit. Diese ist insofern kulturstiftend, als sie den ökonomischen Kreislauf überhaupt begründet. Hierzu gehört, neben der Produktion der Konsumgüter, die Entwicklung sozialer Einrichtungen, die über die Verteilung des Erarbeiteten, Produzierten wachen.

Politik besteht in der Formulierung und Durchsetzung der so verstandenen ökonomischen Regeln. Groß ist jeweils die Versuchung, diese zum alleinigen Vorteil einer Minderheit auszulegen und mit Gewalt durchzusetzen. Die Kultur, d. h. in diesem Fall die Gesellschaft und das von ihr gewählte politische System, legen das »Maß der Triebbefriedigung« des Einzelnen fest. Dieses ist variabel und meist nur unter Zwang wirksam.

---

13 | Sigmund Freud: *Die Zukunft einer Illusion* (1927), in: *Gesammelte Werke* (London 1940-1952) Frankfurt a. M. 1960, Bd. XIV, S. 326; oder in: *Fragen der Gesellschaft*, *Ursprünge der Religion*, Studienausgabe Bd. IX, Frankfurt a. M. 1972, S. 140.

Dabei hat seit jeher die Unterjochung der Natur jene des Mitmenschen nach sich gezogen, um »seine Arbeitskraft [zu benutzen] oder ihn zum Sexualobjekt« zu nehmen, ein Vorgang, bei dem »jeder Einzelne virtuell ein Feind der Kultur ist«.

»Die Kultur muss also gegen den Einzelnen verteidigt werden und ihre Einrichtungen, Institutionen, Gebote stellen sich in den Dienst dieser Aufgabe.«[14] Sie sind und wirken, einerseits, als Instrumente der Macht, die jedoch die ihnen inhärente Gewalt weder verbergen noch je ganz überwinden können; andererseits sind sie, jene Einrichtungen, als höchste kulturelle Güter, vor der Gewalt des Triebanspruchs, d. h. der Basis, des »Unterbaus«, nie ganz sicher. »Menschliche Schöpfungen sind leicht zu zerstören und Wissenschaft und Technik, die sie aufgebaut haben, können auch zu ihrer Vernichtung verwendet werden.«

Davon wissen wir, aufgrund der Erfahrungen des 20. Jahrhunderts, leider etwas mehr. Sie zeigen auch, dass die Bedrohung von »oben«, durch eine Pervertierung der Gesetze, die weitaus gefährlichere sein kann. Moses Mendelssohn spricht von »barbarischen Gesetzen«, die vielen seiner »Mitbrüder« in den christlichen Ländern zum Verhängnis wurden: »[...] auf solche Weise sind freilich barbarische Gesetze weit schädlicher, als gar keine Gesetze.«[15] Mendelssohn schreibt nicht nur für die Vor-Welt, sondern auch für die Nach-Welt, das Schlimmste vorausahnend: »Denn die wichtige Wahrheit kann nicht genug eingeschärft werden, dass barbarische Gesetze desto schrecklichere Folgen haben, je gesetzmäßiger das Verfahren ist, und je strenger die Richter nach dem Buchstaben urteilen.«[16]

Kultur wurde einer Mehrheit von einer Minderheit aufgezwungen, die es verstanden hat, in den Besitz der notwendigen Machtinstrumente zu gelangen. Besteht der große Unterschied zur heutigen sozialen Lage nicht darin, dass diese weniger personen- oder klassengebunden als systemimmanent geworden sind? Unter dem Vorwand der Beseitigung einer unvermeidlichen Willkür wurden diese Instrumente in anonyme Instanzen umgewandelt, für die niemand mehr zur Verantwortung gezogen

---

14 | Ebd., S. 327.
15 | Moses Mendelssohn: Vorrede zu »Manasseh ben Israel: Rettung der Juden« (1782), in: Jerusalem oder über religiöse Macht und Judentum, Meiner: Hamburg 2005, S. 8-9.
16 | Ebd., S. 10.

werden kann. Sie sind aber darum unendlich effizienter geworden. Das neue Schlagwort heißt »Evaluierung« der Arbeit, in welcher Form auch immer, die längst alle Bereiche der menschlichen Tätigkeit durchdrungen, ja von ihr Besitz ergriffen hat. Die herkömmliche Unterscheidung zwischen »oben« und »unten« (auf der gesellschaftlichen Skala), »rechts« und »links« (in der politischen Szene) ist dabei kaum noch relevant. Es ist nicht anzunehmen, dass sich daran in Zukunft viel ändern wird. Die Frage bleibt, inwieweit sich ein »Triebopfer« durchsetzen oder vielleicht verringern lässt. Unter der Voraussetzung von Religion oder Politik, ist das »Opfer« in jedem Fall eine Folge der dem Einzelnen auferlegten »Arbeitsanforderung«. Als bevorzugtes Mittel eines institutionalisierten »Triebverzichts« ist es jedoch umso leichter für andere Zwecke zu instrumentalisieren.

Man könnte auch annehmen, dass sich mit einer Lockerung oder Milderung des Zwangs, einer Umkehr der bestehenden Machtverhältnisse, etwas Grundlegendes verändern würde. Wir wissen jedoch nicht, ob nicht an ihre Stelle ein noch härterer Zwang und noch strengere Gebote treten würden. Freud ist nicht gerade optimistisch, wenn er schreibt:

»[...] es scheint nicht einmal gesichert, dass beim Aufhören des Zwanges die Mehrzahl der menschlichen Individuen bereit sein wird, die Arbeitsleistung auf sich zu nehmen, deren es zur Gewinnung neuer Lebensgüter bedarf. Man hat [...] mit der Tatsache zu rechnen, dass bei allen Menschen destruktive, also antisoziale und antikulturelle Tendenzen vorhanden sind und dass diese bei einer großen Anzahl von Personen stark genug sind, um ihr Verhalten in der menschlichen Gesellschaft zu bestimmen.«[17]

Das einmal erreichte Gleichgewicht, etwa der soziale Friede, gilt stets nur vorübergehend und muss immer wieder hergestellt werden.

---

17 | Sigmund Freud: Die Zukunft einer Illusion (1927), in: Gesammelte Werke (London 1940-1952) Frankfurt a. M. 1960, Bd. XIV, S. 328; oder in: Fragen der Gesellschaft, Ursprünge der Religion, Studienausgabe Bd. IX, Frankfurt a. M. 1972, S. 141.

MASS DER ARBEITSANFORDERUNG

Es ist notwendig, sich jetzt etwas eingehender mit einem anderen Aspekt der vom Trieb ausgehenden »Arbeitsanforderung« zu beschäftigen, für die er ein »Maß« abgibt. Von wo aber bezieht er es? Was ist am Trieb so maßgebend? Er stellt ein Maß für die Konstruktion der sowohl seelischen als auch gesellschaftlichen Wirklichkeit her, ein Gesichtspunkt, der Freuds Werk vom »Entwurf« (1895) bis zur »Verneinung« (1925) durchzieht. Wie also gestaltet sich Wirklichkeit (*réalité*)? Der Frage kann man am Leitfaden der Differenzierung von »Lustprinzip« und »Realitätsprinzip« nachgehen, die Lacan weniger psychologisch als logisch und ethisch zu deuten sucht. Seine Ausführungen über das »Ding«, im Ethik-Seminar[18], liefern uns dazu einige wesentliche Anhaltspunkte, die einen anderen Zugang zum Thema der Arbeit ermöglichen.

Die Triebbefriedigung unterliegt einem fundamentalen Paradox, das sich wie ein roter Faden durch das ganze seelische Geschehen zieht. Auf dem Weg der Befriedigung nämlich, die nie vollständig und nie ganz zufriedenstellend ist, erfährt das Subjekt eine zumindest gleichwertige Unbefriedigtheit. Eine Stimmung, die sich zunächst bedrückend auswirkt, während wir sie als konstitutive Differenz verstehen, die sich u. a. an der Unvereinbarkeit von Bedürfnis und Begehren zeigt. Es ist eine Folge des verlustreichen Geschäfts des Genießens, das einen »Triebverzicht« entweder voraussetzt oder mit sich bringt.

Genießen ist zunächst eine juristische Kompetenz, die jedoch nur unter bestimmten Bedingungen in Kraft tritt: Es ist der Punkt, an dem sich die Rechtsregeln und die elementaren Gebote der Ethik begegnen. Letztere offenbart sich als Begehren: Der Spur der einmal genossenen Befriedigung folgend, vermag es diese nur als unwiederholbar und auf immer verloren in Erfahrung zu bringen. Jeder Wiederholungsversuch ist demnach zum Scheitern verurteilt. Jeder Versuch, das einmal Gewesene, Genossene wieder herzustellen oder wiederzufinden, führt eine Differenz ein, an der sich die (Re-)Konstruktion der Wirklichkeit orientiert. Denken geht vom Identischen aus, wodurch erst das Nicht-Identische, Andere, Fremde erkannt werden kann. Erkennen ist stets Anerkennen der Differenz. Im Scheitern der Wiederholung erstarkt das Begehren und ereignet sich das Reale, das

---

18 | Jacques Lacan: L'éthique de la psychanalyse. Le Séminaire, livre VII, Seuil: Paris 1986, S. 55-86.

wir, in Bezug auf das Unbewusste, vom Trieb aus denken müssen. Grundlegend ist die Unterscheidung zwischen dem *Realen* (des Triebs) und der *Realität* (des Phantasmas), von der die psychoanalytische Praxis ausgeht und auf die sich ihre theoretischen Überlegungen beziehen.

Der Triebanspruch ist zum Scheitern verurteilt, und zwar aufgrund einer »Teilung«, die wir rückwirkend an den Anfang setzen, die sozusagen den Anfang macht. Die Arbeitsteilung, die von ihr ausgeht, spiegelt zunächst weniger die gesellschaftlichen Verhältnisse als die dem Trieb inhärente Struktur wieder, die wir als eine Folge seiner »Denaturalisierung« verstehen. Die bestehenden Machtverhältnisse haben sich vielmehr »historisch« aufgrund der »Arbeitsanforderung« des Triebes entwickelt. Diese erweist sich nunmehr als der entscheidende Anteil des Triebes an der Geschichte der Menschwerdung, ein Vorgang, der sich mit jeder Generation wiederholt. Das »Maß«, das dabei am Werk ist, ergibt sich aufgrund eines »Triebverzichts« – der zentralen ethischen Kategorie bei Freud –, der jeder »Teilung« der Güter und ihres Konsums vorausgeht. Einen gesellschaftlichen »Wert« erlangt nur, was dem Trieb entweder durch Verzicht oder Sublimierung, d. h. durch die Verschiebung seines Ziels, abgewonnen werden kann. Dies gilt für jede menschliche Gesellschaft und begründet das sogenannte »Naturrecht« – im Gegensatz zum »positiven Recht«.

Dem »historischen« Wesen des Triebs misst Freud eine für das zentrale Nervensystem gestaltende Funktion bei, ein auch für die Zukunft der Psychoanalyse richtungsweisender Schritt: »Die im Inneren des Organismus entstehenden Triebreize« sind nicht mit denselben Mitteln wie die äußeren Reize zu erledigen. »Sie stellen also weit höhere Anforderungen an das Nervensystem, veranlassen es zu verwickelten, ineinander greifenden Tätigkeiten, welche die Außenwelt so weit verändern, dass sie der inneren Reizquelle die Befriedigung bietet [...].«[19]

Der Trieb steht an der Schwelle zwischen Innen und Außen, zwischen Innen- und Außenwelt, die er dahingehend verändert, dass er sie mit den von der Innenwelt erhobenen Anforderungen, mehr oder weniger, in Einklang bringt. Die vom Trieb ausgehende »Arbeitsanforderung« versucht demnach die Differenz zwischen Innen und Außen – zumindest teil- oder

---

19 | Sigmund Freud: Triebe und Triebschicksale (1915), in: Gesammelte Werke (London 1940-1952), Frankfurt a. M. 1960, Bd. X, S. 213; oder in: Psychologie des Unbewußten, Studienausgabe Bd. III, Frankfurt a. M. 1972, S. 75-102, hier: S. 84.

zeitweise – aufzuheben. Der Begriff der Arbeit ist an jenen der Befriedigung gebunden: ein Gut, in dessen Besitz man, wenn überhaupt, nur vorübergehend gelangen kann.

Der Trieb verändert aber nicht nur die Außenwelt, sondern viel tiefgreifender noch die Innenwelt:

»Wir dürfen also wohl schließen, dass sie, die Triebe, und nicht die äußeren Reize, die eigentlichen Motoren der Fortschritte sind, welche das so unendlich leistungsfähige Nervensystem auf seine gegenwärtige Entwicklungshöhe gebracht haben.«[20]

Der Trieb wäre demnach der maßgebende Faktor in der Herausbildung der höchsten Funktionen des Organismus. Theoretisch gesehen hätten die Neurowissenschaften von der Trieblehre auszugehen und würden in ihr erst eine Grundlage finden. Es ist nicht auszuschließen, dass sie sich einmal am Trieb stoßen werden, als dem harten Kern, der sich ihrer Ordnung entzieht, als dem heterogenen Element, das anderen Gesetzen als jenen der Naturwissenschaften gehorcht.

Inwiefern ist das, was hier vom Nervensystem und, darüber hinaus, vom Organismus gesagt wird, auf die Gesellschaft übertragbar? Um den in ihr herrschenden ökonomischen Verhältnissen auf die Spur zu kommen, scheint es mir notwendig, sie weniger an den sogenannten Bedürfnissen als am Leitfaden des Triebes zu messen. Im Hinblick auf die – spätestens seit Foucault sich stellende – Frage der »Biopolitik« darf man nicht aus den Augen verlieren, dass der Trieb bei Freud nicht als eine biologische Referenz, sondern für deren Überwindung steht. Die Biologie erhält dadurch einen zunächst metaphorischen Stellenwert.

Der Anforderung des Triebes folgen heißt, dem Scheitern seines Anspruchs entsprechend, dem so bedingten Objektverlust Rechnung tragen. An dieser Stelle führt Lacan, in seiner Lektüre von Freuds *Entwurf*, das »Ding« ein. Er unterscheidet es von der »Sache« als Produkt der menschlichen Werktätigkeit, etwa der industriellen Produktion. Das »Ding« tritt in Erscheinung im Verhältnis des Kindes zum ersten Anderen, zum »Neben-

---

20 | Sigmund Freud: Triebe und Triebschicksale (1915), in: *Gesammelte Werke* (London 1940-1952), Frankfurt a. M. 1960, Bd. X, S. 213-214; oder in: *Psychologie des Unbewußten*, Studienausgabe Bd. III, Frankfurt a. M. 1972, S. 75-102, hier: S. 84.

menschen«, ein Begriff, den Lacan von Freud übernimmt. Die große Widersprüchlichkeit dieser Funktion taucht im Zusammenhang der Herstellung der Wirklichkeit auf:

»Nehmen wir an, das Objekt, welches die Wahrnehmung liefert, sei dem Subjekt ähnlich, ein *Nebenmensch*. Das theoretische Interesse erklärt sich dann auch dadurch, dass ein *solches* Objekt gleichzeitig das erste Befriedigungsobjekt, im ferneren das erste feindliche Objekt ist, wie die einzige helfende Macht. Am Nebenmenschen lernt darum der Mensch erkennen.«[21]

Dieser »Komplex« zergliedert sich in zwei Teile: der eine, das »Ding«, ist ein konstantes Gefüge; der andere, »durch Erinnerungsarbeit *verstanden*, [kann] auf eine Nachricht vom eigenen Körper zurückgeführt werden [...]«. Der »Nebenmensch« steht für das Fremde als einer Funktion der Entfremdung – allerdings nicht im Sinne von Karl Marx – und Entäußerung. Er gilt als ein konstitutives Element des Erkennens oder, präziser, der (Re-) Konstruktion der Wirklichkeit. Ein guter Teil der analytischen Arbeit besteht darin, eine Wirklichkeit zu rekonstruieren, die sich allerdings immer wieder am »Realen« stößt: Wir erkennen darin den Trieb und vor allem seine Unbefriedigung wieder, deren Macht so groß ist, dass sie jedes Konstrukt aufbricht, dass an ihr jede Wirklichkeit zerschellt.

Dem »Ding« entspricht der »prähistorische, unvergessliche Andere, den kein späterer mehr erreicht«[22], der »absolute Andere«[23], den das Subjekt zeitlebens wiederzufinden trachtet. Lacan bezeichnet ihn als »hors-signifié«[24], insofern er jeder Bedeutung vorausgeht, als »ursprünglichen Affekt, vor jeder Verdrängung«[25]. Gibt es denn so etwas wie einen Affekt, der von der Urverdrängung zeugt und spricht? Es ist die Frage nach einem ursprünglichen Signifikanten, den wir auch »transzendent« nennen können, weil er auf keinen anderen hinweist. Das »Ding« ist der logisch ers-

---

21 | Sigmund Freud: Entwurf einer Psychologie (1895), in: Gesammelte Werke: Nachtragsband. Texte aus den Jahren 1885-1938, Frankfurt a. M. 1987, S. 426.
22 | Sigmund Freud: Briefe an Wilhelm Fließ 1887-1904, hg. v. J. M. Masson, S. Fischer: Frankfurt a. M. 1985, S. 224.
23 | Jacques Lacan: L'éthique de la psychanalyse. Le Séminaire, livre VII, Seuil: Paris 1986, S. 65.
24 | Ebd., S. 67.
25 | Ebd., S 68.

te bzw. letzte – aber erst durch die Phantasietätigkeit rekonstruierbare – Punkt, von dem das Seelenleben, d. h. sowohl unsere Denktätigkeit wie auch unsere Affekte, ausgehen. Er gibt dem Unbewussten eine Richtung an, der sich der vom Trieb auferlegte, das Unbewusste beherrschende Arbeitsaufwand unterwirft. Am Ort des »Dings« sind nur »Vorstellungsrepräsentanzen« vorzufinden, d. h. die Signifikanten der Urverdrängung, die im Unbewussten als Statthalter des Triebes gelten.[26]

Die Triebbefriedigung ist paradoxal, insofern ihre größte – sowohl kulturelle, ethische als auch logische – Leistung in ihrem Scheitern liegt.[27] Sie kann nicht anders, als ihr Ziel verfehlen, insofern sie die Sublimierung davon abbringt und eine vom Triebziel verschiedene Befriedigung als erstrebenswerter hervorbringt. Die Sublimierung kommt so dem Wesen des Triebes am nächsten, indem sie einen Bezug zum »Ding« und so einen – dem Objekt der Befriedigung gegenüber – gewaltigen »Mehrwert« herstellt. Das so verstandene »Ding« hilft uns, das Reale zu denken, an dem sich jede ethische und logische Betrachtung zu orientieren hat. Der Trieb habe demnach, laut Lacan, eine »ontologische« – nicht psychologische – Bedeutung,[28] da er das Wesen des Menschen trifft. Dem Maß der »Arbeitsanforderung«, das er darstellt, können wir uns aber nur von einem ethischen Standpunkt aus nähern.

---

26 | Ebd., S. 124.
27 | Ebd., S. 133.
28 | Ebd., S. 152.

Autorinnen und Autoren

Karin Adler (Dipl. Psych.) ist freischaffende Psychoanalytikerin in Paris und Mitglied der APJL (Association Psychanalyse Jacques Lacan).

Johanna Cadiot ist seit 1988 Psychoanalytikerin in freier Praxis und seit 1999 Accueillante in einer der von Françoise Dolto gegründeten »Maison Verte« ähnlichen Struktur. Sie wirkt an der Übersetzung der Werke Sigmund Freuds ins Französische mit.

Gabrielle Devallet-Gimpel (Dr. med.) ist Psychiaterin und Psychoanalytikerin in Toulouse-Blagnac (Frankreich). Außerdem ist sie Mitglied der Association de Psychanalyse Jacques Lacan (www.apjl.org) und korrespondierendes Mitglied der Assoziation für die Freudsche Psychoanalyse AFP (www.freudlacan.de).

Annemarie Hamad (Dr. der Sozialpsychiatrie), ehemals Leiterin einer Ambulanz für Kinder und Jugendliche (CMPP Centre Médico-Psycho-Pédagogique) und langjährige Mitarbeiterin in der von Françoise Dolto gegründeten Maison Verte ist Mitgründerin von Inter-stices (Association pour la transmission du travail d'écoute et d'accompagnement du petit enfant et de ses parents) und korrespondierendes Mitglied der AFP. Von ihr liegen Arbeiten besonders zur Theorie und Praxis der Psychoanalyse mit Kindern und Erwachsenen vor.

Michael Meyer zum Wischen (Dr. med.) ist Psychoanalytiker in Köln und Paris und Mitglied der Association pour l'étude de la psychanalyse et de son histoire (ALEPH), des Collège de psychanalystes de l'ALEPH und Mitgründer des Psychoanalytischen Kollegs. Er ist Gründer der Kölner Akademie für Psychoanalyse Jacques Lacan (KAPJL) und der psychoanalytischen Revue »Y« sowie Mitglied der AFP und der FLG. Er arbeitet vor allem zu Literatur und Psychoanalyse (Marguerite Duras, Hilda Doolittle), sowie zu Theorie und Praxis der Psychoanalyse von Psychosen.

André Michels (Dr. med.) ist Psychiater und Psychoanalytiker in Luxemburg und Paris sowie Mitglied von Espace analytique und Gründungsmitglied des psychoanalytischen Kollegs. Von ihm liegen Publikationen zu klinischen und kulturtheoretischen Problemen vor u.a. in der Zeitschrift RISS. Er ist Mitherausgeber der Klinik der Psychoanalyse und von Actualité de l'hystérie.

Catherine Moser (Dipl. Psych., Magister der Philosophie) ist Psychoanalytikerin in eigener Praxis in Neu-Ulm. Sie ist Supervisorin und hat im Vorstand der AFP gewirkt. Diverse Veröffentlichungen liegen vor u.a. »Zur Orientierung als Bedingung der Ich-Funktion«, in: Widmer, Peter und Michael Schmidt (Hg.): Psychosen: Eine Herausforderung für Psychoanalyse, transcript 2007.

Karl-Josef Pazzini ist Professor für Bildende Kunst & Erziehungswissenschaft an der Universität Hamburg und Psychoanalytiker in eigener Praxis. Er arbeit an: Bildung vor Bildern, Psychoanalyse & Lehren, psychoanalytisches Setting, unschuldige Kinder, Übertragung & Grenze von Individuum und Gesellung. Siehe auch http://mms.uni-hamburg.de/blogs/pazzini, http://freudlacan.de, www.cafeleonar.de/, http://psybi-berlin.de/

Erik Porath (Dr. phil.) ist Mitarbeiter am Zentrum für Literatur- und Kulturforschung in Berlin und Lehrbeauftragter für Kulturwissenschaft an der Humboldt-Universität zu Berlin. Seine Forschungsschwerpunkte umfassen die Wissenschaftsgeschichte um 1900, Praxis und Theorie der Psychoanalyse, Philosophien des Gedächtnisses und Medientheorie.

Claus-Dieter Rath (Dr. rer. soc.) ist Psychoanalytiker in Berlin und Mitbegründer der Freud-Lacan-Gesellschaft – Psychoanalytische Assoziation Berlin und des Psychoanalytischen Kollegs. Er ist Sekretär für psychoanalytische Forschung bei der Fondation Européenne pour la Psychanalyse. Seine derzeitigen Arbeits- und Interessenschwerpunkte umfassen: Konzeptionen der Deutung in der klinischen psychoanalytischen Arbeit,

Was in der psychoanalytischen Kur wirkt, Freudsche ›Kulturarbeit‹ und die psychoanalytische Kur. Veröffentlichungen von ihm liegen vor über Fragen der psychoanalytischen Praxis, der Geschichte der Psychoanalyse und über die Massenpsychologie des Alltagslebens. In letzter Zeit ist von ihm erschienen: Die Honorarforderung des Psychoanalytikers. In: Decker, Oliver; Türcke, Christoph; Grave, Tobias (Hg.). Geld. Kritische Theorie und Psychoanalytische Praxis. Gießen (Psychosozial) 2011, S. 39-62; Der besorgte Esser. Zur Psychoanalyse der Esskultur. In: »Essen als ob nicht. Gastrosophische Modelle« (Hg. Daniele Dell'Agli). Frankfurt a.M.: Edition Suhrkamp 2009, S. 201-262; Traversée und Zuydersee. Fragen zu dem Ende und der Beendigung einer psychoanalytischen Kur. In: RISS. Zeitschrift für Psychoanalyse Freud-Lacan. 71/2009-1. Wien: Turia und Kant, S. 23-40.

Françoise Samson ist Psychoanalytikerin in Paris. Sie hat extensiv publiziert, jüngst u.a. »Das Objekt der Angst« in: Michaela Wünsch (Hg.): Angst. Lektüren zu Jacques Lacans Seminar X. Wien: Turia und Kant 2012.

Falko Schmieder (Dr. phil.) ist Kommunikations- und Kulturwissenschaftler und leitet das Forschungsprojekt »Übertragungswissen-Wissensübertragungen. Zur Geschichte und Aktualität des Transfers zwischen Lebens- und Geisteswissenschaften (1930/1970/2010)« am Zentrum für Literatur- und Kulturforschung Berlin. Wichtigste Veröffentlichungen: Ludwig Feuerbach und der Eingang der klassischen Fotografie. Zum Verhältnis von anthropologischem und Historischem Materialismus, Berlin, Wien 2004; Von der Methode der Aufklärung zum Mechanismus des Wahns. Zur Geschichte des Begriffs ›Projektion‹, in: Archiv für Begriffsgeschichte, Jg. 47, Hamburg 2005; Begriffsgeschichte der Naturwissenschaften. Zur historischen und kulturellen Dimension naturwissenschaftlicher Konzepte (Mithg.), Berlin/New York 2008.

Anna Tuschling (Jun.-Prof. Dr. phil.) leitet die medienwissenschaftliche Arbeitsgruppe in der Mercator-Forschergruppe »Räume anthropologischen Wissens« an der Ruhr-Universität Bochum. Sie arbeitet über Medienangst, Lernregimes und Lerntechniken sowie zu kritischer Medienanthropologie.

Peter Widmer (Dr. phil) ist Psychoanalytiker in freier Praxis (seit 1975). Er ist Initiant, Mitbegründer und Herausgeber der psychoanalytischen Fachzeitschrift RISS (ab 1986 bis 1997), Gründungsmitglied der »Assoziation für die Freudsche Psychoanalyse (AFP)« und des »Lacan Seminar Zürich«. Er nimmt Lehraufträge an den Universitäten Zürich und Innsbruck wahr. 2001/2 und 2004/5 war er Gastprofessor für Psychoanalyse an der Universität Kyoto und hatte 2005 ein Lektorat an der Columbia University New York (Psychoanalyse und Literatur). Wichtigste Buchpublikationen: 1990 Subversion des Begehrens. Jacques Lacans zweite Revolution der Psychoanalyse. Fischer TB, Frankfurt a.M., 1990; (Neuauflage bei Turia & Kant, 1998). 2004 Angst. Erläuterungen zu Lacans Seminar X. transcript, Bielefeld, 2004. 2006 Metamorphosen des Signifikanten. Zur Bedeutung des Körperbilds für die Realität des Subjekts. transcript, Bielefeld, 2006. 2010 Der Eigenname und seine Buchstaben. Psychoanalytische und andere Untersuchungen. transcript, Bielefeld, 2010.

Psychoanalyse

TANJA JANKOWIAK, KARL-JOSEF PAZZINI,
CLAUS-DIETER RATH (HG.)
**Von Freud und Lacan aus:
Literatur, Medien, Übersetzen**
Zur »Rücksicht auf Darstellbarkeit«
in der Psychoanalyse

2006, 286 Seiten, kart., 26,80 €,
ISBN 978-3-89942-466-9

KARL-JOSEF PAZZINI, SUSANNE GOTTLOB (HG.)
Einführungen in die Psychoanalyse II
Setting, Traumdeutung, Sublimierung, Angst,
Lehren, Norm, Wirksamkeit

2006, 170 Seiten, kart., 17,80 €,
ISBN 978-3-89942-391-4

KARL-JOSEF PAZZINI, MARIANNE SCHULLER,
MICHAEL WIMMER (HG.)
Wahn – Wissen – Institution II
Zum Problem einer Grenzziehung

2007, 182 Seiten, kart., 20,80 €,
ISBN 978-3-89942-575-8

Leseproben, weitere Informationen und Bestellmöglichkeiten
finden Sie unter www.transcript-verlag.de

Psychoanalyse

Peter Widmer
Metamorphosen des Signifikanten
Zur Bedeutung des Körperbilds
für die Realität des Subjekts

2006, 194 Seiten, kart., 23,80 €,
ISBN 978-3-89942-467-6

Peter Widmer
Der Eigenname und seine Buchstaben
Psychoanalytische und andere Untersuchungen

2010, 292 Seiten, kart., 26,80 €,
ISBN 978-3-8376-1620-0

Peter Widmer, Michael Schmid (Hg.)
**Psychosen: eine Herausforderung
für die Psychoanalyse**
Strukturen – Klinik – Produktionen

2007, 254 Seiten, kart., 26,80 €,
ISBN 978-3-89942-661-8

**Leseproben, weitere Informationen und Bestellmöglichkeiten
finden Sie unter www.transcript-verlag.de**

Psychoanalyse

FRANK DIRKOPF, INSA HÄRTEL,
CHRISTINE KIRCHHOFF,
LARS LIPPMANN,
KATHARINA ROTHE (HG.)
Aktualität der Anfänge
Freuds Brief an Fließ vom 6.12.1896
2008, 190 Seiten, kart., 20,80 €,
ISBN 978-3-89942-682-3

SUSANNE GOTTLOB
Stimme und Blick
Zwischen Aufschub des Todes
und Zeichen der Hingabe:
Hölderlin – Carpaccio –
Heiner Müller – Fra Angelico
2002, 252 Seiten, kart., 25,80 €,
ISBN 978-3-933127-97-6

KARL-JOSEF PAZZINI,
SUSANNE GOTTLOB (HG.)
Einführungen in die Psychoanalyse I
Einfühlen, Unbewußtes, Symptom,
Hysterie, Sexualität, Übertragung,
Perversion
2005, 160 Seiten, kart., 16,80 €,
ISBN 978-3-89942-348-8

KARL-JOSEF PAZZINI,
MARIANNE SCHULLER,
MICHAEL WIMMER (HG.)
Wahn – Wissen – Institution
Undisziplinierbare Näherungen
2005, 376 Seiten, kart., 29,80 €,
ISBN 978-3-89942-284-9

ERIK PORATH
Gedächtnis des Unerinnerbaren
Philosophische und medien-
theoretische Untersuchungen
zur Freudschen Psychoanalyse
2005, 542 Seiten, kart., 34,80 €,
ISBN 978-3-89942-386-0

JUTTA PRASSE
Sprache und Fremdsprache
Psychoanalytische Aufsätze
2004, 212 Seiten, kart., 22,80 €,
ISBN 978-3-89942-322-8

BERNHARD SCHWAIGER
Das Begehren des Gesetzes
Zur Psychoanalyse jugendlicher
Straftäter
2009, 252 Seiten, kart., 26,80 €,
ISBN 978-3-8376-1128-1

GEORG CHRISTOPH THOLEN,
GERHARD SCHMITZ,
MANFRED RIEPE (HG.)
**Übertragung – Übersetzung –
Überlieferung**
Episteme und Sprache in
der Psychoanalyse Lacans
2001, 442 Seiten, kart., 25,80 €,
ISBN 978-3-933127-74-7

PETER WIDMER
Angst
Erläuterungen zu Lacans Seminar X
2004, 176 Seiten, kart., 18,80 €,
ISBN 978-3-89942-214-6

Leseproben, weitere Informationen und Bestellmöglichkeiten
finden Sie unter www.transcript-verlag.de